资本下乡与村庄秩序的再造

——基于粤东北育村的田野考察

马池春 著

山东大学出版社
SHANDONG UNIVERSITY PRESS
·济南·

图书在版编目(CIP)数据

资本下乡与村庄秩序的再造:基于粤东北育村的田野考察/马池春著. —济南:山东大学出版社,2022. 10

ISBN 978-7-5607-7658-3

Ⅰ. ①资… Ⅱ. ①马… Ⅲ. ①农业经济—转型经济—研究—中国 Ⅳ. ①F323

中国版本图书馆 CIP 数据核字(2022)第 215898 号

责任编辑 宋嫣嫣
封面设计 蓝海文化

资本下乡与村庄秩序的再造
ZIBEN XIAXIANG YU CUNZHUANG ZHIXU DE ZAIZAO
——基于粤东北育村的田野考察

出版发行 山东大学出版社
社　　址 山东省济南市山大南路 20 号
邮政编码 250100
发行热线 (0531)88363008
经　　销 新华书店
印　　刷 济南新科印务有限公司
规　　格 720 毫米×1000 毫米 1/16
　　　　 17 印张 260 千字
版　　次 2022 年 10 月第 1 版
印　　次 2022 年 10 月第 1 次印刷
定　　价 48.00 元

前　言

近年来，随着国家精准扶贫战略和乡村振兴战略深入实施，资本下乡日趋活跃和频繁，对农村生产生活方式产生了深刻影响，潜移默化地推动着乡村社会的秩序变革。当前，围绕资本下乡议题学界争论不断，既有资本下乡的坚定支持者，也有资本下乡的强烈反对者，争论的核心是：资本下乡究竟增进还是损害农民利益？本书以粤东北地区的育村为研究个案，综合运用文献研究、实地调查等研究方法，采用政治经济学、政治社会学等理论分析框架，详细考察了资本下乡在育村的具体实践过程。

资本下乡并非仅仅是一个经济过程或一种经济现象。这一过程中，政府、企业与农民都是利益相关者，政府的公共权力运作、企业的理性盈利策略和农民的利益诉求掺杂其中，使得这一过程具有鲜明的政治、经济双重属性。资本下乡中的村庄秩序形态变革是本书关注的核心内容。资本下乡能否增进农民利益根本上取决于多元主体间利益秩序均衡与否，关键在于资本下乡良性机制的建构。资本下乡良性机制的建构过程本质上是资本下乡中多元主体利益博弈的过程，是农民利益发展与利益保护的均衡过程，也是村庄秩序再造和乡村社会制度变迁的过程。在这一过程中，乡村关系、政企关系和村企关系成为理解资本下乡的“钥匙”，正是基于资本下乡中乡村关系、政企关系和村企关系的重塑和良性建构，乡村社会利益秩序得以再造，并反过来影响资本下乡过程。本书聚焦资本下乡中的政府、企业与农民，深入分析资本下乡中的利益主体行为，全景展现资本下乡中村庄秩序再造的过程及其结果，并试图揭示资本下乡良性机制建构的内在逻辑机理。

本书主要由导论、正文、结论与讨论三部分组成。导论部分主要回答本选题的研究背景及研究意义，回顾和梳理相关文献并进行简要评述，介绍主要的研究方法和案例概况。正文部分由五章构成，围绕资本下乡中的政府、企业与农民，按照事件发展的过程脉络，论述和呈现资本下乡对村庄秩序的再造过程和再造结果，揭示和分析村庄秩序再造的逻辑进路、治理效应及其限度。第一章主要从政府、企业和村集体三个层面分析资本下乡中的利益主体行为逻辑。研究认为，政府的治理逻辑、村庄的发展逻辑与企业的生存逻辑具有内在契合性，推动了资本下乡中利益主体行动路径的适应性耦合，实现了乡村关系、政企关系和村企关系的再造，形塑了资本下乡中的动态“三角平衡”格局。第二章主要呈现资本下乡中政府和企业对村治精英的双重吸纳过程。分析认为村治精英在资本下乡中发挥着桥梁和纽带作用，加速了资本下乡中利益主体间的信任建构进程。企业的“需求—回应”机制和政府的体制压力传导是资本下乡中精英吸纳的主要动力来源。资本下乡中政府与企业对村治精英的双重吸纳实现了对村治精英的再造，引致村治精英“政治化”。第三章主要展现资本下乡中企业主导的现代规则与乡土规则的碰撞过程。分析认为，资本下乡为重塑和再造乡村社会的规则体系提供了契机。资本下乡中乡村社会基于共同需要具有规则再造的内在动力，而政府的强制性矫正则为乡土规则再造提供了外部辅助。同时,资本下乡中企业理性与农民理性的耦合过程也内含了企业对乡土规则的再造。第四章主要分析资本下乡中农民再组织化的动因,呈现农民再组织化的过程。资本下乡中企业基于生产成本控制需要,具有吸纳农民参与的内在动力。而企业基于交易成本控制需要,则将分散化的农民参与推向了再组织化。研究认为,资本下乡中的农民再组织化有助于乡村社会自主性"集体"建构。农民再组织化搭建了农民组织化利益表达新秩序,重塑了农村政治经济格局,拓展了乡村精英成长空间,推动了村社集体再造。第五章主要分析资本下乡中村庄秩序再造的逻辑进路、治理效应及其限度。研究认为,资本下乡中村庄秩序再造遵循内在多重逻辑进路,具有积极治理效应,对推进乡村治理现代化具有助推作用。同时,现代性与地方性知识的潜在冲突、政企关系诱变、间接信任背景下的松散型村企关系使得资本下乡中的村庄秩序再造有其限度。

基于对案例的分析研究,围绕如何建构和完善资本下乡良性机制,推动资本下乡秩序均衡,增进农民利益,本研究得出以下结论:资本下乡中利益主体间的信任建构是基础,新型政企关系是资本下乡可持续的保障,有效的利益联结分配机制是稳定村企关系的关键,村治精英是资本下乡中的主要桥梁和纽带,打造党建引领下共建共治共享的乡村治理格局是资本下乡进程中乡村治理模式的转型方向。

马池春

2022 年 8 月

目 录

导　论

新中国成立后，面对复杂的国际国内环境，如何巩固新生政权成为执政者面临的主要挑战。在此背景下，全面推进工业化建设成为新生政权的战略抉择。由此，在资源极度匮乏和政府财力有限的条件下确定了农业支持工业、农村支持城市的基本路线。在这一路线的规制下，农村与城市之间存在明显的界限和壁垒，最终形成了长期以来难以打破的城乡二元结构。随着国家工业化建设的深入推进，特别是改革开放的实行，中国经济社会的发展取得了巨大成就。但是，长期以来形成的城乡二元结构使得农村发展严重滞后。新时期如何推动城乡均衡融合发展成为执政者面临的新挑战。进入21世纪后，国家提出了工业反哺农业、城市支持农村的新路线。在这一路线的引领下，国家主导的扶贫开发、新型城镇化建设、农村税费改革、社会主义新农村建设等重大惠农强农战略相继提出并付诸实施，特别是党的十八大以来，以习近平同志为核心的党中央深入推进精准扶贫战略和乡村振兴战略，旨在推动城乡融合发展，实现乡村全面振兴。伴随着一系列大国战略相继实施，国家资源开始源源不断地流向农村。与此同时，在持续性的国家政策引导下，城市要素资源开始向农村逆流，旨在激活农村要素潜能，推动农业农村发展，资本下乡便是其中的代表。但是，按照经典经济学理论的阐释，资本是逐利的，如果资本下乡对处于弱势地位的农民是一场“新剥夺”运动，那就形成了工业反哺农业、城市支持农村的逻辑悖论，势必会给既有的乡村社会秩序带来难以估量的影响,甚至会严重破坏乡村社会利益秩序平衡,影响农村经济社会稳定。那么,资本下乡是否会形成与民争利的局面?资本下乡中的政府、企业与农民该如何抉择?资本下乡对乡村社会秩序的影响广度和深度如何?乡村社会又该如何通过有效的秩序建构回应和承接资本下乡?为此,在新时代实施乡村振兴战略,推动城乡融合发展的背景下,对资本下乡及其对乡村社会秩序带来的影响进行系统性研究具有重要意义。

本书试图以育村为研究对象,全景式呈现资本下乡的具体过程,揭示资本下乡中政府、企业与村庄(农民)的行为逻辑,对资本下乡中的乡村关系、政企关系、村企关系进行深入分析,并试图展现资本下乡给乡村社会秩序带来的深刻影响,在此基础上,尝试性地为资本下乡背景下的乡村治理提供新的理论阐释和策略思考。不可否认,资本下乡在一定程度上对乡村社会秩序的现代性建构具有正面作用,而非一无是处。在这一过程中农民并非是被动的接受者,问题的关键是如何实现资本下乡中政府、企业和农民之间有效互动,建构新时代良性资本下乡机制,实现多元主体间的利益秩序均衡,进而促进乡村治理体系和治理能力现代化,助力和保障农业农村现代化,推进乡村全面振兴。

一、研究缘起与研究意义

近年来,中央层面诸多政策文件提出要积极鼓励和引导城市工商资本下乡推动农业农村发展。国家引导工商资本下乡的主要目的在于激活农村要素潜能,实现以城带乡、优势互补、合作共赢。从经济社会发展的客观规律来看,资本下乡顺应了城乡融合发展的历史趋势,搭建了新时代城乡要素双向流动的通道,有助于激活农村“沉睡”的资源资产,推动农业农村发展。梳理相关政策文本发现,国家引导城市工商资本下乡的主要策略是发挥财政资金支持作用,资本下乡推动农业农村发展的重点领域涉及农村种养业、旅游业、服务业、基础设施建设等。随着国家相关政策效能不断提升,近年来资本下乡投资主体更加多元、投资模式更加多样、投资领域更加广泛、投资效应更加明显,资本下乡成为新时代助力打赢脱贫攻坚战、推进乡村振兴的重要力量,引起各方关注。

事实上,资本下乡古今有之,中外有之。在中国传统社会时期,一些商贾富人通常将经商所得财富用于回乡购房置地,以光宗耀祖、资育后代,这成为中国传统社会资本下乡的基本形态。这一时期资本下乡主要是权利主体间的自由买卖交易行为,资本下乡后很少用以扩大再生产。这一时期的资本非现代意义上或经济意义上的资金性资本,更多是综合性、人身化、权力(权威)、官僚化的政治资本或社会资本,其内化于乡村社会秩序,融入乡村生活。在这个时期,往往不是资本改变乡村,而是乡村改变资本。这与当前所认知的工商资本下乡在性质上有着本质不同。而在早期资本主义发展萌芽的欧洲大陆,资本下乡则演变成一场对农民的掠夺运动,较为典型的代表是英国的"圈地运动"①。早期的资本家为了寻找土地,扩大再生产,将目光转向了弱势的农民,通过暴力手段把农民从土地上赶走,强占农民土地,剥夺农民的土地财产权利,对乡村社会秩序造成了巨大冲击,破坏了农村社会稳定,损害了农民的切身利益。而这也成为当今社会对资本下乡心存疑虑的根源。但是,我们也应该看到,相较于城市的发展,农村发展始终处于弱势地位。纵观人类社会发展史,无不是城市发展在先,农村发展在后,当城市财富积累到一定程度以后,城市必然要支持和反哺农村,这一过程不可避免地出现城市资本向农村流动的现象,简言之就是资本下乡。在农村发展滞后的窘境下,资本下乡对改善农村落后面貌具有重要的推动作用。但是,由于资本的逐利天性,在推动农业农村发展的同时,如果对资本下乡缺乏有效的治理,资本也可能会损害农民的切身利益。由此可见,资本下乡具有两面性。一方面,新时代面临推动城乡融合发展,实现乡村全面振兴的战

① "圈地运动"主要是指英国农奴制解体过程中新兴资产阶级和新贵族通过暴力手段把农民从自己的土地上赶走,强占农民份地及公有地,剥夺农民的土地使用权和所有权,限制或取消原有的共同耕地权和畜牧权,把强占的土地圈占起来,变成私有的大牧场、大农场。

略任务，完成这一艰巨任务，单纯依靠国家主导的资源下乡既不具有可持续性，也不具有现实可能性，而合理引导资本下乡并充分利用城市工商资本所具有的优势，既是大势所趋，也是现实需要，对农村发展具有可预见的推动力。另一方面，资本下乡也有可能出现与民争利的局面，最终损害农民切身利益，影响乡村社会秩序稳定。虽然资本下乡具有两面性，但问题的关键应在于如何实现对资本下乡的有效治理，建构资本下乡良性机制，规避资本下乡的潜在风险，而不能讳疾忌医、因噎废食。

党的十八大以来，以习近平同志为核心的党中央始终坚持农业农村优先发展，深入推进实施精准扶贫战略，取得了举世瞩目的巨大成就。站在新的历史起点上，党的十九大提出实施乡村振兴战略，为新时代农业农村发展擘画蓝图。伴随着一系列大国战略在农村大地落地生根，城市工商资本下乡助推农业农村发展已经成为中国经济社会发展中不可忽视的现象，而这一现象在新的时代背景下更有日趋活跃之势。理论源于实践，实践检验理论，资本下乡问题显然已经置于农村问题研究者的案牍之上，成为颇具学术研究价值的时代命题。

党的十八大报告中指出，全面深化改革的总目标是完善和发展中国特色社会主义制度，推进国家治理体系和治理能力现代化。国家治理体系和治理能力现代化的基础是乡村治理体系和治理能力现代化。从更宏观的视角来看，推进农业农村现代化，实现乡村全面振兴是建设社会主义现代化强国征程中的关键步骤。国家现代化的基础是农村现代化，推进国家现代化的短板在农村。党的十九大报告中指出，我国社会主要矛盾已经转化为人民日益增长的美好生活需要和不平衡不充分的发展之间的矛盾。而这一矛盾在广大农村地区更为凸显，破解需求更为迫切。党和国家始终将推动农业农村发展摆在突出位置、优先位置。坚持农业农村优先发展的鲜明路径是国家政策和资源向农村进行倾斜，而伴随着这一过程，城市资源要素开始大规模向农村转移。但是，必须要清醒地认识到，农业农村现代化必须要以乡村治理体系和治理能力现代化为前置条件，如果没有有效的乡村治理体系作为支撑，农业农村现代化取得的成果可能会得而复失，推进农业农村现代化可能会事倍功半。城市工商资本作为当前城市资源要素向农村转移的主力军,引起了各方关注。学术界对资本下乡也是莫衷一是,各有其说。本研究无意对资本下乡这一实践命题作出价值判断,而是选择育村这一典型案例,对其进行解剖,分析资本下乡中利益主体的博弈过程及其外在影响,探寻资本下乡这一经济过程中的政治运作机制和秩序建构路径,以期从微观视角把握这一实践过程中的乡村关系、政企关系和村企关系规律,为资本下乡中的秩序建构和乡村治理提供学理和实践思考,推动建构资本下乡的良性机制。因此,本选题具有一定的理论价值和实践价值。

就理论价值而言,自 20 世纪 80 年代农村推行村民自治制度以来,学术界聚焦农村基层民主建设,并将其置于"国家—社会"关系框架内进行了大量的理论研究与阐释,主要解决国家权力和农民自治权利的界限与调适问题,并基于此延伸至对农村基层自治制度、自治组织和农民民主能力建设的研究。其中,"南农实验"①第一期便主要是对农民的民主能力建设进行了独特性和创新性的理论研究,研究认为农民的民主能力跟农民自身素质高低并无必然关联,农民可以通过日常的民主训练实现有效的政治参与。② 对既有关于村民自治的相关研究进行梳理会发现,有关农村基层自治制度、自治组织和农民民主能力的研究,大多围绕农村既有的关系圈层展开,外部性更多体现在对乡村关系的研究,乡村治理研究很大程度上并未跳出费孝通所论及的乡村"熟人社会"③场域。当资本下乡这一外部资源要素涌入农村场域,必然会对原有乡村利益格局产生影响,既有的理论框架是否依然具有原来的解释力?城市工商资本下乡中现代性的规则、技术、观念等一同渗入乡村社会,这些现代性要素是否能够顺利融入乡村社会秩序空间并与乡村社

① 南农实验是指农民、政府、科研机构和媒体在南方农村地区共同建设新农村。南农实验自 2006 年启动以来,至本书完稿已经实施三期。2006—2011 年为第一期,主题为农民的能力建设;2012—2016 年为第二期,主题为农地产权制度改革;2017 年,南农实验启动第三期,主题为资本下乡。本书案例所呈现的便是南农实验第三期的主要内容。

② 徐勇,马华. 南农实验:农民的民主能力建设[M]. 北京:中国社会科学出版社,2011:39-46.

③ 费孝通. 乡土中国[M]. 北京:北京出版社,2004:1-9.

会的乡土传统“和谐相处”？当农民遭遇“从封闭走向开放”的现代性危机之后，其现有的能力体系是否能够完全驾驭现代性的冲击？市场化中的农民对政府与企业又是何种态度？在居于弱势地位的农民面前，政府在资本下乡中是否只需要发挥亚当·斯密所宣称的“看不见的手”的作用？这一系列问题在本书所研究的案例中都得到了全景式呈现。基于对育村的深入研究，笔者试图回答资本下乡中“国家—社会”关系解释框架的局限性，并积极运用政治经济学、新结构经济学等相关学科知识，尝试性地提出资本下乡中的“有为政府”解释框架，基于此，进一步阐释资本下乡中的乡村关系、政企关系、村企关系，最后提出在资本下乡过程中实现乡村有效治理的理论观点。

就实践价值而言，中央提出实施乡村振兴战略，并将乡村产业兴旺、生态宜居、乡风文明、治理有效、生活富裕作为推进乡村振兴的总要求。乡村振兴“五位一体”（政治、经济、文化、社会和生态）的总要求，本质上是你中有我、我中有你，相辅相成、相互促进的关系。从本书的案例来看，资本下乡致力于乡村产业振兴，但内含生态宜居的底线制约，也包括对文明乡风的软性需求和推动农民群众增收致富的基本要求，更需要有效的乡村治理给予支持和保障。从具体实践情况来看，当前农村经济社会发展面临内生性动能不足的困局，迫切需要外部动能支持，并寻求实现外部动能向内部动能的有效转换。资本下乡为农村经济社会发展提供了外部赋能，实现这一外部动能的内部转换必须要激活农村发展的内生动力，必须要依靠有效的乡村治理，同时这也是建构资本下乡可持续机制的必然要求。目前，在基层实践层面，虽然地方政府积极引导资本下乡助推农业农村发展，但在这一过程中地方政府往往没有深刻认识到有效的乡村治理能为资本下乡带来的积极影响，往往单纯将资本下乡看作纯粹的经济过程，甚至以减少“不必要的麻烦”为由，在资本下乡中刻意规避农民参与和社会监督，由此加剧了资本下乡后的“水土不服”现象。而企业作为资本下乡的主体，更倾向于加强资本下乡中的政企联系，忽视良性村企关系的建构，由此导致村企间难以建立良性的互动机制，资本下乡中的村企矛盾时隐时现。对于农民而言，受制于自身有限的市场能力，对外来的新观念、新方法、新技术等存有疑虑，加之缺乏有效的利益表达渠道，逐渐形成了“遇事闹事”的逻辑误区和行动惯性，以此表达对自身利益的关切并寻求非制度化的利益诉求解决之道。本书在探寻资本下乡中如何建构良性乡村关系、政企关系和村企关系的同时，回应资本下乡中的乡村有效治理问题，围绕政府、企业和农民等利益主体，对资本下乡中的乡村治理路径进行建设性思考，以期为资本下乡中的政府、企业和农民提供建设性的行动指引和策略建议，旨在通过建构有效的乡村治理体系和治理能力来回应和承接资本下乡，进而探寻新时代资本下乡推动乡村振兴的可能性路径。

二、文献回顾与评述

通常，我们将工商资本下乡看作是一个经济现象或经济过程。此处，笔者暂且不论资本下乡的过程属性。资本下乡中存在政府、企业、农民等利益主体，这一过程含有对乡村关系、政企关系和村企关系的重塑与建构，进而通过乡村秩序的再造来影响乡村治理系统。同时，重塑后的乡村治理体系也反作用于资本下乡过程，对资本下乡产生影响。对资本下乡进行研究综述，可以从两方面着手：其一，经典著作中关于“资本”的研究。通过对其开展研究与综述，增强本研究内容的历史厚重感和现实穿透力，同时也能从经典著作中获得启发和灵感。其二，近年来学界关于“资本下乡”的研究情况。通过对其进行研究与综述，了解和把握与本选题相关的前沿动态。

关于“资本”的相关研究从古至今可谓著述颇丰，主要的经济学流派都将“资本”研究置于关键位置。追溯至中世纪晚期，欧洲出现了早期的资本主义萌芽。早期资本主义发展与扩张的过程充斥着血腥与罪恶，所以，“资本”一度被认为是资本家的剥夺工具，是剥削、罪恶的代名词。但是，不可否认的是，资本对市场的形成发挥了不可替代的作用。随着近现代经济学理论的建构，人们逐渐抛开“资本的原罪”，从现代市场经济发展的需要出发，对资本进行了新的阐释。而对资本下乡的研究可以从经典著作中关于“资本”的论述中窥探一斑。马克思对资本的论述主要集中在剩余价值论，马克思指出“剩余价值作为由资本本身产生的、并由这一价值对资本总价值的数字比例来计量的价值，就是利润”，这本质上强调资本是为赚取利润而存在的，剩余价值产生的过程是“由资本占有并吸收的活劳动，表现为资本本身的生命力，表现为资本再生产自身的力量”①，而且“剩余价值量取决于所使用的资本量”②。同时，马克思指出，劳动只有对资本来说才是使用价值，劳动对于工人来说不是生产财富的力量，不是致富的手段或活动，仅仅是与资本进行的货币化的价值交换。③ 亚当·斯密在分析剩余价值时指出，剩余价值的另一种表现形式是“资本利息”。马克思对此进行了批判，认为利息只是剩余价值的派生形式。④ 在谈及资本的原始积累时，马克思认为资本的原始积累“只是意味着直接生产者的被剥夺，即以自己劳动为基础的私有制的解体”⑤，在此，马克思从私人所有权的掠夺性、被迫性转移来说明资本的剥削性。可以说，马克思的剩余价值理论对资本进行了深刻分析，而这些分析大多是伴随着对资本（资本家、资本主义）的批判和揭露而同步进行的。但是，马克思在深刻批判和揭露的同时，也强调资本的伟大文明作用、资本的伟大历史方面、资本的历史的合理性等，“世界贸易和世界市场在16世纪揭开了资本的现代生活史”。⑥ 与马克思的观点不同，法国经济学家萨伊强调资本的价值是永存的，认为资本具有生产性，对资本的价值持肯定态度，“如果没有资本，劳动就不能生产什么东西”，“资本的生产力和自然力的生产力混在一起，以致要准确地决定它们各自对生产所做的贡献非常困难，或甚至不可能”。⑦ 法国经济学家托马斯·皮凯蒂也指出，资本复兴的结果并不完

---

① 马克思，恩格斯．马克思恩格斯全集：第31卷［M］．北京：人民出版社，1998：230-231.

② 马克思，恩格斯．马克思恩格斯全集：第34卷［M］．北京：人民出版社，1998：45.

③ 马克思，恩格斯．马克思恩格斯全集：第30卷［M］．北京：人民出版社，1998：265.

④ 马克思，恩格斯．马克思恩格斯全集：第33卷［M］．北京：人民出版社，1998：59.

⑤ 马克思．资本论：第1卷［M］．北京：人民出版社，1975：829.

⑥ 马克思．资本论：第1卷［M］．北京：人民出版社，2004：171.

⑦ 萨伊．政治经济学概论：财富的生产、分配和消费［M］．陈福生，陈振骅，译．北京：商务印书馆，1997：72-73.

全是消极的，在某种程度上这是自然且有益的发展，因为我们必须面对一个事实，那就是资本自身的性质已经发生了彻底改变。[①] 随着对资本的不断认识，资本与农民的关系也是国外古典理论探讨的重要内容。基于此，形成了三大主流观点：一是资本消灭小农理论，二是小农排斥资本理论，三是资本改造小农理论。

目前，国内对资本下乡的研究相对较少，既有研究主要将其置于经济学框架内进行，也有部分学者探讨了资本下乡对乡村治理的影响。资本下乡是农业经济学领域较早使用的一个经济学概念。仝志辉、温铁军将资本下乡分为两部分，一是城市工商资本下乡，二是政府所拥有的资本（或者部门化的资本）下乡，并将后者称为"部门下乡"[②]。焦长权、周飞舟则指出，近些年来，由于国家土地政策的调整，工商企业资本下乡参与土地整理和流转、农业规模经营和新农村建设的现象日益增多，资本下乡的内涵超越了原来领域，并进一步认为资本下乡过程中政府和企业合作完成了对村庄的经营和再造，构造了新的村庄治理结构。[③] 周飞舟、王绍琛认为资本大规模下乡从事农业生产有其历史和现实的合理性，并从政府、企业和农民之间的复杂关系角度对资本下乡作出了宏观解释，认为"农民上楼"和"资本下乡"是理解我国当代城镇化模式及其问题的锁钥。[④] 进一步梳理发现，关于资本下乡议题，学术界主要有以下两种观点：

一是资本下乡不利于乡村社会秩序稳定。贺雪峰在阐述中国的小农生产结构时指出，对当下中国仍然要依靠农业收入来完成劳动力再生产的九亿农民来讲，资本下乡不是好事，甚至可以说一定是坏事。[⑤] 他进一步表示，资本下乡不容乐观，资本下乡是与农民分利，只有限制资本下乡才能保护农

---

① 托马斯·皮凯蒂. 21世纪资本论[M]. 巴曙松，等译. 北京：中信出版社，2014：42.

② 仝志辉，温铁军. 资本和部门下乡与小农户经济的组织化道路——兼对专业合作社道路提出质疑[J]. 开放时代，2009(04)：14.

③ 焦长权，周飞舟. "资本下乡"与村庄的再造[J]. 中国社会科学，2016(01)：100.

④ 周飞舟，王绍琛. 农民上楼与资本下乡：城镇化的社会学研究[J]. 中国社会科学，2015(01)：77-83.

⑤ 贺雪峰. 为什么要维持小农生产结构[J]. 贵州社会科学，2009(09)：8.

民利益。[①] 赵俊臣撰文指出，城市工商资本下乡必须要进行规范，并直指一部分地方政府热衷于工商资本下乡进行规模流转，是暗度陈仓，曲线解决城市用地问题。一些公司企业借势圈占农民耕地，控制土地流转价格，违反土地政策，最终会损害农民利益和国家利益。[②] 陈晓燕、董江爱通过实证研究认为，在乡村治理能力弱化的情况下，部分拥有社会基础的城市工商资本容易嵌入乡村治理结构内部，进而实现对乡村社会的控制，使农民面临多重风险。[③] 张良则表示，资本下乡过程中乡村治理往往缺乏公共性，治理目标违背农民公共利益，治理方式不完善，治理资源利用趋向内卷化，最终不利于农村发展。[④] 王海娟通过实证分析研究认为，资本下乡主要是非生产性再分配活动，这不仅没有推动农业发展，还阻碍了农业现代化。[⑤]

二是资本下乡有助于乡村社会秩序的现代性建构。徐勇认为资本下乡能够促进资金、知识、技术和人才的回流，助推乡村经济社会发展。[⑥] 侯江华从农民的视角对资本下乡进行研究，通过调查研究发现农民对资本下乡的评价以及出租土地的意愿都非常高，对资本下乡持肯定态度。并认为，资本下乡本身并不可怕，可怕的是对农民权益没有保障的资本下乡。[⑦] 马池春、马华在对农村集体产权制度改革进行研究时，认为按照现代市场经济发展规律，资本在市场中会进行趋利性流动，资本下乡顺应了农村市场化发展趋势，对乡村社会秩序建构具有积极作用。并进一步认为，农村产权分置形式为资本下乡划设了制度空间，这一制度安排既能保证资本的逐利天性和市

---

① 贺雪峰. 当前“三农”问题中的几对辩证关系[J]. 农村工作通讯，2010(17)：32.

② 赵俊臣. 土地流转：工商资本下乡需规范[J]. 红旗文稿，2011(04)：14.

③ 陈晓燕，董江爱. 资本下乡中农民权益保障机制研究——基于一个典型案例的调查与思考[J]. 农业经济问题 2019(05)：65.

④ 张良. “资本下乡”背景下的乡村治理公共性建构[J]. 中国农村观察，2016(03)：16.

⑤ 王海娟. 资本下乡的政治逻辑与治理逻辑[J]. 西南大学学报(社会科学版)，2015(04)：47.

⑥ 徐勇. 现代国家乡土社会与制度建构[M]. 北京：中国物资出版社，2009：65.

⑦ 侯江华. 资本下乡：农民的视角——基于全国 214 个村 3203 位农户的调查[J]. 华中农业大学学报(社会科学版)，2015(01)：81.

场活力,也能保障农民的生存利益和发展利益。① 蔡恩泽则认为工商资本下乡是“一池活水”,给缺少资金的乡村注入了资本活力,是推动城乡要素自由流动、平等交换的润滑剂,是工业反哺农业、城市支持农村的重要体现,有助于推动城乡秩序均衡,促进城乡融合发展。②

学术界对资本下乡的研究主要聚焦这一经济过程对乡村利益秩序的影响。对资本下乡持肯定态度的学者,主要认为资本下乡能够为乡村社会带来资金、技术、管理、信息等现代性要素,进而推动农村经济社会发展,增进农民利益;而对资本下乡持反对意见的学者,主要认为资本下乡会形成与民争利的局面,在乡村社会现代性缺失和农民市场能力不足的背景下,农民没有基础和条件真正参与资本下乡这一过程,只能成为被动的接受者和利益受损者。以上两种观点,站在不同的角度去理解,都有其合理性。无论是反对资本下乡还是支持资本下乡,更多的是基于实践层面而得出的结论。但是,从中国经济社会发展的客观趋势来看,尤其是伴随着城乡融合发展和乡村振兴战略的实施,资本下乡的深度和广度在未来可能会不断延伸。如果仅仅停留在理论探讨层面,对资本下乡简单地进行价值判断,进而陷入无休止的争论中,则意义不大。那么,对资本下乡的不同态度所关涉的核心问题或分歧点究竟是什么呢?是价值立场抑或是道德评判?资本的逐利性为传统农业中国的道德所抵触,而从资本本身来说却不存在道德问题,资本逐利与否不关涉道德问题,而是关涉秩序问题,资本下乡增进还是损害农民利益取决于秩序合理与否。资本下乡增进农民利益必须要辅以现代规则秩序,而非传统的规则秩序,即道德秩序。从市场经济角度而言,资本所需要的现代规则与传统农村根深蒂固的道德规则之间存在潜在冲突。一旦资本被贴上“道德标签”,资本的逐利性便为乡村社会的道德秩序所排斥,这势必会带来或加剧资本下乡中的秩序冲突。这一情境下,对于政府而言,引导工商资本下乡的行动必然遭受质疑。资本下乡中无论政府、企业还是农民,实际上

---

① 马池春,马华.农村集体产权制度改革的双重维度及其调适策略[J].中国农村观察,2018(01):7.

② 蔡恩泽.工商资本下乡:“活水”莫变“浑水”[J].农村工作通讯,2019(08):54.

都需要在相互影响中建立一套新的规则秩序，即法治、自治、德治所共同构建的秩序，以创造和拓展资本下乡的空间。从主体性分析来看，学者们主要将资本下乡中的政府、企业与农民作为其研究主体，对资本下乡中的政府、企业与农民关系进行了阐述，并提出了策略性思考。例如，马华、王松磊通过对公司下乡案例的深入研究，发现资本下乡后的村一级自治组织出现弱化现象，并建议从农民以及各种形式的农民自组织中借力，通过村委会与农民自组织的有机对接来承接“地气”，实现村民自治力量的内在强化，由此实现乡村有效治理。① 再如，焦长权、周飞舟表示要解决资本下乡中的问题，最终出路还是在于协调、处理好政府、企业和农民三者之间的关系。他们进一步指出，在政府、企业与农民的三角关系中，政府的政策和行为仍然是关键所在。②

应该看到，资本下乡给乡村治理系统带来了诸多新变化。一方面，资本下乡丰富了乡村治理的主体，更新了乡村治理的观念，同时，也影响了乡村治理的系统环境，包括制度环境、组织环境、文化环境等。另一方面，资本下乡的实践场域在农村，面对的是市场发育不充分、现代性成长不足的乡村社会，参与主体主要是处于弱势地位的农民，如果不尊重这一客观实际，则可能引致农民利益受损，破坏乡村社会秩序，影响乡村经济社会稳定。所以，对资本下乡的研究应该具体到特定的实践场域，强调“从事实出发，事实先于价值”③。为此，本书试图运用政治经济学、政治社会学等分析方法，对资本下乡已是既存事实的育村个案进行深入研究，聚焦和展现资本下乡如何影响乡村社会秩序，分析资本下乡中政府、企业与农民的合作与博弈过程，进而回答资本下乡影响乡村治理的结果和限度，以及村庄秩序再造是否能够有效控制资本下乡中的潜在风险，进而保障和增进资本下乡中的农民利

① 马华，王松磊. 我国城乡一体化背景下的公司下乡与乡村治理[J]. 农业经济问题，2016(04)：16.

② 焦长权，周飞舟. “资本下乡”与村庄的再造[J]. 中国社会科学，2016(01)：116.

③ 徐勇. 实证思维通道下对“祖赋人权”命题的扩展认识——基于方法论的探讨[J]. 探索与争鸣，2018(09)：42.

益。同时,力图为资本下乡提供具有建设性的理论和实践思考。

三、关键词的界定

(一)资本及资本下乡

综合《现代汉语词典》(第7版)对"资本"一词的解释,"资本"主要有以下几种释义:其一,资本是能够带来剩余价值的价值;其二,资本即资金;其三,资本是经营工商业的本钱;其四,资本被比喻为牟取利益的凭借。马克思认为资本是一种社会生产关系,"资本显然是关系,而且只能是生产关系"①。恩格斯认为,"资本是什么,是一宗货币,这宗货币变成商品,以便从商品再变成比原先数量更多的货币"②。亚当·斯密认为人的全部资财分成两部分,希望从其中取得利润的部分称为资本。③ 按照主流宏观经济学观点,资本可以划分为物质资本、人力资本、自然资源、技术知识等。从市场经济学的角度分析,企业是市场经济的主体。市场经济过程主要是指企业运用其所拥有的企业资本进行盈利性活动的过程。从广义上而言,企业资本包括资金、技术、管理以及土地、劳动力等,亦被称为城市工商资本。城市工商资本下乡并非单纯意义上的资金下乡,其包括了企业所拥有的资金、技术、管理、信息等生产性要素的下乡。与政府主导的资源(财政资金、国家政策等)下乡不同,城市工商资本下乡的主体是企业组织,其行为具有鲜明的盈利目的。本书所指的资本下乡主要是指企业主导的城市工商资本向农村进行转移,在农村空间场域内开展以盈利为目的的生产经营活动。

---

① 马克思,恩格斯.马克思恩格斯全集:第46卷 上[M].北京:人民出版社,1979:518.

② 马克思,恩格斯.马克思恩格斯全集:第21卷[M].北京:人民出版社,2003:309.

③ 亚当·斯密.国富论[M].谢宗林,李华夏,译.北京:中央编译出版社,2011:50-58.

（二）治理

在拉丁文和古希腊语中，治理（Governance）一词意指控制、引导和操纵。1989年世界银行首次使用了“治理危机”这一说法，此后“治理”一词便被广泛使用。全球治理委员会在1995年发表的《天涯成比邻》报告中，对治理进行了首次定义，认为“治理是各种各样的个人、团体——公共的或个人的——处理其共同事务的总和。这是一个持续的过程，通过这一过程，各种互相冲突和不同的利益有望得到调和，并采取合作行动。这个过程包括授予公认的团体或权力机关强制执行的权力，以及达成得到人民或团体同意或者认为符合他们的利益的协议”①。美国经济学家奥利弗·伊顿·威廉森认为，治理就是通过契约，约定制度结构，将治理结构与交易行为联系起来，以此引导并重塑行为体动机，从而进行资源配置和使用。② 俞可平是国内较早对治理理论进行研究的学者，他认为治理是“使公共利益最大化的社会管理过程”，其目的是“在各种不同的制度关系中运用权力去引导、控制和规范公民的各种活动，以最大限度地增进公共利益”。③ 他从政治学角度对治理概念作了补充解释，认为在政治学框架内治理至少包括“政治权威的规范基础、处理政治事务的方式和对公共资源的管理”三个层面，治理理论强调“一个限定的领域内维持社会秩序所需要的政治权威的作用和对行政权力的运用”。④ 本书对治理概念的使用主要是指为了促进公共秩序提升和增进公共福利，运用权力、规则等手段规范利益主体行为方式的管理过程，强调治理主体的多元化、治理方式的多样性和治理技术的有效性。

---

① 卡尔松，兰法尔. 天涯成比邻：全球治理委员会的报告[M]. 赵仲强，李正凌，译. 北京：中国对外翻译出版公司，1995：2.

② WILLIAMSON O E. The new institutional economics：Taking stock，looking ahead[J]. Economic Literature，2000，38(3)：595-613.

③ 俞可平. 治理与善治[M]. 北京：社会科学文献出版社，2000：7-8.

④ 俞可平. 治理和善治：一种新的政治分析框架[J]. 南京社会科学，2001(09)：41.

(三)秩序

秩序(Order)一词原意是指有条理、不混乱的状态,与“无序”相对应。马克斯·韦伯指出,秩序是对社会关系内容的描述,它意味着行动者以明确的准则为取向。① 阿尔弗雷德·舒茨则指出秩序是“过去种种体验的综合性意义脉络”②。霍布斯在其秩序解说中指出,人们总是“得其一,思其二,死而后已,永无休止的权势欲”③,所以,霍布斯的秩序解说都是围绕着“秩序何以可能”进行的,并将秩序的解决之道引向社会契约。美国社会学家亚历山大指出“秩序问题在于,个体单位是如何被安排在非随机的社会模式中的,而不论这些单位出于何种动机”④。加芬克尔在论述社会秩序时曾指出,社会秩序实际上就是回答社会活动是如何组织的,而其中心特征是社会行动内在的可理解性和可解释性。⑤ 本书所使用的“秩序”一词是指各种权威性影响因素运行与互动的结果,即政治、经济、社会和文化要素之间的结构状态。⑥ 从宏观层面上看,秩序主要是指社会系统的运行状态,即通过有条理地、有组织地安排各构成部分以达到系统正常有效运转的状态。由此可以看出,秩序具有可塑性。从微观层面来看,秩序的内涵还包括某一社会系统内部结构要件的运行轨迹与变化规律。

---

① WEBER M. Economy and society: An outline of interpretive sociology[M]. Berkeley, CA: University of California Press, 1978: 31-32.

② 阿尔弗雷德·舒茨. 社会世界的意义构成[M]. 游淙祺,译. 北京:商务印书馆,2012:107.

③ 霍布斯. 利维坦[M]. 黎思复,译. 北京:商务印书馆,1985:72.

④ 马尔科姆·沃斯特. 现代社会学理论[M]. 杨善华,李康,译. 北京:华夏出版社,2000:164.

⑤ GARFINKEL H. Studies in ethnomethodology[M]. Englewood Cliffs, NJ: Prentice Hall, InC, 1967, 5.

⑥ 吴毅. 村治变迁中的权威与秩序——20 世纪川东双村的表达[D]. 上海:华中师范大学,2002, Ⅰ.

四、研究方法与案例概况

(一)主要的研究方法

合理选择有效的研究方法是研究活动成败的关键。复旦大学贺东航教授在谈及农村政治学研究方法演化与范式转换时强调,农村政治学要注重从故事化文本的各个环节发展中提炼出规律性、普遍性以及兼具理论对话的学术性资源,注重采用微观权力、话语及日常政治分析,尝试从宏大、系统、必然、普遍的结构主义研究范式视域中走出来,去解释农村社会更加微观的机制,有效把握当前中国农村发展的多元、复线、共时性和量子态的后现代特征。① 这为本书在方法上提供了参考和启发。基于本书确定的选题与内容,笔者选择以解释、"深描"、归纳为主的质性研究方法,运用"过程—事件"分析方法,围绕资本下乡中的政府、企业与农民,对资本下乡再造村庄秩序的过程进行系统性、整体性探究,从调研收集的原始资料中总结概括研究结论,进行理论凝练和提升,通过与研究对象互动,对资本下乡中利益主体的行为进行解释性理解,具体包括:

实地研究法。实地研究是进行社会科学研究的重要方法之一,也被称作现场研究法、实地调查法。实地研究一般是指研究者深入调查现场,利用参与、观察、访问、座谈等方法收集少数单位的各方面信息,以便对调查对象做深入解剖分析的调查研究方式。2017 年 3 月,由 N 报业传媒集团、地方政府以及笔者所在的科研机构发起的第三期"南农实验"暨资本下乡与乡村振兴活动正式启动。笔者以课题组成员的身份参与了整个实验活动。在参与实验的过程中,经过课题组与当地政府沟通协调,笔者最终进入 J 县县委农办进行挂职,为政府涉农决策提供智力支持。在挂职期间,笔者亲身经历了地方政府引导工商资本下乡,推动育村产业振兴的全过程。2018 年 12 月挂

① 贺东航. 困境与挑战:农村政治学的研究方法演化与范式转换[J]. 政治学研究,2019(04):63-64.

职结束后，为了更全面地掌握资本下乡中的企业决策过程及企业与政府、育村的整个谈判、合作过程，笔者与课题组再次进行了沟通，商请课题组协调安排笔者进入J县N农业公司进行挂职锻炼，并最终获得了5个月的挂职锻炼机会。在政府、企业挂职期间，笔者对政府职员、村干部、农民与企业管理层进行了大量的调研访谈，并收集了大量一手资料，对研究案例进行了全景式的记录，为本书的撰写奠定了扎实的基础。

具体操作方法：①资料收集。在实地调查期间，笔者广泛收集了与本书选题相关的大量纸质和电子版资料，主要包括政府相关政策文件、各类会议纪要、合同文本、村庄史料等。②资料整理分析。资料收集过程中，笔者将所收集的资料分门别类，并进行仔细阅读，摘抄资料中的重点内容，并运用学科知识对资料中的内容进行分析，以调研札记、调研日记或调研报告的方式记录下来，为后期研究写作提供支撑。③深度访谈。在广泛收集资料的基础上，笔者针对研究的重点内容连续、跟踪式访谈了资本下乡过程中具有代表性的若干人物，包括县乡政府官员、企业管理层、村干部、农民以及其他利益相关者的代表等。通过结构化、非结构化的深度访谈，获取了大量有价值的信息，为本书的写作奠定了坚实基础；④参与式观察。笔者利用长期驻村调研和挂职锻炼的机会，深度参与了资本下乡推动育村产业振兴的全过程，以第三者的视角，对资本下乡中政府、企业、村干部和农民的策略路线进行了参与式观察和记录。

文献研究法。文献研究是进行社会科学研究的基础性研究方法，是一种与其他研究方法在策略、思路、材料等方面都风格迥异的研究方式。文献研究的最大特征是不用直接接触研究对象，主要利用二手的资料进行研究。① 笔者在研究过程中，广泛收集了与选题有关的大量文献，通过对文献的仔细阅读，掌握了学术界在本选题领域的相关研究成果和最新研究动态，撰写了研究综述，并在研究过程中尝试与既有的理论研究成果进行学术对话，以增强本研究的广度和深度，提升本研究的理论性和创新性。

① 风笑天. 社会研究方法[M]. 北京：中国人民大学出版社，2013：64.

个案研究法。个案研究实质上是通过对某个(或几个)案例的研究来达到对某一类现象的认识,而不是达到对一个总体的认识。① 针对个案研究方法,费孝通曾指出“对这样一个小的社会单位进行深入研究而得出的结论并不一定适用于其他单位,但是,这样的结论却可以用作假设,也可作为在其他地方进行调查时的比较材料。这就是获得真正科学结论的最好方法”②。近些年来,伴随着精准扶贫战略和乡村振兴战略的实施,资本下乡并非个别现象,在全国许多农村都存在,但是,如果仅通过简单的定量分析方法对其进行研究,则不能较好地探寻资本下乡中利益主体的行为逻辑及其对村庄秩序的再造过程。本书选取资本下乡推动育村产业振兴这一鲜活生动的案例,旨在通过对案例的深入挖掘和分析,展现资本下乡中利益主体的行为逻辑及村庄秩序再造的动因、过程和结果,从而体现本书研究问题的独特性和鲜活性。

(二)研究案例概况

1. J 县概况

J 县位于广东省东北部、闽粤赣三省边陲,韩江上游,毗邻福建省武平、上杭两县。2013 年 7 月被中共中央党史研究室确认为“原中央苏区县”,2014 年 5 月被国际自然医学会授予“世界长寿乡”称号。J 县主要有五方面的特点:①祖国的万分之一。全县面积为 961.64 平方公里,约占全国陆地总面积的万分之一,其中山地为 767.79 平方公里,耕地为 88.94 平方公里。总人口 23.74 万人。辖 8 个镇、97 个村和 10 个居委会。②广东省的重点台乡。在漫长的岁月中,为寻求更大的生存与发展空间,不少 J 县先民远离故土甚至远涉重洋,移居他乡。目前,祖籍 J 县的海外侨胞、港澳同胞、台湾同胞约有 56 万人,其中台湾同胞就有 46 万之多,是 J 县现有人口数量的两倍。③丰富的矿产资源。J 县自然资源丰富,主要有石灰石、锰、铁矿、大理石、花

① 王宁. 代表性还是典型性?——个案的属性与个案研究方法的逻辑基础[J]. 社会学研究,2002(05):123.

② 费孝通. 江村经济[M]. 呼和浩特:内蒙古人民出版社,2010:18-19.

岗岩、稀土、铷矿等,其中石灰石23.5亿吨、大理石4000万吨、花岗岩2700万吨、锰240万吨、铷矿160万吨。石灰石按现有水泥生产能力计算,可满足50年以上的生产需求。大理石按年开采100万吨计算,可开采40年。电力充裕,全县电力装机容量23万千瓦,年发电量9亿千瓦·时。④优美的生态环境。J县是广东省林业生态最好的县之一,境内山清水秀、森林茂密、风景优美、生态良好。目前,全县活立木总蓄积709.4万立方米;森林覆盖率达79.4%,居全省第六位,是全国林业生态建设先进县、全国绿化模范县和广东省三个南岭生态区生态发展试点县之一。⑤深厚的文化底蕴。J县先后涌现出当地第一位进士——宋代的蓝奎;晚清抗日保台爱国志士、诗人、教育家丘逢甲;辛亥革命中为抗日复台而壮烈牺牲的爱国志士罗福星;黄花岗七十二烈士之一林修明;抗日战争中坚守上海四行仓库,名震中外的抗日英雄谢晋元;还有当代举世闻名的科学精英、著名数学家丘成桐,化学家丘应楠等人士。近年来,J县先后获批全国乡村治理体系建设试点县、国务院农村综合性改革示范试点县、农村集体产权制度改革试点县、扶持村级集体经济发展试点县等,在农村产权制度改革、乡村治理创新、农村股份制改革、农村金融改革、农民能力建设等方面走出了一条具有鲜明识别度和自身特色的农村综合改革之路,创制于J县的村民理事会、上升到国家村组法的村务监督委员会等都离不开J县的探索与贡献。①

2. G镇概况

G镇属于粤闽边陲中心镇,位于J县北部,距县城24公里,是广东省首批中心镇之一。全镇总面积为107.3平方公里,辖有10个村委会和1个社区居委会,户籍总人口15029人,全镇耕地面积为10078.05亩(1亩=0.00076平方公里),山林面积为145008亩,森林覆盖率达78%。G镇是省宜居示范城镇、市先进文化镇、市平安镇、市生态镇。2018年全年生产总值为4.86亿元,其中农业总产值为1.773亿元、工业总产值为2.447亿元、服务业总产值为0.6462亿元;2018年G镇农民人均纯收入为9355

① 相关信息来源于J县县志、县政府网站以及政府公文材料。

元。辖区内绿色产业发展与现代特色农业发展并驾齐驱,形成具有新型建材产业链条的J县工业集聚区(北区)和走向专业化、高端化的农产品,如烟草、黑木耳、金橘、水稻、鹰嘴桃、木蜡等。其中,烟草成为享有盛名的经济作物,黑木耳、金橘成为"一村一品"发展主导项目。G镇历史文化古迹有省古村落乐干九栋、粟坝罗氏大围屋、广福寺遗址等,传统民间艺术有船灯舞等。①

3. 育村概况

育村位于J县G镇的西南方,距县城24公里,总面积为36平方公里,林地面积为27669亩,耕地面积为1724.24亩,其中水田约为1200亩,旱地约为463亩,森林覆盖率达88%以上。育村有较丰富的大理石、锰、铁、钙、钾等矿产资源和水资源。全村分为5个自然片,20个村民小组,总户数为586户,总人口为1908人,有党员92人,主要经济作物为烤烟、黑木耳、水稻、西瓜等,是省宜居示范村、省卫生村、市生态村。2018年,育村集体经济收入为35.2万元,人均收入约为9600元。其中,传统烤烟种植1060亩,亩产纯收入为1800元;新引进的袁隆平杂交水稻制种种植860亩,亩产总收入为3100元;西瓜种植约20亩,亩产收入约1000元。此外,育村借助村集体经济和产业扶持资金,培育新兴产业,与N农业公司合作,建设占地15亩,总投资500万元的夫妻树黑木耳产业园,采取"党支部+公司+经济合作联社+农户""公司+合作社+贫困户"等模式,推动周边群众发展种植业。育村历史悠久、文化多元、民风淳朴,外出乡贤众多,官员商贾颇有建树者众多,皆热爱桑梓、关心故里。其中,永泰公祠(又名江夏堂,即群众口中的大黄屋)是育村黄氏宗族的开基祖祠,建于明崇祯十年(1637年),距今将近400年。2016年12月,黄氏家祠农村文化俱乐部被评为市级农村文化俱乐部示范点。现阶段,育村紧扣新时代社会主义精神文明建设,借助社会主义核心价值观宣传学习契机,以微改造方式改建新时代文明实践站,以形式多样的文化生活弘扬优良的家风民风,传承客家

① 相关信息来源于G镇政府公文材料。

先祖优秀文化。①

4. N 农业公司概况

N 农业公司注册成立于 2017 年 3 月,注册资本为 560 万元,公司总人数为 53 人,其中农科院校毕业生有 22 人、返乡创业青年有 22 人、党员有 9 人、退伍军人有 9 人,2017 年公司实现销售收入 2196.05 万元,创造利润 292.25 万元,资产总额达 1068.79 万元,资产负债率为 38.97%。公司股东分别为 G 股份有限公司(持股比例为 57%)、J 投资有限公司(持股比例为 20.57%)、J 县咨询服务中心(持股比例为 22.43%)。该公司是 M 市农业龙头企业。N 农业公司主要以"公司+合作社+农户"模式发展富硒大米、富硒木耳产业,致力于成长为具有区域特色的现代农业企业。公司以"智造品牌农业"为理念,依托 J 县生态资源优势和世界长寿乡地域优势,从农产品品牌建设切入,整合产业链上下游资源,以媒体资源为纽带,以农业大数据为支撑,通过专业的种植技术指导、农产品品牌建设及销售对接等,扎根农村基层,助力乡村产业振兴。目前,公司已成功打造出夫妻树、驮娘柚、种植匠等多个特色品牌。智造品牌农业的效果明显,打造了一系列品质优良、极具品牌辨识度的农产品,品牌效应初步显现,极大地提升了农民的收益水平。与此同时,公司通过整合媒体资源、互联网信息化平台,以及上游生产商资源,广泛开展惠农生产资料下乡,减少了中间流通环节,实现了统一集中采购、一站式配送到家,降低了物流成本,每年可为农民减少生产成本约 300 万元。N 农业公司拥有一支专业化年轻服务团队,扎根农村、服务农民,围绕构建现代农业社会化服务体系,公司一年开展多达 200 余场农技下乡到村到户培训,培训农民 10 万人次以上。目前,N 农业公司系统显示注册的会员为 2125 人,服务辐射的作物种植面积达到 5 万亩(目前以种植金柚及水稻为主)。同时,N 农业公司拥有博士工作站暨协同创新基地,是 J 县首个校企合作型协同创新平台。协同创新基地旨在推动企业、高校和科研机构互动协作,整合创新资源,探索产学研合作的新模式、新机制、新方法、新途径,着力构建

① 相关信息来源于 G 镇政府公文、育村公开简介、族谱记载及笔者实地调查。

以企业为主体、市场为导向、产学研深度融合的创新体系,促进产学研用的紧密结合,集中在农业企业生产技术创新、经营模式创新、组织管理创新、体制机制创新等方面进行研究,为企业发展提供一揽子发展指导,激活和壮大企业发展新动能。N 农业公司始终坚持扎根农村、服务农村,以农富农、以农兴农,助力乡村全面振兴。①

① 相关信息来源于企业简介、权威媒体报道以及企业工商信息查询。

第一章　利益主体行为逻辑及其关系再造

新中国成立后，整个国家百废待兴。在国内经济社会“一穷二白”、国际环境日趋紧张的艰难时局下，集中一切力量进行工业化建设成为新生政权的战略抉择——以此推动国民经济社会发展，摆脱西方国家的封锁。伴随着国家工业化建设需求的增长，农业支持工业、农村支持城市成为国家战略格局下的必然选择。由此，形成了中国城乡发展的“双轨”路径。改革开放以后，中国经济社会发展取得了巨大成就，但是，受国家战略驱动的惯性影响，城乡间的体制机制壁垒短时间内难以打破，城乡二元结构成为城乡协调均衡发展的主要制度性障碍。进入21世纪以来，特别是农村税费改革后，伴随着国家战略的调整，确立了工业反哺农业、城市支持农村的新格局，国家资源开始大规模流向农村。特别是近年来，随着国家精准扶贫战略和乡村振兴战略的逐步实施，国家资源向农村倾斜的力度不断加大，国家资源向农村流动的频率不断提高，农业农村优先发展的体制机制逐步建立起来。坚持农业农村优先发展，推动城乡协调、均衡、融合发展，最直观的体现是近年来国家战略主导或引导下的各类资源下乡。城市工商资本下乡便是其中的一支重要力量。从近几年国家政策层面来看，资本下乡这一趋向符合国家战略导向，成为新时代推动城乡要素流动、要素互补的重要途径。资本下乡不仅弥补了国家财政资金支持农村发展的短板和效率缺陷，也在一定程度上为农村发展注入诸多现代性要素。

从具体实践层面来看,当前工商资本下乡主要是在政府引导下进行的,资本下乡过程中的政府角色和定位成为影响资本下乡路径的重要因素。理解资本下乡中的政府、企业和村庄的行动逻辑,是我们研究分析资本下乡再造利益主体关系的前提和基础。近年来,在农村资金、技术等要素需求旺盛,政府资源有限的情况下,各地政府都试图引导工商资本进入农村,推动农村基础设施建设和产业发展等。本书的研究案例即是在这一背景下发生的。在这一过程中,由于政企间的互动,加之政企互动的场域划设在农村,潜移默化地对原有的乡村关系、政企关系、村企关系产生了影响。本章内容主要探讨在农业农村优先发展的时代背景下,政府、企业与村庄的利益诉求及其路径选择,进而理解资本下乡中的政府、企业和村庄的行为逻辑,呈现资本下乡如何实现对利益主体关系的再造。

一、引资入村:政府的治理逻辑

洛克在论述政府的目的时指出,政府该做的一切“没有别的什么目的,只是为了人民的和平、安全和公众福利”①。在自由主义者那里,政府“不要对公民正面的福利作任何关照,除了保障他们对付自身和对付外敌所需要的安全外,不要再向前迈出一步”②。恩格斯则鲜明地指出“国家无非是一个阶级镇压另一个阶级的机器”③。所以,在恩格斯看来,国家必须要保持足够强大的力量,以维护统治阶级的利益。随着现代治理理论的兴起,政府的角色定位和职能也被重新定义,政府治理的目的就是要“运用权力去引导、控制和规范公民的各种活动,以最大限度地增进公共利益”④。随着精准扶贫

① 洛克.政府论:下篇[M].叶启芳,瞿菊农,译.北京:商务印书馆,1996:80.

② 威廉·冯·洪堡.论国家的作用[M].林荣远,冯兴元,译.北京:中国社会科学出版社,1998:54.

③ 马克思,恩格斯.马克思恩格斯选集:第22卷[M].北京:人民出版社,1974:199.

④ 俞可平.治理和善治引论[J].马克思主义与现实,1999(05):38.

战略和乡村振兴战略的深入推进，J 县获得了大量的上级财政奖补资金，用于扶持乡村产业发展，促进农民增收致富。但是，财政资金的力量毕竟有限。一方面，J 县政府不能将财政资金“聚一池之地，毕其功于一役”，这违背国家资源分配公平正义的要求，且极易造成国家资源的损耗和浪费；另一方面，J 县政府也认识到无法完全通过财政资金培植出一个乡村产业，这既不符合市场经济的发展逻辑，也不具有可持续性。在此情况下，J 县政府决定以财政资金撬动企业资本，发挥财政资金“四两拨千斤”的作用，通过财政资金引导工商资本下乡，进而推动乡村产业发展。由此，“引资入村”成为 J 县政府发挥政府职能，促进乡村公共利益所遵循的治理逻辑。

（一）以资引资：国家资源下乡的策略

国家资源下乡一般是指政府机构主导的公共资源流向农村的过程，这一过程中资源配置主要通过行政手段进行，具有典型的公共性和福利性特征。一般情况下，政府财政资金下乡、法律下乡、文化下乡、干部下乡等均属于国家资源下乡的范畴。党的十九大报告指出，我国社会主要矛盾已经转化为人民日益增长的美好生活需要和不平衡不充分的发展之间的矛盾。而发展不平衡不充分在广大农村地区更为凸显，解决这一矛盾的要求更为迫切。从这个层面来讲，政府治理的重点也随之转向农村。可以说，近年来国家主导的一系列涉农惠农战略正是从国家治理层面对这一矛盾的回应。近年来，随着国家精准扶贫战略的深入实施，农村产业扶贫的力度不断强化，习近平总书记指出，发展产业是实现脱贫的根本之策。党的十九大报告提出，实施乡村振兴战略，要坚持农业农村优先发展，按照产业兴旺、生态宜居、乡风文明、治理有效、生活富裕的总要求推进乡村振兴。乡村产业兴旺被摆在核心位置。而发展产业最需要的是资金。为此，从中央到地方，专门划拨专项财政资金用于支持乡村产业发展。据粗略统计，J 县在 2016—2018 年期间累计筹集扶贫和产业发展资金 12302. 22 万元，其中财政专项资金 6005. 1 万元。累计投入扶贫和产业发展资金 9308. 28 万元，其中财政资金投入 4734. 44 万元。此外，J 县 2018 年还获得中央、省、市财政资金共计

5000 万元用于扶持村级集体经济发展，获得省财政资金 5000 万元用于现代农业产业园建设。

但是，涉农财政资金的使用在 J 县有明确的规定，其中要求，涉农财政资金要最大限度地作为产业项目的配套资金使用，也就是要“以资引资”，通过财政资金投入撬动企业资本投入。例如，《J 县省级农业产业园财政补助资金使用管理办法》中明确规定，企业投资农业设施、开展土地流转、生产加工设备等均按照 1∶1 的比例进行财政资金配套；《J 县扶持村级集体经济发展试点实施方案》中也明确规定财政资金使用必须要撬动企业资本投入，最终 25 个试点项目总计投入 7440 万元，撬动企业资金投入 2440 万元。其中，黑木耳产业项目被列入 J 县扶持村级集体经济发展试点项目，按照试点方案该产业项目基础设施总投资 500 万元，其中，财政资金配套 300 万元，撬动 N 农业公司资金投入 200 万元。当然，这一过程中，政府与企业的需求实现有效对接是产业项目实施的关键。N 农业公司在 J 县投资黑木耳产业项目是该公司的年度计划，即使没有财政资金的配套，该企业也会选址投资。当企业得知可以获得财政资金扶持时，便主动寻求政府的支持。而政府则对企业的计划投资项目进行严格审核，如果审核通过则优先予以支持。

国家资源下乡为什么要坚持“以资引资”？政府“以资引资”的行动策略有其动因。一是体制性压力塑造。党的十八大以来，地方政治生态建设日趋严格，服务型、责任型、创新型政府建设成为 J 县政府能力建设的重要内容，坚持所有事项谁审批、谁签字、谁负责，尤其是对财政资金的使用监管更加严格，“坚决杜绝虚报项目套取扶持资金和侵害村集体利益的行为，对试点工作中出现的违纪、违规、违法问题将予以严肃问责和移送司法机关处理”①。二是政绩驱动。J 县多年来坚持推动农村改革创新，具有浓厚的农村改革创新传统，曾获得全国农村综合改革示范试点县称号，主政 J 县的多名官员先后被提拔重用。对于 J 县这种资源禀赋较差、工业落后的偏远山区县，稳定且可预见的政绩来源在于深耕农业农村。从官员更替的角度来说，

① 信息来源于《J 县扶持村级集体经济发展试点实施方案》。

继任者的政绩压力在于如何超越前任主政者;从政绩谋取的角度来说,改革创新是最大的政绩。所以,从横向和纵向两方面来讲,J县政绩驱动具有一定的惯性。在这种惯性政绩驱动下,“太平官”将难于获得升迁机会。三是社会监督力量较为发达。J县处于改革开放的前沿阵地,虽然经济社会发展远远逊色于珠三角地区,但是人的思维、信息流动、社会开放程度等并不滞后,这造就了较为发达的社会监督力量。在体制性监督力量和社会监督力量的双重作用下,主政官员对财政资金的使用具有一定的内敛性,注重追求财政资金使用低风险、高效益。

现在跟以前不一样了,以前是企业撬动政府的钱,政府有什么项目,企业很积极。那时候政府的钱管得也松,不像现在管得那么严,所以啊,那会儿国家投到农村的钱其实主要是被企业赚走了。现在呢,颠倒过来了,是政府要撬动企业的钱,政府口袋里有钱,是要用来扶持做实事的企业,是要给村里群众带来实实在在好处的。所以,企业不能像以前一样,总想着套政府的钱,现在上边管得严,下边群众都看着,谁要敢乱搞,县里自己都不答应。

我们以前讲,政府要多做雪中送炭的事情,现在雪中炭要送,锦上添花的事情更要做。政府的能力总是有限的,既然企业拿出真金白银帮政府做好事、做实事,我们就要扶持人家,就要给人家锦上添花嘛。我们经常跟下边乡镇交代,一定要这么做。你看看,这么做是有成效的。

虽然“以资引资”这一国家资源下乡的策略由县级政府主导,但是资源下乡毕竟要落实到村级层面,中间还夹着乡镇政府层级。那么,乡镇政府又是如何看待“以资引资”的策略?1983年10月,中共中央、国务院颁发《关于实行政社分开,建立乡政府的通知》,通知要求在农村地区实行政社分开,建立乡政府,并在乡政府建制基础上同步建立乡党委。由此,人民公社时期政社合一的体制退出历史舞台,并奠定了乡政村治基本格局。在乡政村治格局下,虽然农村获得了一定的自主权,但是在这一格局下,国家仍然需要从农村收取税费,并将这一任务摊派给了乡政府,乡政府为了完成上级指派的行政任务,不得不加强对农村的管理和控制。所以,乡政村治模式在当时有其局限性。所以,有学者针对当时乡政村治模式提出了“县政—乡派—村治”模式,提出要使县政府具有更多的治理自主性,同时,明确乡政府只是县政府的派出机构,负责政务和指导村民自治工作,而村民委员会主要落实村民自治工作。① 但是,随着国家农村税费改革,国家权力触角逐步从农村退出,同时,伴随着村民自治制度的不断深化和完善,乡村社会的自主性大大增强,基层政府对乡村社会的控制能力在一定程度上趋于弱化。近年来,随着国家涉农惠农战略的实施,国家资源下乡的力度不断强化,但是,国家资源下乡的执行机构其实一直止于县级政府层面,乡镇政府不具有实质的主导权,其角色和定位更像是县级政府的派出机构,乡镇政府的行动策略不具有真正意义上的自主性,其在多数情况下都要受到县级政府意图的干扰。

这些项目的发包方都是县政府,是由他们主导的,我们镇里就是配合县里把事情做好,比如一些项目要用地、要审批,还有涉及拆迁的。现在要讲政治、讲规矩,上级安排的工作要抓好,不能讲条件的。更何况现在县里的领导、局里的领导三天两天就要往村里跑,要实地调研,要解决问题,镇里工作做不好要挨批评的。虽然现在落到村里的大大小小的项目有很多,镇政府看着很有钱的样子,但你们可能不清楚,项目资金是不归我们支配的,即使有一些项目是我们镇里负责去发包,但这些项目的钱也在县里管着呢,只是项目验收结束后,我们要去县里请款,把钱拨出去。这样也好,要是这么多钱放在镇里我们也有压力,就怕犯错误,现在只要涉及钱,大家都谨慎。由县里去负责钱的事,我们只要把县里交代的任务完成,就没有啥大问题。这样最好了,我们就认真把县委县政府的决策部署落实好。

---

① 徐勇.县政、乡派、村治:乡村治理的结构性转换[J].江苏社会科学,2002(02):27.

尤其是在实施精准扶贫战略和乡村振兴战略的过程中,在体制压力的驱动下,县级政府已经完全深入到农村一线,与村庄建立起直接的对话和联络机制。其次,国家资源下乡主要是通过项目发包或项目扶持的形式进行,而项目发包和项目扶持的主导者主要是县级政府,乡镇政府在这一过程中主要是配合县级政府完成国家资源下乡,成为县级政府的派出执行机构。由此可见,即使单纯从国家资源下乡的角度来看,传统意义上的乡村关系也已发生实质变化,乡村关系不再局限于乡镇政府与村民自治组织的关系,在这一过程中县级政府已被纳入这层关系网络中,尽管很多情况下县级政府的意志是由乡镇政府代为表达的。

(二)政府入股:政治资源的隐性配置

马克思指出,“每一个社会中的生产关系都形成一个统一的整体”①。新中国成立后,于1956年底基本完成了对农业、手工业和资本主义工商业的社会主义改造,由此确立了社会主义公有制经济体制。在物资相对匮乏的年代,囿于对社会主义经济发展认识上的偏差,计划经济模式在较长一段时期内成为主导国民经济发展的经济体制,“在一个资源分配完全集中化的体制中,有关消费、投资和生产的决策均由一个中央机构在宏观水平上作出”②。改革开放以来,随着市场经济体制改革的深入推进,逐步建立起具有中国特色的社会主义市场经济体制。在这一经济体制下,非公有制经济得到充分发展,成为社会主义国民经济的重要组成部分。与此同时,政府与市场经济的主体——企业之间的关系伴随着时代的发展日趋完善与成熟。而政府与企业之间联结模式形成于一个国家对某些具体问题所做的回应,并依照其自身的传统和拥有的资源而运作。③ 尤其是,伴随着国有企业改革的深化,国有资产的市场化运作成为政府实现国有资产保值增值的重要方式,也成

---

① 马克思,恩格斯. 马克思恩格斯选集:第1卷[M]. 北京:人民出版社,1995:142.

② 艾登姆,威奥第. 经济体制:资源是怎样分配的[M]. 王逸舟,译. 北京:三联书店,1987:8.

③ 查理德·雷恩. 政府与企业[M]. 何俊志,译. 上海:复旦大学出版社,2007:2.

为政府资源市场化配置的重要手段。

近年来，J县也试图探索国有资产市场化运作的体制机制。为此，2017年2月，J县人民政府决定注册成立产业投资有限公司，注册资本为5000万元人民币，由县财政局100%持股，为国有独资有限责任公司，开启了J县探索国有资产市场化运作之路。据公开的工商资料显示，该公司主要经营范围囊括项目开发、投资、运营及管理，种植、基地建设及技术推广，苗木培育及销售，生产、加工及销售，品牌策划、营销展示，文化推广，投资兴办实业，城乡环境治理，水利水电工程建设、美丽乡村建设等。该公司注册成立后，J县人大主任兼农业农村工作领导小组副主任卢某生带队赴本市M县进行农业项目考察时，对M县一家农业生产服务公司的运作模式产生了浓厚的兴趣，其认为该公司在农业产业化发展方面形成的运作模式能够快速复制且有良好的发展前景。由于该公司是由G股份有限公司控股注册成立，按照公司章程规定，该公司若要成立分公司或者对外投资，必须要经过股东大会书面同意。于是，卢某生再次带队赴G股份有限公司洽谈招商引资之事。经过最终商谈，按照G股份有限公司建议，由J县人民政府、G股份有限公司和M县农业生产服务公司三方共同投资组建N农业公司，助力J县富硒农业产业发展。这一主张得到了卢某生的同意。同年4月，上述三方签署合作协议，共同组建了N农业公司。N农业公司的原始注册情况（2018年N农业公司追加注册资本并发生股权变更）如下：G股份有限公司认缴出资额为187.2万元，持股比例为52%；J投资有限公司认缴出资额为115.2万元，持股比例为32%；M县农业生产服务公司认缴出资额为57.6万元，持股比例为16%，原始注册资本为360万元。

关于投资组建J县农业发展有限公司的合作协议

根据《中华人民共和国公司法》（以下简称《公司法》）及相关法律法规的规定，甲乙丙三方本着互惠互利、共同发展的原则，经平等协商，决定共同出资组建J县农业发展有限公司（以下简称“公司”）。为明确各方权利、义务，特制订本协议，供各方信守。

第一条　公司的组织形式。甲乙丙三方拟组建的公司的法律形式为有限责任公司。股东以其出资额为限对公司承担责任,并按其出资额在注册资本中的比例分享利润和分担风险及亏损。

第二条　公司的经营宗旨。按《公司法》等法律、法规的规定,采用先进而适用的技术和经营模式,对资本、技术、管理、营销资源优化组合,提高市场竞争力,促进J县农业供给侧结构性改革,为社会提供广泛的服务,使投资各方获取满意的经济和社会效益。

第三条　鉴于公司的经营办公场所由乙方出面以租赁形式获取,为此,乙方在租赁合同中所享有的权利及必须承担的义务概由组建后的N农业公司承接。

第四条　合作各方的权利与义务。甲乙丙三方作为公司股东,依法享有参与重大决策和选择管理者的权利;参加或委托代表参加股东会的,按出资比例行使表决权;对公司的业务、经营和财务管理工作进行监督,提出建议或质询;查阅、复制本公司章程、股东会议决议和财务会计报告等权利;公司章程约定的其他权利;甲乙丙三方均应按规定足额缴纳出资,任何一方不得擅自抽回出资;公司经营期间任何一方不得以股权设定担保;公司经营期间,任何一方如向第三方转让全部或部分股权的,按公司章程规定处理。

第五条　公司经营期限及期满后的财产处理。公司营业期限为三十年,自公司营业执照签发之日起计;营业期限届满,经股东会一致通过,可向工商登记部门申请延长。经营期满或提前解散,公司根据章程依法进行清算。清算后若有剩余财产,根据甲乙丙各方出资比例进行分配。

第六条　违约责任。本协议一经签署,即具有法律效力,除不可抗力外,任何一方违约,均应承担违约责任;任何一方违约,造成本协议不能履行或不能完全履行时,违约方应向守约方分别支付20万元作为违约金,此外,守约方有权提出解除本协议,并要求违约方赔偿全部经济损失;甲乙丙任何一方未按本协议的约定依期如数缴纳出资额的,应当足额向公司缴足出资,同时,违约方应根据未出资到位的资金占比乘以20万元违约金的数额向守约方分别承担违约责任。

第七条 争议解决。因本协议发生纠纷时,应本着有利于共同事业的原则协商解决,协商不成的,可向人民法院提起诉讼。

甲方:G股份有限公司　　　　乙方:J投资有限公司

2017年4月18日　　　　2017年4月18日

丙方:M农业生产服务有限公司

2017年4月18日

由此,通过J县政府入股,N农业公司获得了企业与政府的政治关联,“有些时候,使政府持有企业一定的股权也是建立政治关联的一种渠道,让企业有了政府的血液,从而使企业与政府在利益上达到一定程度上的一致性”①。从上述协议我们可以看出,J县政府入股N农业公司并非以政府名义直接入股,而是通过政府国有独资公司入股形式间接实现的。在这一过程中,政府希望通过国有资本(财政资金)的市场化运作,推动乡村产业提质升级,通过企业运用市场的手段实现资源最优配置,提高财政资金配置和使用效率,进而放大国有资本的经济社会效应。而企业则希望通过政府入股的方式获取政治支持,确保企业在生产经营过程中免受干扰,抑或通过这种隐性的政治资源实现对社会分散资本的“虹吸效应”。

实质上,企业的行为逻辑是将未来非预见性的市场风险向地方政治系统转移,这是一种隐性的、权力化的风险规避机制。而从政府角度来看,在这一过程中其风险防控规避机制却难以建立,此后政府的行动策略无非有以下两种情况:一是信任企业,并不断进行扶持,以确保所投入的财政资金安全并产生效益;二是选择退出,及时止损。对政府而言,以上两种行动策略都是极其艰难的,因为政府不是“赌徒”,而是增进公共利益和人民福祉的公共机构。不难发现,上述合作协议一旦签订,政企之间就建立起一种绑定

① 孙晶.政治关联、多元化战略与企业成长性[D].浙江大学,2012(8):210.

型合作关系，这种绑定型合作关系本质上是一种风险型政企关系。如果企业发展壮大，则意味着政府行动策略正确，而一旦企业失败并破产，也就意味着政府路线错误，并要承担损失。如果从政府的公共性来理解，大多数人可能要建议政府避免这种风险投资，因为公共利益和人民福祉不应"火中取栗"。但是，如果我们试着从市场经济的角度去理解，就会明白，市场是有风险的，市场风险的防控化解归根到底要依托市场主体自身的风险抵御能力。经济过程有无风险或者风险大小如果是因为政府投资或企业投资而在主观上有所差别，那么，我们推崇的市场经济本身就是一场灾难。所以，从市场经济角度来看，J县政府的行动路线或许无可厚非。而问题的关键是，在这一过程中如何构筑良性新型政企关系。毕竟，通过政府间接入股，企业确实获得了政府资源的隐性配置，而隐性政治资源在现实中所发挥的作用是显而易见的。

（三）政府的市场观与市场化中的政府

马克思对市场经济的认识隐含在其对资本主义生产方式的批判中。他认为商品交换、资本循环促进了市场的形成，"商品流通是资本的起点。商品生产和发达的商品流通，即贸易，是资本产生的历史前提"①。但是，由于资本主义社会生产资料私人占领，所以，商品交换的本质是对劳动者"剩余价值"的剥夺。马克思从更深层次指出，资本主义社会生产资料私人占有与社会化生产之间的矛盾不可调和。于是，马克思设想通过自由人联合体来取代资本主义生产方式，在其设想的自由人联合体内"他们用公共的生产资料进行劳动，并且自觉地把他们许多个人劳动力当作一个社会劳动力来使用……在那里，人们同他们的劳动和劳动产品的社会关系，无论在生产上还是在分配上，都是简单明了的"②。在《哥达纲领批判》中马克思更是直截了当地指出，"在一个集体的、以共同占有生产资料为基础的社会里，生产者并不交换自己的产品……因为这时和资本主义社会相反，个人的劳动不再经

① 马克思，恩格斯. 马克思恩格斯全集：第23卷[M]. 北京：人民出版社，1972：167.

② 马克思，恩格斯. 马克思恩格斯选集：第2卷[M]. 北京：人民出版社，1995：141-142.

过迂回曲折的道路,而是直接地作为总劳动的构成部分存在着"①,因此,也就不存在"剩余价值"剥夺问题。基于上述认识,社会主义国家从一开始便将商品经济排斥在外,并建立起计划经济体制来主导社会生产和分配。

新中国成立后,通过社会主义改造运动确立了生产资料公有制,并建立起主导国民经济发展的计划经济体制。在人民的普遍认识中,市场是资本主义的,是资本主义生产方式的"帮凶",在全部生产资料由全体人民占有的社会主义社会里,市场则毫无用处。在进入共产主义社会后,劳动成为一种需要,社会化生产的物品将按照需要进行分配。但是,在计划经济体制下,不仅人民的生活水平没有得到有效提高,经济社会还陷入崩溃边缘,尤以广大农村地区为甚。面对此情况,中共十一届三中全会提出,要解放思想、实事求是,把党和国家的工作重点转移到经济建设上来,实行改革开放,从此拉开了中国经济体制改革的大幕。在当时的背景下,中国经济体制改革的核心问题是重新审视计划与市场的关系。一时间关于计划与市场的争论甚嚣尘上。改革开放的总设计师邓小平在南方谈话中一锤定音:"计划多一点还是市场多一点,不是社会主义与资本主义的本质区别……社会主义也有市场,计划和市场都是经济手段。②"随后,1992 年 10 月召开的中共十四大明确提出,建立社会主义市场经济体制。由此,中国开始了社会主义市场经济体制建设与探索之路。1997 年 9 月召开的中共十五大进一步明确,建设有中国特色的社会主义经济,就是在社会主义条件下发展市场经济,使市场在社会主义国家宏观调控下对资源配置起基础性作用。2002 年 11 月召开的中共十六大对社会主义市场经济体制作了进一步阐释,提出必须毫不动摇地巩固和发展公有制经济,必须毫不动摇地鼓励、支持和引导非公有制经济发展,坚持公有制为主体,促进非公有制经济发展,统一于社会主义现代化建设的进程中,在更大程度上发挥市场在资源配置中的基础性作用。至此,具有中国特色的社会主义市场经济体制基本建立起来。此后,面对国内

① 马克思,恩格斯.马克思恩格斯选集:第 3 卷[M].北京,人民出版社,1995:303.

② 邓小平.邓小平文选:第 3 卷[M].北京:人民出版社,1993:373.

外经济发展环境和形势,整个社会对市场经济的认识不断深化。2007 年 10 月召开的中共十七大提出,要深化对社会主义市场经济规律的认识,从制度上更好发挥市场在资源配置中的基础性作用。2012 年 11 月召开的中共十八大进一步提出,要在更大程度更广范围发挥市场在资源配置中的基础性作用。2013 年 11 月召开的中共十八届三中全会提出,要使市场在资源配置中起决定性作用,紧紧围绕使市场在资源配置中起决定性作用深化经济体制改革。可见,政府对市场经济规律的认识和把握不可能一蹴而就,而是在经济社会发展的进程中对市场经济体制不断地进行调整和优化,以充分释放市场经济活力。

其实,不难发现,资本下乡这一经济社会现象与国家市场经济的持续发展和不断深化有着内在的必然联系。正是得益于国家市场经济的发展,资本下乡才成为可能。政府对资本下乡所持有的开放态度折射出政府的市场观,映射出农村市场化进程中政府的行动策略。尤其是在市场经济发育较为充分的改革开放前沿阵地,J 县政府对市场的把握更为敏锐,对市场的需求更为强烈。在 J 县出台的众多政策文件中,坚持市场导向、市场原则成为政府治理的前置条件。诸如,近年来 J 县通过 PPP 模式、政府购买公共服务等方式开展农村环境治理,通过财政资金配套撬动社会资本参与乡村产业发展等举措均能映射出政府的市场思维。

> 没有市场,就没有发展。前些年我们把钱投到村里搞产业,种植仙人草、芋头等,搞了不少,农民种的也很好,可是后来农民种出来的农产品卖不出去。说实话,农产品卖不出去政府也没招,政府不能天天去帮农民卖货,那就颠倒了,何况政府也没那个本事。所以,老百姓怨言很大,明明是政府鼓励我们种这个种那个,当初说得好,种出来你政府却不管了,眼看着老百姓赚不了钱。老百姓很现实的,赚不了钱,第二年就没人再去种了,然后这个产业就死掉了。
>
> 后来,我们调整思路,搞产业得靠市场,政府不能掺和太多,可是农民又没办法自己闯市场,怎么办呢?那就要靠企业。现在,我

> 们引进企业在农村搞产业，并且引导企业掏点钱出来，这是因为目前不能完全靠政府拿钱砸出一个产业来，而且，也只有让企业把钱投资到村里，企业才能好好地在村里谋划，不至于圈了政府的钱就想跑。当然，我们也不是单纯看上企业的钱，企业有资本、技术、管理等方面的优势，关键是企业懂市场，能用好市场，只有这样搞起来的产业才能有活路。

政府与市场的关系古往今来都是争论不休的话题。从重农学派、重商学派、古典经济学派、自由主义学派、新自由主义学派到凯恩斯学派、制度学派、新制度学派，无不将政府与市场的关系列为重要内容进行探讨，从亚当·斯密、李嘉图、哈耶克、弗里德曼到凯恩斯、凡勃仑、康芒斯、科斯等，无不是将政府与市场关系作为考察经济体制的重要变量。时至今日，虽然争论仍在继续，但可以作出如下判断：政府作为公共利益的促进者和维持者，需要借助市场手段促进经济增长，以此改善民生，增进人民福祉；市场作为推动经济发展的主要手段，其有盲目性，也会面临“市场失灵”风险，因此需要政府发挥有效的宏观调控作用。一言以蔽之，“有效市场”与“有为政府”是政府与市场关系的理想状态。① 回到资本下乡这一主题，则更需要一个“有效市场”和一个“有为政府”。从上述访谈内容可以看出，推进乡村产业扶贫和产业兴旺，政府需要的是“有效市场”。对市场有效性的需求，一方面基于政府对市场规律的认识和把握，认为市场是推动经济发展的最优手段，另一方面则来源于现实压力，农村乡土性与现代市场规则的碰撞、农民市场能力薄弱与资本逐利性等短期内无法消除的潜在矛盾随时可能造成“市场失灵”，进而形成一个“无效市场”，最终只能是损害农民的切身利益。所以，政府需要的是“有效市场”。而“有效市场”内在需要一个“有为政府”，既然市场有盲目性，可能会遭遇“市场失灵”，那么，政府就需要有效发挥对经济的管理和调控作用，以保证市场的有效性。尤其是在农村市场化进程中，一

---

① 陈云贤. 中国特色社会主义市场经济：有为政府+有效市场[J]. 经济研究，2019(01)：4.

个“有为政府”至关重要。笔者曾经撰文论述,将这一时期的农村市场形态称之为“过渡市场”①,强调“过渡市场”是政府与市场在农村经济社会发展进程中相互调适的产物。

二、乡村争资:村治逻辑转换与权力内嵌

一般意义上,我们认为乡村治理是一个政治过程,是公共权力在农村场域内的运作过程,也就是“统治者或管理者通过公共权力的配置和运作,管理公共事务,以支配、影响和调控社会”②。集体化时期,“集体”主要是指村庄内一个个经济(或生产)单元,诸如生产大队、生产小组,是一个经济性概念。但是,在“政社合一”体制下,村庄政治与经济事务体现出高度的同质性,政治与经济都被纳入了集体范围之内。所以,在这一时期乡村治理既包括对政治性公共事务的治理,也包括对经济性公共事务的治理。随着基层社会“政社分开”和村民自治制度的实施,乡村治理的总体趋势是逐渐从政治与经济双重属性向单一的政治属性过渡。原有的生产大队重新组建为村民委员会,成为专事村庄政治性公共事务治理的村民自治机构,而经济性公共事务的治理则伴随着家庭联产承包责任制的实施,被分至一家一户。虽然现在很多农村依旧存在集体经济组织,诸如经济合作社、经济合作联社等,但其发挥的作用有限,因为在农业生产已经高度“原子化”的村庄,集体经济组织所承担的功能被逐步消解。从这个意义上来讲,改革开放以来的村庄,实质上更像一个政治共同体,而非经济共同体。但是,按照马克思的说法,政治是经济的集中表现,经济基础决定上层建筑。③ 所以,没有共同经济基础作为支撑的村庄政治共同体是不稳固的,而政府的权力干预往往能够弥补村庄经济能力不足的缺陷,为乡村政治共同体的稳定提供秩序支持。

---

① 马池春,马华.农村集体产权制度改革的双重维度及其调适策略[J].中国农村观察,2018(01):11.

② 徐勇.GOVERNANCE:治理的阐释[J].政治学研究,1997(01):63-67.

③ 马克思,恩格斯.马克思恩格斯选集:第2卷[M].北京:人民出版社,1995:32.

但是,政府的过度干预与村民自治却存在逻辑悖论。这为我们理解当前村民自治困境提供了一个视角。伴随着资本下乡,育村的实践则为我们理解这一现象提供了鲜活样本。

(一)产业振兴:村集体的富民兴村策略

近年来,随着国家精准扶贫战略和乡村振兴战略的实施,推进乡村产业兴旺被政府官员和村干部视为村庄发展的"第一要务"。如此重视产业发展的主要原因有两点:一是国家的宏观政策导向。在国家精准扶贫战略和乡村振兴战略背景下,政府围绕乡村产业发展出台了一系列政策文件,政策导向的实质是国家资源配置的方向,也是地方政绩考核"指挥棒"的指向,因此,从外部刺激了村庄的产业发展需求。二是内生性需求导向。从村庄内部来讲,分田到户以后,基本上是以家庭生产经营为主,家庭生产经营虽然能够调动农民个体生产积极性,但由于生产活动具有分散性,农业生产标准不高,难以形成产业规模,所以农民收益十分有限。过去,农业生产最主要的作用是解决温饱问题,是一种生存保障型农业生产经营方式,所以,即使农民收入低微,只要能保障基本的生活需要,农民并不会有额外的经济诉求。但是,随着经济社会的发展,农民也产生了强烈的发展愿望,不再仅仅满足于基本的温饱,而是希望获取更多利益,追求更高品质的生活。这种情况下,要想实现富民增收,就必须把农民重新组织起来,通过合作社、家庭农场、农业企业等新型农业经营主体,实现农业规模化、产业化经营。同时,由村集体牵头,以产业为载体,重振集体经济也成为应有之义,这也从农民视角为近年来国家涉农政策供给逻辑提供了"注脚"。其次,从乡村治理角度审视发现,大多数村干部认为没有产业就没有集体经济,没有集体经济乡村治理就没有支撑,只有集体经济有实力,才能调动村庄的内生发展动力,乡村治理才能有坚实的基础。从这个角度看,无论是普通村民还是村干部,对发展村庄产业具有高度共识。

以育村为例,20 世纪 90 年代,育村产业结构十分单一,主要以种植烟叶为主,但是,烟叶种植耗时费力,且利润非常低,与此同时,又难以找到替代

性产业,在较长一段时期内村民收入十分微薄,村集体经济更是无从谈起。据育村原党支部书记黄某荣回忆:

> 1990 年,我就进入了村委会做干部,当时村集体的外欠款和利息足足有 20 多万,因为村集体实在是没钱,当时村里选举换届后用来张榜公示的红纸,都需要村干部自己掏钱去买。后来,村里搞稀土矿开采,最多的时候村里一百多号人在矿上工作,那段时间村民的收入才有所提高,村集体经济也逐步有了起色。但是,因为稀土矿开采容易导致水土流失,淹没农田,而且会污染土壤、水源,当时鱼塘里面的鱼很多都死掉了,所以开采工作被县里国土局叫停了。矿场关闭后,村民又重新回到家里种烟叶,村集体也再一次失去了经济收入。那个时候,大家都没钱,村民总是想着怎么多挣点钱,哪有心思管村里的事情,村里的干部整天想着怎么还债务,也不能把心思放到村子的管理上。所以,那个时候群众是各顾各,村干部就是债务人。后来,村干部想办法鼓动农民在自家烟叶地里套种西瓜,看看能不能提高经济效益,一开始还行,但是后来也不行,西瓜卖不出去不说,还耽误种烟叶,所以大家也不搞了。

进入新世纪以后,育村的产业发展并没有较大改观,直到现在村庄依旧以种植烟叶为主,同时辅种一些水稻、甘蔗等,农业产业化经营处于较低水平。村里种地的人大多数为年长者,年轻人主要靠外出务工谋生。虽然在这期间育村进行过几次发展村庄产业的尝试,但均以失败告终。育村原是广东省第一批省定贫困村,其间受市里某单位挂点帮扶,帮扶期间挂点单位为贫困户寻找产业脱贫之路,在挂点单位帮扶下大多数贫困户很快达到了脱贫标准,育村很快摘掉了贫困村的帽子。这也更加坚定了村干部发展村庄产业的信念。近几年,J 县虽然出台了大量推动乡村产业发展的优惠举措,但育村在资源条件较差的情况下,屡屡与优惠举措失之交臂,这也成为村民和村干部心中一道迈不过去的坎。在育村内部,立足村情发展乡村产业已经成为普通村民和村干部的共识,也是村集体富民兴村的基本策略。村干部表示,只要村庄有发展产业的机会,必然会全力争取。村民表示,只要村庄有发展产业的机会,必定会积极配合、主动参与。

而J县的西村[①]与育村的情况既有相同之处,也有不同之处。西村下辖14个村民小组,总户数为490户,人口为1928人;全村耕地面积为1348亩,大多为适宜机械化耕种的水田,以种植芋头、水稻为主。改革开放前,西村人主要从事农业生产活动,村民收入整体偏低。改革开放后,敢拼敢闯的西村人走出家门,在珠三角等地做起了房屋装潢和建材生意,并站稳了脚跟。此后,依靠"传帮带"效应,村内大部分人靠此赚得了第一桶金。但是,近年来,由于城市房屋装潢要求不断提高,国家对建材市场进行严格规范,西村人逐渐淡出了房屋装潢和建材生意,并踏上返乡之路。令人想不到的是,返乡后的西村人没有依靠在外赚取的第一桶金进行二次创业,而是陷入了发展泥沼。当被问及原因,J县农业农村工作部门的领导涂某平表示:

> 主要是村里的风气不好。村民以前靠做生意都赚下了钱,但是,这几年村里赌博之风盛行,到处在打牌、打麻将,筹码玩的也大,动辄上千,有关部门也管不住,今天检查取缔,明天又成了老样子。站在村道上一眼看过去,村里那么多好田都撂荒了。别人去流转土地,村民要价还特别高,也真是奇怪。这个样子,发展不起来也正常。

2017年上半年,J县启动了村民委员会换届选举工作。当选后的西村村干部谋划着如何改变村庄的局面。最后,村干部形成一致意见要为村庄谋划产业发展。于是,新当选的村干部随即找到在县农业农村部门担任部门一把手的"新乡贤",向其表达重新振兴西村的决心,并希望能够得到政府的帮助和扶持。而西村之所以将村庄产业发展作为富民兴村的突破口,其原因同育村如出一辙:一是通过发展产业可以回应村民增收致富的利益诉求;二是只有发展产业,才能为增加村集体收入拓宽渠道。村集体经济实力增强,乡村治理才有物质基础保障,才能激发群众内生动力。后来,据村干部描述,这位主政县直部门的"新乡贤"给出了两点建议:一是要加强乡风文明

① 西村为J县S镇的行政村,是育村黑木耳产业项目的主要竞争对手。

建设。要通过乡风文明建设唤起群众产业致富的内生动力。其认为如果没有良好的村风民风，即使引进一个好产业，也会遭遇失败。二是要确定好产业项目，主动对接企业。要发动群众，集思广益，谋划好西村适合发展什么产业，主动走出去寻找有意愿合作的企业，吸引企业进村投资。这一过程中，农业农村部门会给予西村必要的帮助和扶持，但前提是村庄要做好基础工作。

从上述两村的富民兴村策略中可以发现，西村与育村的不同之处在于，群众内生动力既是产业发展的前置条件，也是产业发展所带来的结果。在育村的富民兴村策略中，群众内生动力是前置条件，激活群众内生动力才能为村庄产业发展创造条件，才能推动村庄产业发展；而在西村的富民兴村策略中，激活群众内生动力成为村庄产业发展的必然结果，村干部认为只有产业发展起来了，才能吸引和带动群众参与，群众的内生动力才能够被激发。从政府给出的建议来看，显然，政府认为激发群众内生动力是乡村产业发展的前置条件。从这一点而言，如果西村在寻得产业项目之前没有有效激发群众内生动力，其获得政府支持的可能性不大，而后来的结果也印证了这一点。两村的相同之处在于，都认为发展产业是实现乡村有效治理的物质基础。由此，我们会疑惑，承担村庄政治性公共事务治理的村民自治机构，为何要将原本应由村集体经济组织承担的经济性公共事务治理纳入其职责范围，并作为其首要的职能？村民自治组织是否存在角色错位和职能异化？或许“乡土性”能够对这一问题作出合理解释。乡村社会自古以来一直是集生产生活于一体的社会单元。相较于“经济共同体”抑或是“政治共同体”，“社会共同体”的表述或许更为恰当，因为在一个高度同质化的社会共同体内，很难将社会的各个领域划分开来。当然，我们不否认在现代性发育比较充分的农村地区，情况可能有所不同。例如，在广东南海区等发达地区推行的农村“政经分离”改革取得了成功。但是，在乡土性依旧浓厚的乡村社会，按照现代政治、经济规则对其改造，成效或许有限。这将在本书的第三章展开论述，此处不作细述。

(二)社会资本获取:工商资本的政治表达

罗伯特·D.帕特南在《使民主运转起来》一书中指出,社会资本是普通公民的民间参与网络,以及体现在这种约定中的互惠和信任的规范。社会资本的数量和质量与社会的健康和公民的福祉关系极大。① 可以这样理解,如果资本是一种市场资源的话,社会资本则是一种公共信任资源,这种公共信任资源具有优化政治生态系统的功能与价值,对公共权力运作机制具有润滑和保护作用。在当代社会,公共权力机构的合法性建构更多地来源于对民生的改善,民生政治成为现代政治发展的基本导向。民生政治更多地强调基层践行,注重表征群众在政治生活中的切身感受和政治活动的现实功用,凸显政治系统运作的社会性和互构性,看重对民生事业的改善,传递政治的合法性和民生偏好。② 而民生政治的技术路线是公共权力机构获取社会资本的有效途径。在当今社会,公共权力机构对民生事业的改善更多地体现在"满足人民对美好生活的需要"。从政府和村集体两个层面来看,资本下乡推动乡村产业兴旺,是促进农民增收致富的有效手段,是改善民生的关键举措。在这一过程中,政府和村集体为村庄带来的工商资本通过乡村产业发展实践可以有效地转化为社会资本,以此获得群众的信任和支持。可以说,在政府和村集体眼中,资本下乡具有催生社会资本的外部政治效应。

从政府的角度看,善治是治理的最优状态,而善政是走向善治的关键。俞可平将善政概述为在中国共产党的领导下,实行以民为本、清正廉明、高效运作、民主有序的政府管理体制。③ 可以这样理解,善政是公共权力的运作过程,这一过程的实现依赖于有效的技术手段,就是要以民为本、清正廉

① 罗伯特·D.帕特南.使民主运转起来[M].王列,赖海榕,译.南昌:江西人民出版社,2001.

② 慕良泽.民生政治:惠农政策的政治效应分析[J].马克思主义与现实,2018(01):23.

③ 俞可平.善政:走向善治的关键[J].当代中国政治研究报告,2004(03):16.

洁、高效运作、民主有序，进而达到善治的治理状态。从善政到善治，中间必然伴随着社会资本的汲取，反过来讲，社会资本获取的数量和质量是检验善政与否的重要标准。改革开放以来，国家与农民的关系几经变迁，总体趋势是还权于民，赋能于民，旨在推动农村进步、农民发展，国家与农民之间保持了良性互动。但是，不可否认的是，由于中国的科层官僚体制，农民对政府的信任与认同程度呈现出明显的差序样态。①

> 说实话，中央对我们农民确实不错，这些年出了不少好政策。政策是好着呢，我在电视、报纸上经常看到。但是，下面这些干部把经念歪了，好政策办不出好事情来。要不然上访的群众为啥要跑去北京呢，肯定是心里觉得地方政府不能为他们主持公道呗！

可以看到，对于国家政策落地实践的末端执行者——县乡政府而言，如何获得农民的信任与支持遭遇了现实困境。而基层政府对于这一现实困境有着清醒的认识，将主要原因归于不能对农民现实利益诉求作出及时且有效的回应。现阶段农民的现实利益诉求是什么？农民最渴望增收致富。但是，对于政府而言，推动农民增收致富说起来容易，做起来却十分困难。过去很长一段时期内，农民的最大利益诉求是解决温饱问题，从土地上求生存，生存型思维是农民行动逻辑的直接体现，政府只要在政策上进行优化调整，放宽对农民的束缚，就能取得显著成效，政府就能取得农民的信任与支持。例如，实行家庭联产承包责任制、农村税费改革等。随着经济社会的发展，农村社会的主要矛盾也在逐步发生转变，在基本的生存需求得到满足之后，农民希望得到进一步发展，开始追求美好生活。也就是说，在当今农村社会，发展型思维已经成为农民行动逻辑的直接体现，而农民对政府具有天然的惯性依赖，在农民看来，自身的发展问题亦是政府的责任。而从政府角度来讲，只有回应农民诉求才可以获取其信任和支持。那么，如何回应农民的诉求以获取社会资本呢？在政府层级体制压力和自身能力有限的情况

① 余湘. 当代中国基层政治信任建构的一种宏观分析[J]. 内蒙古社会科学，2015(05):16.

下，转而寻求企业支持，推动资本下乡助力乡村产业发展，成为基层政府的理性策略。

> 现在，基层政府的工作不好做，什么都得管，什么都得做，不做不行。一方面，上面各种考核满天飞，压着我们想办法；另一方面，农民不是很理解，政府能力也有限，产业这么大的事情，岂是单单靠政府一下子就做好的。但是，产业这事不得不做，农民想赚钱是好事，政府应该支持，要不农民对政府就有意见。所以，我们花精力引进企业，通过资本下乡帮助政府发展村里的产业，这样的话，农民有钱赚，企业也有利润，政府也有政绩，老百姓就信任政府、支持政府，这对大家来说都是好事情。

在具体实践中，基层政府的行动策略往往要借助村集体的力量予以实现。从村集体角度看，村民自治制度实施以来，农民用手中选票来决定自己的当家人，实现了当家做主。村民自治制度实施四十年来，农民对村干部的选择趋向发生了明显变化。伴随着家庭联产承包责任制的实施，农村生产经营活动转变为主要由一家一户负责，村干部的主要职责是负责村庄公共事务管理，这一时期农民对村干部的选择以公道正派、德高望重为首要标准，追求稳定型治理；随着农村经济社会不断发展，农民越来越希望通过手中选票选出有能力带领村民发家致富的村干部，这也是进入 21 世纪以来，在众多农村出现了富人治村、能人治村现象的原因所在。尤其是近年来，这一现象更为普遍。这一现象实质上反映了乡村治理逻辑的变迁，即由过去的稳定型治理逻辑向发展型治理逻辑的转变。按照戴维·伊斯顿的政治系统理论来解释，这一逻辑变迁有其内在动力，即农民群众在生产生活上的诉求通过乡村治理渠道向农村基层政治系统释放。① 在这一逻辑变迁的影响下，村干部要想获得农民的支持，获得农民的选票支持，就必须要对农民的利益诉求作出有效反馈。对于村干部而言，实现农民诉求的策略也呈现出理性

① 戴维·伊斯顿. 政治生活的系统分析[M]. 王浦劬，译. 北京：华夏出版社，1999：41-81.

状态。一方面,面对国家战略主导下的资源下乡,村干部寄希望于通过谋取国家资源来实现农民诉求;另一方面,在国家资源下乡策略的影响下,村集体转而寻求折中路线,借助企业力量发展村庄产业,由此便实现了村集体与政府意志的契合。可以看出,无论是国家资源下乡还是企业资本下乡,都成了村干部获取社会资本的途径,以此获取农民的选票支持。这一转变也从侧面反映出农民认知的变化,农民认知变化的实质是农民现代性的成长。农民认知变化既是经济社会环境变化催生的产物,也是农民内生需求塑造的结果。农民认知变化对乡村治理转型起到了助推作用,而资本下乡则为乡村治理转型提供了试验场。

> 以前,村里进行选举时,大家都把票投给有威望、品行信得过的人。现在有点不一样了,大家投票时主要看谁有能力,谁能够给大家带来好处,能够给村里带来好处。当然了,如果只是嘴上说的好,嘴上有能力、有本事,但是不给村里办实事,那下一次大家肯定就不选他。

可以看到,通过资本下乡获取社会资本已成为基层政府和村集体共同的行动偏好。而且,在这一过程中,政府与村集体能够形成社会资本的共享格局,这在一定程度上能够有效调适资本下乡中县乡政府与村集体之间的张力,形塑资本下乡中政府与村集体的行动合力。

(三)竞争捷径:主动谋求政府支持

在封建社会时期,“皇权止于县”是行政体制的基本形态,国家与农民之间的联系基本上由乡绅等中间阶层完成,且国家与农民之间更多地呈现出一种单向关系,国家对农民除提供必要的安全和诉讼外,没有额外的义务,国家力量很少直接触及乡村社会场域,农民则长期承担着国家的赋税和徭役。那时候,农民对国家的依赖性并不高,反而呈现出一定程度的排斥性。新中国成立后,伴随着国家基层政权建设,国家力量直接触及乡村社会底层,随着国家力量对农村社会的全方位改造,农村生产生活几乎被置于国家力量的主导之下。尤其是在人民公社时期,所有农民个体根本无法脱离公社而独立存在。事实上这造成了农民个体对公社的全面依附。① 可以看出，国家政权下沉的过程伴随着农民对国家依赖关系的塑造。改革开放以后，虽然农村的自主性空前增强，但是，国家资源汲取（主要是指农村税费征收）的强度依旧较高，农村依旧被束缚在国家力量塑造的场域内。可以说，直至农村税费改革，这一局面才得以改善。但是，随后国家主导的一系列资源下乡纷至沓来，而在农民利益诉求日益强烈的背景下，国家资源下乡对农民具有极强的吸附性。可以说，时至今日，实质上农村依旧没有摆脱对国家的依赖性。如果要对上述两种情况加以区分的话，前一种情况可以概括为强制性依赖，后一种情况可以概括为诱致性依赖。从J县的实践案例来看，围绕黑木耳产业项目启动，育村与西村展开了激烈竞争，而主动谋求政府的支持，成为竞争"捷径"。笔者观察分析认为，这一行动策略的采取既有历史的惯性作用，也有国家资源的吸附作用，还是外部力量——企业驱动的结果。

在企业与育村的对接过程中，党支部书记兼村主任黄某铎表达了育村对黑木耳项目的欢迎态度，表示育村会全力配合与支持，并带领企业管理层到项目拟选址进行了考察。在考察过程中随行的另一名育村村干部黄某生说道：

> 我们育村的生态环境非常好，几乎没有任何污染，肯定能种出天然健康的黑木耳。另外，我们村现在人心齐，大家干事情讲规矩，不会乱来，所以，企业来投资大可放一百个心。不像有一些村子，一是环境污染严重，水质不好肯定会对黑木耳生长造成不利影响；二是村子乱，什么人都有，你们企业去了的话，哪还有精力搞生产，整天忙着对付麻烦事，这在我们育村肯定不会发生。

随后，笔者从企业负责人周某春处了解到，黄某生所暗指的村庄就是西村。后来笔者调研了解到，黄某生所说并非空穴来风。西村环境污染主要是村内长期大规模种植芋头所致。之前，西村的土地被一企业流转，用于种

① 徐国普. 人民公社时期乡村权力结构的特征及其影响[J]. 江汉论坛，2004(07)：68.

植芋头，芋头用药量大，导致土壤重金属超标，且地下水也受到不同程度的污染。后来，因为企业经营不善，芋头种植就没有继续下去，导致很多土地出现了撂荒。黄某生所说的西村比较乱，也有事实依据。西村内有一处石场，由于长期开采，加之石场运输水泥、石子的重型车辆天天穿梭在村内道路上，导致路面崎岖不平，且部分路段出现了塌陷，甚至有些地方出现地下采空区，导致离石场和道路较近的部分村民的房屋出现了裂缝。对此，村民意见很大，希望石场主动解决矿石开采带来的问题。但是，村民的诉求遭到了石场的拒绝。与石场协商无果后，西村村民联名向政府投诉，要求政府关闭石场。而政府调查后给出的结论是，企业没有超出规定开采范围，并不存在违规现象。村民对政府的处理结果十分不满，部分村民暗自购置了小型摄像机并雇用钻探队进行取证。取证结束后，村民便走上街头拉横幅、写标语、设路障。最后，J县政府一名副县长赶赴现场，疏散了群众，并承诺政府一定会妥善解决问题。随后，J县安全监管部门紧急给企业下达了责令限期整改指令书，要求企业暂停生产，进行整改。黄某生口中所说的“乱”应该是指此事件。黄某生本身也是一位做工程的老板，对此事的来龙去脉可能比较清楚。黄某生生意人的身份属性使其认为西村村民的群体性事件影响了企业正常的生产秩序，所以，其认为这是乱的表现。但是，从农民的角度来说，其维护自身利益的行动无可厚非，之所以演化成群体性事件，则是因为农民利益表达失败，这是一种“暴力抗争”。

而企业与西村进行现场对接时，则是另一番场景。项目对接会上，西村党支部书记宋某芬希望N农业公司的黑木耳项目能够落户西村，原因是西村的闲置资源多且易于使用，大量基础工作已经提前开展，具有良好的基础。其所指的闲置资源主要是指位于村南的一片闲置宅基地，面积为10亩左右，此处以前有几户农户，后来集体搬迁，搬迁后宅基地一直荒废至今。其表示，村里已经做通了村民的工作，村民愿意以800元每亩的价格将宅基地流转给村集体使用。其次，宋某芬所说的基础工作是指已经召开了村民代表会议，并征求了意见，村民代表一致同意发展黑木耳产业。宋某芬还提及已经将发展黑木耳产业的情况向县里主管农业农村工作的“新乡贤”作了汇报，并获得了其支持。除此之外，西村愿意提供比育村更为优惠的条件。

> 我们西村跟育村比起来，离县城比较近，地比较平，水也多，这些都有利于黑木耳产业的发展。关键是我们愿意提供比育村更优惠的条件给企业，比如场地的租金可以谈，肯定比育村的便宜。而且，我们西村还是省定贫困村，发展产业的话，帮扶单位也能支持。这些对企业来说，都可以降低成本。

与两村进行项目对接后，N 农业公司周某春向 J 县人大主任卢某生和县委农办主任涂某平汇报了对接情况，并请县里给予意见与建议。周某春向笔者表示：

> 一方面，我们企业在 J 县投资，政府拿出真金白银为项目做好配套；另一方面，县政府是我们的股东，企业有义务听取县领导的意见与建议，然后才能选定项目落地方案。如果啥都是我们自己说了算，那事情不好办。后来，我也向两个村的村干部说明了情况，关于项目落地到哪个村，最后还需要政府的意见，所以，我也让他们去向镇里和县里争取支持。

正如 N 农业公司负责人周某春所说，后来两村关于项目落地的事情没有再直接与企业对接，而是将策略转为寻求乡镇政府和县政府的支持。由此可以看到，在这一过程中，政府通过资源下乡完成了对农村的吸附，而这一过程是借助企业的市场化行为来完成的，也就是实现了政府意志的市场化表达。这一过程有其前置条件，即政府政治资源在企业中的隐性配置，如果没有这一环节，这一过程也将难以实现。此时，回到乡村治理层面来看会发现，村集体的乡村治理策略是推动村庄产业振兴，以此回应农民诉求，进而获取社会资本，同时为乡村治理提供物质基础和保障。实现乡村产业振兴这一过程需要在企业参与下进行，而企业项目落地实则是政府意志的市场化表达。在此情况下，村集体必须主动谋求政府的支持，以获得村庄间产业项目竞争的“捷径”。由此，政府间接完成了对乡村社会的吸附，实现了政府权力在乡村治理系统的隐性内嵌。不可否认，如何最大限度地规避“资源消解自治”的村治困境是这一过程中不可忽视的问题。①

三、选村投资:政府干预下的资本下乡

政府、企业和村集体共同参与下的资本下乡过程实质上也是资源分配的过程。这一过程的复杂性体现在利益相关主体的交互关系,并由此影响了资源分配的结果。英国哲学家大卫·休谟曾说过,假若每个人随时都有充分的远见卓识,都有促使他保证奉行公正与公平的强有力的爱好,都有足以坚持不懈地信奉普遍利益和未来利益原则的思维能力,抗拒眼前的快乐和利益的诱惑,那么,在这种情形中,就永远不会存在政府或政治社团这类东西。② 意大利经济学家维弗雷多·帕累托描述了资源分配的理想状态:假定固有的一群人和可分配的资源,从一种分配状态到另一种分配状态的变化中,在没有使任何人境况变坏的前提下,使得至少一个人变得更好,这种状态被称为“帕累托最优”。③

企业项目落地是政府意志的市场化表达结果,换句话说,就是资源分配中的政府偏好问题。按照西方经济学理论,资源分配关涉两个核心问题,即效率和公平,在资源分配过程中兼顾效率与公平是实现资源有效分配的关键。如果说资本下乡中政府的情感偏好是实现政府意志市场化表达的“启动开关”,进而影响资源分配结果,那政府的情感偏好又是如何产生的? 企业配合政府完成政府意志市场化表达的动力来源于国家资源下乡策略和政府资源的隐性配置,那企业的目的又是什么? 当企业项目落地后,村企关系是如何建构的? 建构的结果是什么? 这些内容将是本节所要探讨的。

---

① 李祖佩.“资源消解自治”——项目下乡背景下的村治困境及其逻辑[J].学习与实践,2012(11):82.

② 丹尼斯·C.缪勒.公共选择理论[M].杨春学,等译.北京:中国社会科学出版社,1999:13.

③ 高鸿业.西方经济学:微观部分[M].北京:中国人民大学出版社,2014:262-272.

(一)情感偏好:资本下乡中的政府意志

从经济学家的解释来看,政府作为公共机构,其目的在于通过有效的手段对资源分配过程进行规范,以最低的成本实现兼顾效率和公平的资源分配。正如缪勒所言,"政府,作为一种实现帕累托最优的资源配置的机构,其存在会减少人数众多时,获取个人关于公共物品和外部性的偏好的信息所需的交易成本和谈判成本。"①但是,如果从政治学角度去理解,要实现缪勒所说的"政府是实现帕累托最优的资源配置机构",必须要有一个基本的前提条件,即政府是正义的。如约翰·罗尔斯在其著作《正义论》中所指出的,"正义的对象是社会的基本结构,即用来分配公民的基本权利和义务、划分由社会合作产生的利益和负担的主要制度"②。在本书所描述的资本下乡案例中,政府作为公共资源配置机构,虽然其意志通过市场的主体——企业来表达,但是,政府意志是为降低交易成本和谈判成本而存在的吗?政府意志的市场化表达方式在资本下乡中是否具有负外部性?这些问题在本研究中或许可以窥探一斑。

按照现代治理理论的解释,政府作为公共机构,其目的是增进公共利益和人民福祉。但是,必须要承认,政府是有偏好的,而且正是政府的偏好促进了政府意志的形成和表达。同时,也应看到,政府偏好的来源具有相当的复杂性。在J县的案例中,当村庄间的项目竞争"捷径"转向政府后,政府意志的确成为左右企业资本下乡路径的关键性因素。在这一过程中,政府的情感偏好最终转化为行动偏好,进而以政府意志形式传输到企业执行端。在产业项目竞争过程中,育村和西村寻求政府支持的第一步是游说乡镇政府,进而通过乡镇政府游说县政府。在这一过程中,乡镇政府的角色发挥了重要作用。

育村所在的F镇党委书记陈某政于2017年12月从县委社工委调任该

---

① 丹尼斯·C.缪勒.公共选择理论[M].杨春学,等译.北京:中国社会科学出版社,1999:45.

② 约翰·罗尔斯.正义论[M].何怀宏,等译.北京:中国社会科学出版社,1988:5.

镇担任党委书记。而陈某政仕途中的这关键一跳，主要得益于J县人大主任卢某生的全力推荐。陈某政调任F镇任党委书记之前，在很长一段时期内一直跟随卢某生在J县主抓农村改革发展工作，所以，其仕途也被外界打上了所谓的“领导路线”烙印。当时，负责引进N农业公司发展乡村产业，并主导政府入股N农业公司的主要领导也是卢某生，鉴于此，卢某生在项目落地事宜上拥有绝对的话语权。所以，对于乡镇政府而言，村庄得到卢某生的支持成为项目落地的关键。当陈某政找到卢某生表达F镇和育村的诉求时，卢某生表示同意并支持。而西村所在的Z镇，一直以来是J县重点扶持的对象，原因是其地理区位优势和自然条件相比其他乡镇较为明显。在相关县领导看来，Z镇离县城距离合适且地形以平原、盆地为主，易于开展工作，政策实施能够在短时间内见到效果。而这种区位上的优势可以有效转化为政治优势，原因是区位优势既有利于县里决策意图落地实施，又有利于上级的现场考核评估。例如，2014年J县获批的省级新农村连片示范区建设就落户Z镇，2017年省里进行考核评估时，考核结果位列全省第一。所以，在县里连续多年的支持下，Z镇的美丽乡村建设远近闻名，而且J县的农村改革创新典型案例也大多出自Z镇。当西村村干部找到Z镇党委书记张某辉，表达了西村与N农业公司的合作愿望后，张某辉表示支持，并带领村干部找到了西村的“新乡贤”——县委农办主任涂某平，寻求他的支持。后涂某平向卢某生汇报了Z镇和西村的诉求，希望卢某生能够给予支持。卢某生给出的意见是产业发展有风险，要优先选择基础条件较好的村庄，特别是群众发展愿望强烈，内生动力被激发的村庄，以此降低产业发展的风险。最后，卢某生向涂某平表示，经过综合考虑，其认为育村的条件相较于西村而言具有一定的优势。当然，卢某生还向涂某平提出了新的想法：

> 乡村产业发展也需要一个过程。可以把这个过程分成两步：首先在最合适的村子把项目落地，然后探索道路、积累经验，等把产业规律摸清了，可以启动第二批项目，扩大这个产业的规模，只有规模上来了才能有效益。循序渐进地去做，不能冒进，这样才能把风险把控好，这也是对群众负责任的做法。

从卢某生的话中不难发现,项目落地育村基本成为事实。对这一过程进一步分析会发现,政府最终的资源配置策略是基于情感偏好基础上形成的。基于官僚体制内的情感偏好而作出的行动策略在一定程度上的确降低了交易成本和谈判成本,提升了资源配置效率,但资源配置过程却遭受了公平性的价值挑战。可能有人会说,或许经过漫长的谈判,最终基于政府理性选择,项目仍然会在育村落地。换言之,谈判过程终究是为最终结果服务,如果能够直接越过谈判过程而直接审视结果,从而倒逼政府在一开始就进行策略调整,无疑是更优选择。这一观点无非是在谈判成本与机会成本之间进行权衡,潜意识中认为机会成本要远远小于谈判成本,此情况下,政府终止谈判进程也是理性选择的结果。但是,无论政府的行动策略是基于理性还是基于感性做出的,政府意志最终实现了顺利表达是基本事实。

可以这样理解,政府意志表达的过程本质上就是公共资源分配的过程。若与传统的行政主导式资源配置方式进行比较,可以发现,在市场化进程中政府的公共资源配置方式也呈现出新特征。为了提升资源配置效率,行政主导应该逐渐让渡为市场主导,尤其是伴随着中国市场经济体制改革不断深化,这几乎已经成为社会的共识。但是,让市场主导公共资源配置并不意味着政府“裸退”,特别是在国家公共资源向农村配置的过程中。而J县政府通过引导企业资本下乡发展乡村产业,将政府意志向企业进行传输,进而借助企业完成国家公共资源在农村的配置。这一过程折射出政府与市场的微妙关系。党的十八届三中全会提出,使市场在资源配置中起决定性作用。但是,在市场发育并不充分的农村地区,资源配置完全交由市场进行有其限度,政府适度干预有利于资源配置过程中的风险控制,当然,政府干预过度则势必影响资源配置效率。而J县的技术路线则可看作是处理政府与市场关系的一条“折中”道路。

(二)企业配合:寻求政策倾斜与扶持

当村庄间的产业项目竞争转向政府时,企业也在寻求政府的意见和建议,以期加速项目落地。在这一过程中,政府意志的传输其实是向村庄和企业两端同时进行的,政府俨然成为产业项目对接过程中的“中枢”机构。企业在征求J县政府的意见与建议时,负责产业项目具体对接工作的县领导卢某生就表示:

> 经过县里的综合考虑,认为F镇的育村总体是比较合适的。一是育村的环境比较适合黑木耳生长,因为地势比较高,其年均气温要比平原地区低1~2 ℃,而黑木耳适合低温生长;二是育村的风气比较正,群众的内生动力也比较强,对产业项目需求比较大,这有利于企业进村后开展工作。从政府的角度来说,建议企业选择育村进行投资。当然,这只是政府的建议,具体还要企业好好调研,做出最后的决定。不过,企业肯定没有政府更了解情况,毕竟是外来的“和尚”嘛!

企业在获得J县政府的建议后,N农业公司项目经理刘某伟表示:

> 企业肯定没有政府对具体情况了解得清楚,所以政府的意见与建议对企业来说至关重要,一定要认真对待。企业到陌生的地方来投资搞产业,一定要有政府的支持,有了政府的支持,那肯定做起来顺手,容易做出成绩。既然县里建议企业将项目落地在育村,那企业肯定会全力配合政府把事情做好,也请县里给予企业支持和帮助。

由此,该产业项目最终落地F镇育村。在选址确定后,企业转向与乡镇政府对接。在与乡镇政府对接的过程中,企业的目标非常明确:一是要获得乡镇政府的资源倾斜。企业向乡镇政府负责人陈某政表示,企业最终选择到育村投资是得到了县政府的授意,而且县政府在财政资金上予以配套支持,也希望乡镇政府能够在力所能及的范围内对企业进行支持。企业认为产业项目落地所带来的国家资源是因企业配合而获取的,如果企业没有选择到育村进行投资,则县里的配套财政资金不会流向F镇。从这个层面讲,企业认为其为F镇政府争得了利益。F镇政府应该通过资源倾斜对企业进行适当的扶持,作为对企业的回报,更何况N农业公司属于政府投资入股的混合所有制企业,更应该得到政府的资源倾斜和扶持。后来的实践证明,F 镇政府对企业的诉求做出了回应。例如,F 镇从 N 农业公司采购了一批生产性扶贫资料(化肥、农药、种子等)用于发放给贫困户。二是寻求乡镇政府的政策性庇护。企业产业项目选址确定在三月初进行,按照计划于当年九月启动黑木耳菌包生产。从项目工期来看,时间较为紧张,如果按照正常的程序进行审批,则可能错过黑木耳菌包生产最佳时期,进而会影响黑木耳菌包的质量。于是,企业请求乡镇政府出面协调,通过边建边批或先建后补的方式,为企业争取时间。事后,在陈某政的协调下,F 镇政府专门抽调了一位在该镇挂职的徐姓副书记全程协调此事,并通过边建边补的形式启动了生产厂房建设。此外,在企业进入生产过程后,由于需要用锅炉对黑木耳菌包进行高温灭菌操作,因此需要燃烧一定量的煤炭。但是,J 县对于烧煤行为进行严厉打击,全县当时正在开展清理小煤炉工作。企业虽然安装了环保型锅炉,但多少也会产生一点污染,对此企业担心厂房内的锅炉会被清理,进而影响生产。对于此事,乡镇政府表示,只要在可控的范围内,会协助处理。

由此分析可知,企业在配合政府意志表达的过程中实现了自身的利益扩张,获得了体制力量的保护,有效化解了企业面临的困境和风险。政府入股和财政资金配套为企业利益扩张注入了体制性动力,而企业凭借政府资源在企业的隐性配置获得了隐性的体制性力量,进而通过这种隐性体制性力量建立起企业的风险规避和防控机制。在这一过程中,体制性力量从政府向企业转移的基础是行政系统内的科层体制。韦伯在论述科层体制时指出,统治有两种相互尖锐对立的类型,一种是仰仗利益状况的统治,另一种是依仗权威的统治。① 其实,韦伯在论述这两种科层制类型时有所指向,前一种是经济领域内的垄断主义,后一种是社会领域内的支配式权力结构。在本书案例中,企业通过县级政府入股和公共资源的市场化配置而获取了隐性的政治资源,并依靠隐性政治资源获得了体制性力量。而在行政系统内部,县政府与乡镇政府隶属于上下级关系,且是一种命令型、支配型关系,

---

① 马克斯·韦伯. 经济与社会:下卷[M]. 北京:商务印书馆,1997:265.

而企业依靠从县级政府获得的隐性政治资源所产生的体制性力量构建与乡镇政府的关系，此种情况下，乡镇政府与企业间的平等主体关系被打破，企业在体制性力量的加持下在某种程度上完成了对乡镇政府的隐性支配。由此，“纵向的支配关系替代了横向的交易关系，相应的运作机制也由平等主体间的讨价还价转变成了不同等级间的指令化服从”①。如此一来，在行政系统内部科层体制塑造下，政企关系也呈现出典型的层级特征，政府与企业的平等主体关系只有在科层体制的上端才得以实现，在科层体制的末端，政府与企业的平等主体关系在行政系统内部科层体制所产生的体制性压力影响下难以建立。所以，这使得良性政企关系建构面临着极为复杂的环境。

（三）村企共谋：强化获取政府资源的能力

随着产业项目在育村落地，企业与村庄才有了实质性的接触，村企关系建构也才得以开始。按照常识推断，企业是市场经济的主体，是现代性的代表，乡村是封闭的、落后的、弱势的，当企业与村庄交织在一起时，村庄只能是被动的接受者，而企业是攫利者。但是，基于常识的推断可能会遭遇实践的挑战。农民是理性的，他们天然拥有勤劳、节约、善良、吃苦、耐劳等品格，但他们也懂得经营、算计等，而这些朴素的农民经济理性所带来的影响在某种情况下不可估量，有学者就声称正是农民理性创造了中国发展奇迹。② 从本书案例来看，在产业项目落地育村后，企业与育村基于利益关联，形成了利益共谋关系，以此强化获取政府资源的能力。这一过程中，村庄并不是被动的接受者，而是在与企业的合作过程中同步实现了对政府资源的获取。

按照整个项目的投资计划，基础设施投资 300 万元，生产设备、配套厂房等投资 200 万元。基础设施和厂房用财政配套资金建设，建成后的厂房产权归村集体所有，企业向村集体租赁厂房或村集体通过厂房资产入股企业。生产设备等则由企业负责投资，生产设备产权归企业所有。按照企业生产

---

① 丁轶. 反科层制治理：国家治理的中国经验[J]. 学术界，2016(11)：28.

② 徐勇. 农民理性的扩张："中国奇迹"的创造主体分析[J]. 中国社会科学，2010(01)：107-116.

实际测算，整个厂房占地4000平方米，为标准化钢结构厂房即可。但是，最终的厂房建设方案却发生了变化，发生变化的主要原因是企业与村集体之间的利益共谋。由于该项目最终的选址地点位于育村的一片废弃荒山，可利用土地面积近40亩，村集体的想法是借助此产业项目，将40亩土地全部进行开发建设，以此增加村集体的资产额度，但是按照企业需求，只需对其中的10~15亩土地进行开发建设即可。于是，村集体找到企业，表达了村集体的想法。村集体表示，要通过此次产业项目落地育村的机会，把40亩荒山全部进行开发建设，因面积扩大而增加的投资额度由村集体向政府寻求支持，不需要企业负担，企业只需要在政府面前同意村集体的想法即可。作为条件，村集体承诺，新增加的厂房在一定时期内可以作为企业生产的配套基地，企业无须承担额外的租赁费用。而企业对村集体给予的优惠条件表示满意，既然在不增加企业生产成本的基础上可以获得更大的使用面积，企业自然没有异议。随后，村集体将此想法传递给了县镇政府，县镇政府在征求企业意见时也没有得到企业的明确反对，于是，县镇政府原则上同意了村集体的想法，但是，由于扩大建设面积而导致增加的投资额度，需要县镇政府从其他政府项目中协调款项，短期内无法到账。县镇政府承诺只要村集体进行了开发建设，最终政府一定会全额补齐。由此，村集体在企业的配合下完成了对政府资源的获取。

此外，在厂房建设标准的调整中，村集体第二次完成了对政府资源的获取。按照前期确定的厂房建设标准，4000平方米的标准化钢结构厂房即可满足企业生产需求。但是，村集体提出了不同意见。村集体的想法是，如果最后整个项目失败，按照企业实际需求建设起来的厂房就要废弃，变成村里的负资产，影响村干部在村民心中的形象。为了规避风险，生产厂房建设标准要进行适当调整，厂房建设标准既要满足企业生产需要，又要能够确保村集体二次利用。按照村集体的意见，生产厂房的建设标准由原先的普通标准化钢结构厂房调整为高标准特殊钢结构厂房。

现在这个厂房的建设标准说实话有点低，倒是能够满足企业的要求，但我们不能这样想。假如我们这个项目失败了，就现在这个标准建起来的厂房我们村里很难处理,没办法进行二次利用,很难租给别的企业。做事情得有万全之策,想得长远一些。我们把标准往上提一下,标准高了,村里的风险就低了。如果到时候企业跑了,留下的厂房还可以利用起来,就是用来存煤也能把20万的租金收回来,村里能增加收入,对群众也有交代。

于是,村集体按照当初厂房扩建时的思路与政府进行谈判,企业无须增加投资额度和生产成本,只需要配合村集体即可。最终,政府同意了村集体的方案。

村集体依托产业项目建设,通过与企业共谋,强化了对政府资源的获取能力。在这一过程中,村集体与企业虽然通过共谋形成了利益共同体关系,但这一利益共同体呈现出松散性。村庄与企业利益共同体关系的建构具有外部性,即在特定阶段村企利益获取的对象是第三者——政府,而这是村企利益共同体关系松散性的主要来源。就村企关系而言,村集体的主要诉求是谋求更多利益,当村庄与企业的合作关系建立后,村集体基于理性选择,不可能将额外的利益诉求向企业进行传递,其风险在于超出产业项目本身需求的利益诉求会破坏村企间正常的合作关系。从企业角度来看,村企关系建立后,基于理性选择,企业在不增加生产成本的前提下,不会选择终止村庄的利益诉求,破坏村庄的利益获取途径,以此规避村企合作风险。可以看到,村企利益共同体内,村庄与企业间实质没有搭建起紧密的利益联结机制,村集体的行动策略是基于自身利益扩张而形成的,企业的行动策略是基于成本控制而形成的。而政府之所以对村集体的利益诉求予以回应也有其动因。一方面,政府通过资源输入,强化对村庄的控制,以确保产业发展过程的可控性。从政府角度而言,通过强制性手段实现"稳定大于一切"的目标越来越不具有内在可能性,而通过有效的公共资源输入,既可以通过权力内嵌达到稳定村庄的目的,还具有推动村庄发展的外部效应。可以说,在这一过程中,政府的行动策略是"稳定与发展"关系框架下的理性选择结果,实质也是一种风险控制策略。另一方面,这一行动策略也是政绩驱动的结果。对于政府而言,谋求政绩是获取社会资本的重要手段,也是实现官员仕途升迁的有效途径。政府在谋求政绩的过程中,会根据实际情况对资源配置方案进行优化和调整,以达到政绩获取的目标。虽然政府对公共资源的配置以增进公共利益和人民福祉为主要目标,但在大多数情况下,公共资源的配置过程必然受到政府政绩目标的影响,更何况这种政绩驱动型公共资源配置方式与增进公共利益和人民福祉的目标并不存在必然的逻辑张力和矛盾冲突。当然,前提是政府官员拥有正确的政绩观。亚里士多德曾经说过,"人们为了获得特别的好处,通过为生活的目的提供某些特别的东西而聚到一处;同样,政治社团看来是为它所带来的总的好处而自发地聚到一处并继续存在下去"①。

四、资本下乡中的利益主体关系再造

随着产业项目落地育村,政府、企业与村集体遵循不同的行动逻辑,围绕各自的利益诉求,进行了关系建构。有什么样的逻辑,就会采取什么样的行动,就会产生什么样的影响。在产业项目落地过程中,政府、企业和村集体围绕自身利益而采取的行动策略潜移默化地重塑着乡村关系、政企关系和村企关系。乡村关系、政企关系和村企关系的变化是资本下乡这一特殊环境塑造的结果,同时利益主体关系再造也必然会对资本下乡产生实质影响,这为我们理解资本下乡提供了新的视角。

(一)企业参与下的乡村关系再造

乡村关系主要是指基层乡镇政府组织同村民自治组织之间的关系。在资本下乡这一具体实践场域中,由于在政府与村集体之间引入了新的变量——企业,使得乡村关系呈现出新的特征,乡村关系的变化也在一定程度上影响了政府和村集体的行动策略。本书案例中,县乡两级政府在资本下

① 曼瑟尔·奥尔森. 集体行动的逻辑[M]. 陈郁,等译. 上海:上海人民出版社,1995:6.

乡中完成了对村集体的吸附与控制。原本与村庄较少有交集的县级政府,在资本下乡中完成了公共权力的下移,与村庄建立起了直接联系的渠道,改变了以往通过乡镇政府与村庄间接联系的机制。对于村集体而言,其不仅要接受乡镇政府的指导,同时也要直接接受县级政府的指导,政府对村集体的指导关系具有了双重性特征。表面上看,由于县级政府的加入,乡村关系具有了层级性,建构了政府对村集体的双重指导关系,在这一双重指导关系下,村集体在县域公共权力体系中的位置进行了前移,这意味着村集体受政府公共权力的影响程度加深。但是,也要看到,正是受乡村关系这一变化的影响,村集体获取政府公共资源的能力也得到强化。从村集体的行动策略来看,其主要目的是发展乡村产业,促进农民增收致富,以获取村庄层面的公共信任资本。过程服务于结果,在具体实践中,对于村集体而言只要能够为村庄获取更多的资源,政府对村集体的影响就可以忽略不计。更何况,从某种意义上来讲,政府对村集体所施加的影响具有明显的外部效应,反而可以增加村庄获取政府资源的可能性。以育村为例,其不仅在产业项目落地过程中获取了更多的政府公共资源,而且通过资本下乡而得以增强的资源获取能力具有明显的溢出效应,其通过在资本下乡中与县乡政府建立起来的更为紧密的联系机制,进一步获得了农村人居环境整治项目、党群服务中心建设项目以及民宿等美丽乡村建设项目。

与此同时,资本下乡中的乡村关系也呈现出明显的张力。这一张力主要由两方面塑造:一是纵向拉伸。县级政府的参与使得原本局限于乡镇政府与村集体之间的乡村关系在纵向上进行了延伸。按照企业管理学的观点,在企业规模扩大的情况下,有效办法并非是增加管理层次,而是增加管理幅度,即“扁平化”管理模式。如果将企业管理学中“扁平化”管理模式的观点用于此处来解释资本下乡中的层级化乡村关系,我们就会发现,重塑后的乡村关系面临着层次重叠问题,这可能会降低政府与村庄间沟通机制的运转效率,从而造成乡村关系的内在紧张。二是横向扩展。虽然乡村关系主要是基层政府与村庄层面的关系,但由于企业的参与,使得政府与村庄间的关系在横向上进行了扩展,从而使得乡村关系具有了一定的张力。例如,在本文的案例中,县级政府的公共资源配置需要借助企业进行,乡镇政府无形之中受到企业拥有的隐性体制力量的影响,而村集体在获取政府资源的过程中更需要企业的配合。可以看到,正是因为企业的参与,政府与村庄之间建立起了缓冲地带,企业成为乡村关系的润滑剂。而一旦企业撤出,政府与村庄就会丧失缓冲空间,没有企业的润滑作用,在某种程度上必然会引致乡村关系紧张。

(二)村庄参与下的政企关系再造

政企关系实质上是政府与市场关系的具象化表达。一般情况下,对政企关系的探讨是置于市场化背景下进行的。在市场化进程中,为了提高资源配置效率,从政府配置资源逐步让渡为市场配置资源。伴随着中国市场化进程,政府对市场的认识不断加深,党的十八届三中全会更是提出,让市场在资源配置中发挥决定性作用。企业作为现代市场经济的主体,是发挥市场作用的主要载体。资本下乡过程是城市要素向农村转移的过程,这一过程顺应了农村市场化发展的趋势。但是,受制于农村地区的客观条件,农村市场化发展呈现出较为明显的调适性、阶段性、渐进性特征。当前,农民驾驭市场的能力十分薄弱,农民从市场中获取收益的风险成本和机会成本较大,市场风险对农民的打击往往是毁灭性的。① 这就需要政府在资本下乡中积极发挥有效的调控作用,寻求农民利益保护与农民利益发展的均衡。由此,资本下乡中的政企关系也呈现出新的特征。

基于对个案的研究发现,资本下乡中的政企关系主要呈现以下特征:一是政府干预具有内在主动性。一方面,政府需要借助企业的市场优势推动乡村产业发展;另一方面,政府也需要主动作为,降低市场风险对农民的冲击。所以,有效发挥政府在资本下乡中的调控作用具有现实性。基于此,笔者提出资本下乡中的“有为政府”解释框架,即在资本下乡中政府要进行适度干预,既要发挥市场在资源配置中的作用,也要发挥政府在资本下乡中的

① 马池春,马华.农村集体产权制度改革的三重维度与秩序均衡——一个政治经济学的分析框架[J].农业经济问题,2018(02):8-9.

风险管控作用。资本下乡中的“有为政府”是一种比较理想的状态。因为政府干预也具有内在冲动性，一旦政府过度干预，则可能会造成市场的“内卷化”，甚至会导致“市场失灵”。二是企业具有依附性。良好的市场环境是市场机制有效运转的前提。而在市场发育不充分的农村地区，基于血缘、宗族、习俗文化等传统因子而形成的地方性知识体系给市场经济发展带来了挑战。企业如何在资本下乡中规避地方性知识带来的挑战和风险是其必须要考虑的问题。而在“政府—企业—村庄”三角关系中，企业只能选择寻求政府的帮助，由此，使得资本下乡中的企业对政府产生依赖冲动，其目的在于降低村庄外部环境给企业本身带来的风险。可以说，资本下乡中企业的依附性与乡村社会的“乡土性”有着较强的内在关联性。而企业一旦过度依附政府，则极容易引致寻租行为。

进一步分析会发现，资本下乡中政企关系具有明显的“相吸”倾向。资本下乡中政府和企业都会基于理性考量而寻求风险规避。这一行动逻辑主要是由乡村社会的“乡土性”所倒逼产生，也就是说资本下乡中政企关系的“相吸”倾向是由乡村社会的内在“排斥性”造成的。可以看到，在村庄的参与下，资本下乡在一定程度上再造了传统的政企关系。习近平总书记指出，新型政企关系关键是要“亲”和“清”。资本下乡中的政企关系既要“亲”，更要“清”。如果资本下乡中的政企关系改变，政府与企业形成利益同盟，则势必会损害农民的切身利益。

（三）政府参与下的村企关系再造

20 世纪 80 年代，伴随着农村经济体制改革，基层社会实行政社分开，原有的人民公社逐步解体，并在全国范围内建立了乡政府。此后，乡镇企业①异军突起，成为农村经济社会发展的重要推动力量。农村集体企业是乡镇企业中最为典型的代表。农村集体企业一般与村庄有着千丝万缕的关联，

① 乡镇企业主要是指以农村集体经济组织或者农民投资为主，在乡镇（包括所辖村）举办的承担支援农业义务的各类企业，是中国乡镇地区多形式、多层次、多门类、多渠道的合作企业和个体企业的统称。

由于集体企业的“在乡性”和生产资料的共有特性,使得集体企业与村庄的关系建构较为容易,形成了村企一体、村企合一等村企关系模式。这一时期,村企关系具有内生性,即具有共同的利益基础。虽然农村集体企业是为谋求村庄共同利益而存在的经济组织,但受制于农村集体企业形成的历史条件和成长环境,农村集体企业的市场性明显不足,因而大多数农村集体企业并没有伴随中国市场化进程而得以发展壮大。正是因为农村集体企业内生性成长不足,并不能承担起农村市场化发展的重任,所以,当下为了发展乡村产业,推动农村市场化发展,只能借助城市工商企业的力量。而城市工商资本下乡遵循自上而下的村企关系建构路径,且工商企业与村庄没有共同利益基础,所以,资本下乡中的村企关系建构具有一定的复杂性和不确定性。

从研究案例来看,资本下乡中的村企关系建构与传统的村企关系建构相比较,其差异主要体现在建构路径和利益关系。就村企关系建构路径而言,传统村企关系建构的基础是政府公共权力退出农村场域,从而为村庄公共权力提供递补空间,村企关系主要表现为企业与村庄基于共同的内部资源而进行的分工式合作关系;而在研究案例中,村企关系建构的基础是政府引资入村,本质是政府公共权力的下沉和嵌入。在这一过程中,政府为村企关系建构提供了外部的资源支撑。资本下乡中的村企关系主要表现为企业与村庄基于各自拥有的资源而进行的互补式合作关系。就利益关系而言,传统村企关系因具有共同的利益基础和利益诉求,使得企业与村庄在追求利益目标过程中具有内在的行动一致性;而资本下乡中的村企关系往往缺少共同的利益基础,利益主体在追求利益目标过程中更注重个体的“确定性追求”,因而引致企业与村庄间的行动张力。而个体的“确定性追求”往往会导致集体追求的“不确定性”。正如奥尔森所言,“理性的、自利的个体将不会采取行动以实现他们共同的或集团的利益,除非存在强制或其他某些特殊手段促使个体按照他们的共同利益行动”①。在资本下乡中,企业与村庄

① MANCUR O. The logic of collective action: public goods and the theory of groups [M]. Cambridge: Harvard University Press, 1971: 2.

没有形成共同利益基础,在此背景下政府参与村企关系建构是降低集体“不确定性”的有效策略,但也会导致村企关系失衡,因此其并非长久之计。所以,资本下乡中村企关系建构的关键是寻找共同的利益基础,即实现企业与村庄间有效的利益联结,这是降低集体“不确定性”,塑造村企利益共同体的关键。

(四)资本下乡中的动态“三角平衡”格局

资本下乡中的政府、企业与村庄各有其行动逻辑。从研究案例来看,市场化进程中政府引导工商资本进村,推动乡村产业兴旺,促进农民增收致富,是新时代实施乡村振兴战略背景下政府的治理逻辑;回应农民利益诉求,获取村民的信任与支持,是村集体的治理逻辑;而配合政府行动,获取政府资源,降低企业风险,实现资本效益是企业的行动逻辑。资本下乡中政府、企业与村庄按照其逻辑进行互动,由此重塑了资本下乡中的利益主体关系。在资本下乡中,企业的参与完成了对乡村关系的再造;村庄的参与完成了对政企关系的再造;政府的参与完成了对村企关系的再造。相较于传统的乡村关系、政企关系和村企关系,新主体的参与,使得原本相对简单的主体间的双向关系演变成为“三角关系”,资本下乡中的政府、企业与村庄在行动上相互交织,彼此配合又互相牵制,形成了资本下乡中的动态“三角平衡”格局。

如果将资本下乡看作一个社会生态系统,政府、企业与村庄则是该系统的基本结构要件,乡村关系、政企关系和村企关系成为支撑该系统的网络结构。作为系统结构要件的政府、企业与村庄,其任何一方的行动都会影响系统网络结构的稳固性,进而对系统的稳定性和平衡性产生或积极或消极的影响。系统稳定性和平衡性主要来源于主体间的彼此配合与相互牵制。具体来讲,资本下乡中政府需要借助企业的市场优势,对资源进行有效配置,提升资源的使用效益,同时也需要村庄的配合;村庄需要借助企业的资本力量,唤醒农村沉睡的资源资产,将资源资产优势转化为产业优势,同时也需要政府的扶持;企业需要村庄提供良好的社会环境和有效的生产参与,以此降低企业的生产和交易成本,同时这一过程也离不开政府的支持。但是,我们也要看到,系统的稳定性与平衡性既取决于系统内部结构的稳固性,也受系统外部环境影响,使得这一过程呈现出显著的动态性和调适性。从研究案例来看,资本下乡中的媒体参与为系统稳定性和平衡性提供了有效的外部环境支撑。围绕资本下乡过程,《南方日报》《M市日报》和J县相关媒体对育村的产业项目进行了大量的宣传报道。这些新闻报道一方面为资本下乡营造了良好的氛围,另一方面有效发挥了社会监督作用,对利益主体行为起到了规范作用,无形之中为资本下乡提供了有效的外部环境支持。

五、小结

伴随着乡村振兴战略的实施,推动乡村产业兴旺成为振兴乡村的重点。而推动乡村产业兴旺需要有效发挥市场的作用。合理引导城市工商资本下乡成为地方政府推进乡村产业发展的重要举措。资本下乡作为经济社会发展到一定阶段的产物,是工业反哺农业,城市支持农村的有效路径,是推动农村市场化发展的积极探索,有其合理性和必然性。从研究案例中可以看到,资本下乡给原有的利益主体关系带来了一定影响,实现了对利益主体关系的重塑和再造。资本下乡中的利益主体关系再造一方面是原有社会结构面临新生事物的适应性调整,另一方面也为资本下乡这一新生事物提供了生存发展空间。但是,资本下乡对利益主体关系的再造路径必须要契合经济社会发展的内在规律,而不能超脱和凌驾于经济社会发展规律之上。资本下乡中既要发挥"有为政府"的积极作用,也要发挥企业的市场优势,更要激活村庄发展的内生动力,只有政府、企业与村庄间建立起良性的互动机制,资本下乡才具有可持续性,才能实现多元利益主体合作共赢。在资本下乡中,建构均衡的乡村关系是前提,搭建新型政企关系是基础,塑造紧密型村企关系是关键,只有在利益主体间建构起合理的利益秩序,才能从根本上保障主体利益的实现。资本下乡中利益主体关系再造的过程本质上是乡村社会秩序均衡与重构的过程,这一过程中企业遵循的市场秩序、政府遵循的行政秩序和乡土社会遵循的道德伦理秩序相互作用、相互影响,最终以利益主体的关系表现出来。资本下乡中利益主体关系的均衡则取决于市场秩序、行政秩序与道德伦理秩序的有效调适,本质上也是自治秩序、法治秩序与德治秩序在乡村社会的均衡过程。

第二章　村治精英吸纳与乡村精英再造

精英治村在中国有着深厚的历史传统。封建社会时期，乡绅是基层社会治理的主角，成为“皇权”管理乡村社会的中坚力量。乡绅的产生历史可追溯到《周礼》中的“乡老”，至明清时期“乡绅”一词才被广泛使用。乡绅阶层是中国封建社会的特有阶层，主要由科举及第未仕或落第士子、当地较有文化的中小地主、退休回乡或长期赋闲居乡养病的中小官吏、宗族元老等一批在乡村社会具有影响力的人物构成。他们的社会关系往往仍然处在传统的家族网络之中，以其拥有的权威掌管乡村公共事务。费正清在其著作《美国与中国》中提到，在过去 1000 年的时间里，士绅越来越多地主宰了中国人的生活。① 从狭义上理解，封建社会时期的乡绅群体便是乡村社会中的精英群体。其精英地位的获取往往不是取决于其经济实力，而是更多地来源于传统封建社会的“文化网络”，即扎根于乡土社会，为农民所认同的象征和规范，如宗族、宗教信仰、乡规民约等。乡村社会这种特有的“文化网络”成为地方社会中领导权具有合法性的表现场所，杜赞奇将其称为“权力的文化网络”②。也就是说，封建社会时期的精英治村是一种特殊文化网络塑造下的权威式治理。

---

① 费正清. 美国与中国[M]. 张理京，译. 北京：世界知识出版社，1999：32.

② 杜赞奇. 文化、权力与国家：1900—1942 年的华北农村[M]. 王福明，译. 南京：江苏人民出版社，2018：5.

新中国成立后，随着国家基层政权的建设，传统乡村社会的“文化网络”遭遇国家力量的消解，直至国家政权直接主导了乡村社会的治理。改革开放以来，随着村民自治制度的实施，精英治村现象在全国各地又重新展现出来。在这一时期，乡村精英群体已不同于封建社会时期的乡绅群体，相较于普通民众而言，其大多拥有较为雄厚的经济实力，并通过自身的经济地位提高了其社会地位，获取了在村庄中的威望。村民自治选举机制大大增加了依靠经济地位获取威望的村庄经济能人进入村庄权力结构的机会，并且，他们进一步完成了经济能人向村治精英的角色转换。经济能人转型为村治精英后，往往利用其所拥有的资源为民众办实事，做公益，以获取民众的信任与支持。但是，从长远来看，这一行动路线不具有可持续性。这在本书的案例中得以呈现。从研究案例来看，资本下乡为村治精英突破治理困局提供了契机，资本下乡中企业与政府完成了对村治精英的吸纳，实现了对村治精英的再造。

一、经济精英主导下的村庄治理

改革开放以来，农民逐步完成了由生存型思维到发展型思维的转换，农民的经济利益诉求呈现日益增长的趋势，农民期待通过增加收入来改善生活。农民这一经济利益诉求反映到政治生活领域，主要表现为农民通过手中的选票，选出能够带领大家致富的村干部。从这个意义上来讲，富人治村实质上是农民经济诉求的政治化表达过程和结果。

（一）做企业家：从“草根”到经济能人

马克思曾深刻指出，“每种形式的自然财富，在它被交换价值取代以前，都以个人对物的本质关系为前提。因此，个人在自己的某个方面把自身物化于物品中，他对物品的占有同时就表现为他的个性的一定的发展；拥有羊群这种财富使个人发展为牧人，拥有谷物这种财富使个人发展为农民”①。

① 马克思，恩格斯. 马克思恩格斯全集：第 30 卷[M]. 北京：人民出版社，1995：173.

按照马克思的说法，人只有占有一定的财富才会促进人的个性发展，只有形成"以物的依赖性为基础的人的独立性"，"才能形成普遍的社会物质变换、全面的关系、多方面的需要以及全面的能力体系"，进而实现"个人全面发展和他们共同的、社会的生产能力成为从属于他们的社会财富"①。改革开放以后，邓小平明确提出"让一部分人先富起来"②，先富带动后富，最终达到共同富裕。由此，长期以来阻碍生产力发展的平均主义思想得以破除，人的个性得到释放，"先富带动后富"既促进了人的全面发展，也推动了整个社会生产力的提高。在这种环境的塑造下，乡村社会成长出一批经济能人。

育村现任党支部书记兼村主任黄某铎出生于育村一户普通人家，自幼家境贫寒。集体化时期，受人民公社体制下"大锅饭"和"平均主义"思想的影响，育村生产力水平极为低下，加之人多地少，靠天吃饭，整个育村发展十分滞后，甚至连基本的温饱问题也难以解决。随着改革开放，国家政权对农村经济社会的管制逐步放松，部分农民开始踏上自我变革之路。20 世纪 80 年代初，迫于生计压力，黄某铎决定外出务工，遂进入福建与人合办了一家木制品厂。由于黄某铎思维灵活、工作能力强，其很快在木制品厂站稳了脚跟，并凭借自己的交际能力为木制品厂打开了销售渠道。经过两年多的努力，黄某铎很快便成为当时村里屈指可数的万元户，让村里人羡慕不已。由于木制品厂的工资收入还不错，黄某铎一直在木制品厂工作到 80 年代末期。1991 年 11 月，中共十三届八中全会审议通过了《中共中央关于进一步加强农业和农村工作的决定》，提出全国各地要有计划地开发荒地、荒坡、荒山、荒水、荒滩等农业后备资源，扩大农业发展空间。随后，在全国范围内提出了发展"三高"农业，要实现农业高质量、高产量和高效益发展。黄某铎敏锐地捕捉到这一消息，随后他不顾家人的强烈反对，毅然放弃木制品厂的稳定工作，决定回到育村发展"三高"农业，开始自主创业。此时的黄某铎，揣着几年来在木制品厂辛苦工作积攒下来的积蓄，信心满满地谋划着自己的创

① 马克思，恩格斯. 马克思恩格斯全集：第 30 卷[M]. 北京：人民出版社，1995：107.

② 中共中央文献研究室. 邓小平思想年编[G]. 北京：中央文献出版社，2011：172.

业项目。最终，黄某铎决定在村里搞茶园，种茶叶，同时在茶园里开酒楼。20 世纪 90 年代开始，他承包了村里的荒山荒地，投入财力物力把几十亩的茶园办了起来，并在茶园里开办了清华饭店。但是，由于农业投资大、投资周期长，黄某铎的创业资金在几年内便所剩无几。与此同时，饭店的生意也举步维艰，前来光顾的客人寥寥无几，基本上处于入不敷出的状态，眼看着人生第一次创业即将以失败告终，黄某铎心里不是滋味。

2005 年，国家启动了天（津）汕（尾）国家重点高速公路粤境 J 县 F 镇至 M 县城东段交通工程，而这为黄某铎提供了二次创业的契机。按照施工规划，高速公路正好要穿过黄某铎的茶园。随后，政府将黄某铎的茶园划入了征地范围，并要求黄某铎拆除饭店。2006 年，按照当时国家的补偿标准，黄某铎获得了一笔政府征地补偿费。对于黄某铎来说，政府此时将其茶园予以征用并进行补偿，将其从第一次创业的泥沼中拉了出来。在拿到征地补偿款后，黄某铎没有放弃创业的想法，开始谋划第二次创业。当时，J 县建材生意非常红火，大大小小的水泥、建材企业有几十家，更是诞生了市值超百亿的上市水泥企业。看着县里水泥建材企业生意火爆，黄某铎心生羡慕，于是决定将征地补偿款用来投资石场生意。随后，黄某铎承包了村里的一处荒山，做起制沙生意。当时，中国城镇化建设和房地产市场发展正处于加速推进阶段，整个水泥建材市场的行情一日好过一日。因此，黄某铎承包的石场也迎来了发展机会，短短几年时间，黄某铎一跃成为身价百万的大老板。根据黄某铎企业的简介，其名下的石场可年产 8 万立方米立石、1 万立方米石粉、3 万立方米机制砂。此后几年时间，黄某铎还相继投资入股了几家企业，逐步成为 J 县颇有名气的乡村企业家。

政治是经济的集中表现。① 经济上取得成功的企业家总是有寻求政治关联的需求和冲动。企业家通过寻求政治关联，获取政治地位，一方面，为企业发展谋取更多资源，另一方面，通过政治关联寻求政策庇护，以降低企业自身生产经营风险，提高企业的市场竞争力。黄某铎成长为乡村企业家

① 列宁选集：第 4 卷［M］. 北京：人民出版社，1972：416.

之后也试图寻求政治关联。其动机主要来源于两方面:一是传统文化驱使。在宗族文化较为浓厚的客家人聚居区,人们对入仕做官有着天然渴望,认为只有入仕做官才能光宗耀祖。所以,在J县的很多农村地区,村庄内至今保留着诸多古民居,这些古民居大多以进士第、博士第等命名,而这些建筑物大多为历史上取得科举功名、入仕做官者所拥有。鲜见由在经济上取得成功的人士兴建,并遗存至今的古迹。这与客家人的迁徙历史有着内在关联。客家人作为古代社会的移民群体,在整个社会生产力水平低下的情况下,其要在迁入地站稳脚跟,抵御外侵,只能寻求政治地位的提高,通过掌握地方社会权力,提高“控制或影响他人行动的能力”①。长期以来的行动惯性形塑和强化了这种文化倾向,进而深层次、持续性地影响着后来人的思维和行动。二是经济理性驱动。J县对矿山开发一直实施较为严格的监管措施,黄某铎所开办的石场,具有高耗能、易污染的特点,且极易造成无法修复的环境破坏。例如,2018年,该石场违反省里《环境保护条例》第二十五条第二款“禁止通过非核定的排污口排放污染物;禁止从污染物处理设施的中间工序引出并排放污染物”的规定,被J县环境监管部门处以5万元行政罚款,并责令限期改正。在此情况下,黄某铎试图进行政治关联,从而有效寻求政策庇护,增强对政府信息的获取能力,规避违法违规成本,提高企业生产经营的稳定性。

> 我们这里都说,做生意的是普通人,做官才是上等人。但凡有机会做官,才没有人去做生意。做生意风险大,都说“朝中有官,事情好办”,如果我也能做官去,才不会做生意,但是没做官的那个命。因此,我就想着当官的能够多理解一下我们的难处,多帮助和支持我们一下。

当然,在创业成功后,黄某铎也积极为村庄谋福利。例如,育村石场坚持优先聘用本村劳动力,解决了部分农民的就业问题。同时,黄某铎积极支

① 戴维·波普诺.社会学[M].第10版.李强,等译.北京:中国人民大学出版社,1999:482.

持村庄公益事业建设,诸如修路、修桥、举办公益文化活动等。在此过程中,黄某铎赢得了部分群众的信任与支持,也获得了政府的认可。“所有企业都需要采取合适的政治战略去应对所处的外部环境,从而为企业发展赢得优势”①,这也被视为黄某铎寻求政治关联的具体举措,并取得了成效。2012年,F镇成立工商联合会,通过F镇党委的考核选拔,最终黄某铎出任F镇工商联党支部书记。此举既是F镇党委政府对黄某铎社会影响力的认可,也完成了黄某铎身份的第一次转换,而这关键一步为黄某铎日后担任育村党支部书记奠定了基础。由此,黄某铎从村庄“草根”成长为村庄的经济能人,并通过其经济地位拓展了自身的社会关系网络,为日后从经济能人向村治精英转换提供了原始条件。

(二)张榜竞选:从经济能人到村治精英

根据《布莱克维尔政治学百科全书》中的词条释义,选举(Election)是一种具有公认规则的程序形式,人们据此从所有人或一些人中选择几个人或一个人担任一定职务。② 选举作为实现民主政治的民主技术,是现代政治文明的重要标志和象征。自1987年第六届全国人民代表大会常务委员会第二十三次会议审议通过《中华人民共和国村民委员会组织法(试行)》开始,村民自治制度已走过30余年,亿万农民群众依法获得了选举权和被选举权,真正意义上实现了当家做主。从广西宜州合寨村首选村民委员会主任,到吉林梨树北老壕村推行“海选”机制,从“两票制”到“两推一选”,农村民主选举技术不断成熟和完善,为村民自治制度有效实施奠定了坚实基础。伴随着村民自治广泛实践,农民群众不仅提高了参与村庄公共事务的民主意识和民主能力,也强化了现代民主和法制观念,认识了现代民主制度的价值,培育了现代民主精神,掌握了现代民主技术。③

---

① 张建君,张志学. 中国民营企业家的政治战略[J]. 管理世界,2005(07):94.

② 邓正来. 布莱克维尔政治学百科全书[M]. 北京:中国政法大学出版社,1992:215.

③ 董江爱. 村委会选举与中国民主政治发展[J]. 中国行政管理,2005(02):50.

据育村村民回忆，2011 年 J 县举行第五届村民委员会换届选举时，黄某铎就已经公开竞选过一次，但因其牵扯到 2006 年育村征地补偿款事件①，部分村民对此心有疑虑，于是经过权衡最终将手中的选票投给了其他竞选者。在当年的竞选活动中，黄某铎为赢得村民手中的选票，张贴红榜向群众承诺，如果自己能够当选村主任，将全面改善育村的生产生活条件，完成育村的自来水工程并解决当年村里的征地遗留问题。用水问题一直是引发育村宗族和派系纠纷的重要因素，当时育村财力有限，不能为全村统一安装自来水设施，片区之间、宗族之间为了争水甚至不惜拳脚相向。所以，解决自来水问题成为村民的切身利益诉求，也成为村干部竞选承诺的重点内容。当然，育村原党支部书记兼村民委员会主任黄某荣也采取了针锋相对的竞选策略，其将竞选承诺升级为致村民的一封信，然后挨家挨户发放宣传。当时，村民意见也产生了较大分歧，一时间育村的竞选气氛火药味十足。但是，最终的选举结果显示黄某铎以微弱的差距败给了黄某荣。

2014 年，J 县再次迎来了村级换届选举工作，由于育村是一个典型的宗族型村庄，选举前夕村内黄、丘两姓围绕村干部候选人人选暗自发力，最终导致联合罢选的局面。因无法协调黄、丘两姓的矛盾，育村时任党支部书记黄某荣提出，要辞去育村党支部书记一职，原因是年龄偏大，已不能够胜任育村党支部书记岗位。随后，F 镇党委批准了黄某荣的请求。经 F 镇党委与黄某铎沟通，其临危受命，暂代育村党支部书记一职。由此，黄某铎通过乡镇党委的任命正式进入育村党支部班子。但是，F 镇党委的任命毕竟是让黄某铎暂代育村党支部书记一职，其要获得正式的任职，仍需要履行农村党支部换届选举程序。在随后的选举过程中，在乡镇党委政府的指导和干预下，黄某铎顺利当选育村党支部书记和村主任。当选后的黄某铎，按照当初的承诺，决心为群众办几件实事。宗族间的矛盾是黄某铎上任后首先面临的难题。在之前数十年中，每到换届选举，育村内宗族之间的矛盾就会被激

① 2006 年，在高速公路征地补偿款发放过程中，部分村民认为存在违法违规问题。而黄某铎是被补偿对象之一，且黄某铎为时任育村党支部书记兼村民委员会主任黄某华的侄子。

发，主要原因是村民认为村内公共资源在宗族间分配不公。为解决宗族间的矛盾，黄某铎上任后提出了“同喝一壶水、同走一条路、同耕一片田”的“三同三一”工作思路，本着“没钱也干事，有钱干成事，大钱办大事”的原则，在市县两级人大工作组的帮扶下，黄某铎主持修建了连接育村黄姓片区和丘姓片区的村级水泥路和桥梁，并将其分别命名为“连心路”“连心桥”，以昭示育村团结，宗族修好。为解决部分村民反映的村内公共资源分配不公问题，黄某铎多方面争取资金，通过政府扶持、个人出资、发动群众捐资等方式，修建了丘姓片区文化活动中心。2015 年底，一座功能多样、可同时容纳 200 余人的公共活动场所正式建成。同时，在黄某铎的支持下，育村经常举办各类体育文化活动，诸如篮球赛、羽毛球赛、乒乓球赛等，并在 2016 年春节期间举办了育村有史以来第一届农民运动会，以加强黄、丘两姓之间的交流和往来。除此之外，黄某铎认为宗族修好，关键是要发挥村内年长者的作用，因为他们在宗族内有威望，说话有分量，为此，黄某铎定期安排村内黄、丘两姓老人聚餐，以加强两姓老人之间的交流联系，为村内宗族间的团结发挥余热。据统计，黄某铎上任后共争取各类资金 450.869 万元，其中，基础设施建设 12 项，投入 271.7394 万元；生产经营建设 11 项，投入 119.1626 万元；民生建设投入 59.7670 万元。① 经过三年时间，黄某铎按照当初竞选时向村民作出的承诺，把事情一件件落实，对村民提出的诉求一件件解决，赢得了村内绝大多数村民的支持，村内黄、丘两姓间的矛盾也得以缓和。为此，村内有人专门自编顺口溜，以表达对黄某铎工作的认可。顺口溜内容如下：

> 育村以往有点差，到处垃圾无人拉，耕田无条机耕路，食水用水也好差。育村如今不比往，食水用水不再慌，每片开有机耕路，垃圾处理也跟上；育村如今不比先，机耕两边是良田，播种收割机械化，如今耕田像神仙。这届干部不会差，连心道路连到家，现又开条连心路，一连连到新屋下；某铎书记顶呱呱，带着两委为大家，新修水圳几千米，全村垃圾日清理；两委干部有计谋，开了道路建

① 信息来源于育村党支部工作总结材料。

公园,大排灌圳三千米,大路小路五公里。育村人民牢记心,食水不忘挖井人,二年变化确实大,很多梦想实现哩。书记家中亩三田,机耕路边无他田,新开水圳无他份,为民造福乐开颜。开圳开路功德高,子子孙孙都记牢;开圳开路去阻挡,人和天理都不容。挂片干部钟某萍,带着小春一班人,样样工作做得细,全心全意为村民;我片干部不会差,全心全意为大家,住院病人有慰问,高考本科有奖金,南坑旧时也不差,丘黄二姓结亲家;共个祠堂共拜祭,亲如兄弟顶呱呱。

2017 年,J 县迎来了第七届村民委员会换届选举工作。黄某铎再次参与竞选,由于其取得了村民的认可与支持,此次换届选举已然没了以前换届选举时的“火药味”,黄某铎最终高票当选,育村成为 J 县 F 镇下辖 11 个村中最早顺利完成换届选举工作的村庄,这也成为当地干部群众眼中的新鲜事。由此,黄某铎顺利完成了从经济能人向村治精英的身份转换。

(三)精英的困局:村庄治理内生性缺失

改革开放以来,伴随着经济社会发展,乡村社会在一定程度上也出现了分层和分化现象,经济能人治村现象的出现具有普遍性与必然性。① 从育村的实践来看,黄某铎作为改革开放以后成长起来的乡村经济精英,通过民主选举进入乡村治理结构,其治理下的育村确实发生了诸多新变化。经济能人治村方式不仅展现了良好的治理绩效,也突破了中国乡村政治形式,是乡村治理模式的创新。② 与传统的乡绅治村相比较而言,当下出现的乡村社会经济能人治村有所不同,乡绅治村主要是受行政逻辑支配,难以回应村庄的内部诉求,而当下的经济能人治村主要是受自治逻辑支配,是基于乡村社会

---

① 仇叶. 富人治村的类型与基层民主实践机制研究[J]. 中国农村观察,2017(01):52.

② 卢福营. 能人政治:私营企业主治村现象研究——以浙江省永康市为例[M]. 北京:中国社会科学出版社,2010:14-16.

内生秩序与治理需求的考虑。[①] 虽然富人治村具有一定的局部合理性,但富人治村可能带来严重的村庄政治排斥[②],最终影响乡村治理走向。从 2017 年育村民主选举实践来看,黄某铎之所以再次顺利当选,主要原因在于黄某铎赢得了村民的认可与支持,而村民认可与支持的原因则是黄某铎回应了村民的利益诉求。虽然在这一过程中黄某铎为村民办了实事,回应了村民的利益诉求,但这一过程也不可避免地裹挟着黄某铎作为经济能人其自身资源的变相转换和输送。本质上而言,育村的内生动力并未被有效激发,育村表现出来的短暂的"民主繁荣"可能是一种"虚假的民主繁荣",因为单靠黄某铎个人的输血式救济,育村的发展根本不具有内在可持续性,当黄某铎无力为育村继续输血时,这种"虚假的民主繁荣"可能会顷刻间消散,对育村而言难免要重新陷入治理困境,引发更多的村庄矛盾。

公益换选票——不可持续的政治投资。黄某铎上任后为育村所做的事情具有明显的公益性质,而这种公益行为能够间接转化为社会资本,为黄某铎竞选村干部提供民意基础。如果说做公益是黄某铎作为乡村企业家承担社会责任的表现,那么,这种企业行为实质上已经嵌入了乡村的政治系统,黄某铎的经济能人身份与政治身份在这一实践场域得到了混合。而黄某铎的企业家身份与村干部身份在很大程度上存在角色冲突。作为乡村企业家的黄某铎,其主要任务是实现企业利润最大化,"公司领导人接受除尽可能为自己的股东牟利外的社会责任是一种风尚,而很少有风尚能比这一风尚更能如此彻底地损害我们自由社会的基础"[③]。而作为村干部,黄某铎的主要任务是回应农民诉求,为村庄谋取公共利益。可以看到,角色冲突的主要原因在于企业家是私利的,而村干部是公利的。当两种本质上存在冲突的角色混合在一起,必然引致潜在的风险。企业家通过承担社会责任可能获

---

① 欧阳静.富人治村与乡镇的治理逻辑[J].北京行政学院学报,2011(03):44.

② 贺雪峰.论富人治村——以浙江奉化调查为讨论基础[J].社会科学研究,2011(02):111.

③ 米尔顿·弗里德曼.资本主义与自由[M].张瑞玉,译.北京:商务印书馆,2011:144-145.

得的政治信任转化为其谋取企业私利的便捷通道。此外，作为企业，承担社会责任，为村庄做公益，在收获民意的基础上，某种程度上必然会削弱村庄政治系统内部的监督效力，从而加剧了这种风险。

> 我们选黄某铎当村干部，一方面是因为他有能力，另一方面，他作为石场的老板，是有钱人，肯定不会贪污村里的钱。村里的那点钱人家也看不上，对于我们普通百姓来说很放心，用不着监督。

如果说黄某铎作为企业家和村干部能够将两重身份的界限划分清楚，这一过程也不具有可持续性。从企业角度来看，从事生产经营是其主要活动，而非承担社会责任，搞公益建设；从村庄角度来看，村庄发展的关键是寻找和激活内生性动能，而非依靠外部资源救济。“公益换选票”仅仅是作为村庄经济能人进行身份转换的加速器和催化剂，并非长久之策。与传统的“村企一体”模式相比较而言，两者显然具有明显的差异。在“村企一体”发展模式中，企业与村庄往往具有共同的利益基础，企业的生产经营目的是为村庄获取公共利益，本质上是一种公利行为，与自治组织在目标上具有同质性，具有集体经济的属性，所以，传统的“村企一体”模式在某种程度上具有发展的可持续性。“公益换选票”对于黄某铎而言，是一项政治投资，这种政治投资在短期内能够为其获取社会资本，进而有助于实现其政治目标，但是，当其实现政治目标以后，政治投资所获取的收益便呈现出一种边际递减趋势，甚至出现“负收益”。这种情况下，基于经济理性，只有两种选择，一是通过政治投资为企业谋取私利；二是激活村庄发展内生动力，以村庄的内生性发展接替经济能人的政治投资和资源救济，从而实现乡村政治发展的动能转换。从政治理性的角度来看，第二种路径是最优选择，作为政治人必然要求按照理性的方式来安排权力结构，控制政治的运行。① 但是，实现乡村政治发展动能转换需要良好的内部环境作为前提和基础，而育村的内部环境呈现出一定的复杂性。

宗族、片区与派系——村庄的复杂性。育村主要以黄、丘和杨三个姓氏

① 何颖. 论政治理性的特征及其功能[J]. 政治学研究，2006(04)：108.

为主,其中黄姓最多(约占60%),丘姓次之(约占30%),杨姓、钟姓等较少(约占10%)。育村按照居住地划分为大黄屋(老屋片)、岗背片、坝里片、南坑片和曾坑片。其中,黄姓主要居住在老屋片和冈背片、坝里片,丘姓主要居住在南坑片,少部分丘姓和其他姓氏则居住在曾坑片。育村《大黄屋族谱》①记载:

> 话说祖先披荆斩棘,开天辟地,披星戴月,在南坑开田垦荒。子孙繁衍,不觉已有几载春秋,正所谓合久必分,分久必合,随着人多地少,矛盾日现,丘、黄、罗三姓不时因烦琐小事而生摩擦,罗氏自觉无奈,率众家老少先行搬迁至粟坝开基,留下丘、黄、钟三家仍不时有争端矛盾发生,乃至最后丘、黄二姓对簿公堂,后经镇平县令胡惠宾调处点解,又从南坑迁至现大黄屋老屋下并开基,当时叫鹿湖村,后因子孙众多,有先有后移居,故逐渐南坑人少叫细黄屋,鹿湖村人多叫大黄屋,故沿俗至今我们的村名就叫成大黄屋。

育村宗族间矛盾主要以黄、丘两姓之间的矛盾为主,且由来已久。据村里老人回忆,两姓自明清时期为争水就有过很深的矛盾,曾发生大规模械斗,也因此结下了世仇,并立下毒誓:两姓不通婚,通婚不生子(特指儿子)。后来,两姓通婚的夫妻当中,确实不曾生养过儿子,在村民看来这无疑印证了祖宗的誓言,反过来加剧了村里的宗族隔阂。改革开放以来,育村宗族之间的冲突矛盾仍持续不断。1978年,育村老屋片一黄姓村民被南坑片一钟姓村民打死,此事恶化了老屋片与南坑片的关系;1985年,育村发生山林纠纷,使黄、丘两姓之间的关系急转直下,两姓之间的纠纷最终演变成宗族之间的冲突和对峙;1986年,宗族间的矛盾演化为片区之间的抗争,南坑片舍近求远,让本族的学生全部转学到两三公里外的石峰小学就读。村民自治制度实施以后,由于育村黄姓居多,民主选举出来的村干部大多为黄姓,对此丘姓家族耿耿于怀,最终引发丘姓村民屡屡上访。为稳定局面,在乡镇政

① 信息来源于《大黄屋族谱》。族谱于1996年由世祖林叔公调查、收集资料、考证后编撰。

府干预下，育村在每次换届选举之后，都要聘任南坑片的片长担任村干部，管理南坑片的公共事务；2005年前后，全国范围内开展社会主义新农村建设，育村老屋片的路灯、水泥路、水利等基础设施被完善提升，对此南坑片怨言颇大。受育村血缘、地缘结构影响，宗族之间的矛盾逐渐演化为片区之间的冲突，甚至催生出村庄内不同派系间的争权夺利行动，最后矛盾集中爆发，直接导致2014年育村村民委员会换届选举时的罢选事件。

> 都是一个村的，凭什么他们老屋片建设的比我们好，还不是村里的钱都花在他们那边。我们南坑的村干部是村里自己聘的，说话没什么用，他们黄姓的村干部办事情不公道，好事情都落在了他们大黄屋。

黄某铎上任后，在村内公共资源分配上尽量保持公平公正，优先向基础条件差的片区倾斜，由此缓解了宗族、片区间的矛盾，也在一定程度上弥合了村内不同派系间的隔阂。但是，黄某铎清楚，单靠外部的资源救济，这些矛盾不可能彻底化解，其认为化解矛盾的根本办法是激活村庄的内生发展动力，让村庄具备“造血”能力。

> 现在村里办点事情，要花钱却没钱，没办法就得发动群众进行捐款。但是，这不能持续，捐一次两次还行，也能团结村民，次数多了村民也有意见，毕竟谁家的钱都是辛苦挣来的。所以，这两年村里的主要工作就是谋划引进企业发展产业，发展集体经济，有了集体经济，办起村里的事情来就容易多了。

二、资本下乡中企业对村治精英的吸纳

费孝通在其著作《乡土中国》中提出乡村社会的“差序格局”概念，其认为在这种格局中，社会关系是一个根据私人联系所构成的网络，并由此判断乡村社会是一个“熟人社会”①。资本下乡中的企业作为乡村“熟人社会”之

① 费孝通.乡土中国[M].北京：北京大学出版社，2012：37.

外的陌生对象，在进入乡村社会后难以在短时间内与村庄建立有效的联系机制，面临地方性知识体系排斥的风险。而村治精英作为乡村社会的“权威”，成为企业吸纳和利用的对象。企业通过吸纳村治精英，为进入村庄搭建渠道，并建立与村庄的信任关系。

（一）情感俘获：私人关系的公共性拓展

乡村“熟人社会”塑造下的关系网络特别注重人情、关系、面子等，这些因素往往成为建立私人联系的关键。而在乡土性浓厚的乡村社会，私人关系规则和公共关系规则往往混合使用，既可以通过公共关系谋取私人利益，也可以通过私人关系追求公共目标。① 资本下乡中的企业可以通过与村治精英建立私人间的联系，借助村治精英的权威，有效降低企业交易成本，消解乡村社会的排斥，快速进入乡村社会。对于资本下乡中的企业而言，其俘获村治精英的方式具有多样性，在很多地方，企业往往通过“收买”方式完成对村治精英的吸纳，由此形成了企业与村治精英的共谋关系。在这一过程中，村治精英利用手中掌握的公共权力谋取私利，导致村庄层面的“公共权力资本化”。公共权力的使用可以产生利益效应，公权一旦同私人利益和目的结合起来，其社会危害性是非常严重的。权力的最大魅力就是它的金钱效应。② 企业与村治精英的共谋虽然可以完成对村治精英的吸纳，但这并不是理想的吸纳方式。一方面，企业建立与村治精英的共谋关系需要承担一定的成本；另一方面，基于此种方式建立起来的关系具有相当程度的政治和社会风险，表现出极大的脆弱性。从育村的实践来看，资本下乡中企业对村治精英的吸纳则有其独特路径，企业对村治精英的“情感俘获”在企业吸纳村治精英过程中发挥了重要作用。

N 农业公司人事关系与育村颇有渊源，这为 N 农业公司快速完成对村治精英的吸纳，并依靠村治精英的协助进入育村提供了便利。2006 年，N 报

---

① 张静. 私人与公共：两种关系的混合变形[J]. 华中师范大学学报(人文社会科学版)，2005(03)：43.

② 李怀. 论权力资本[J]. 经济体制改革，1995(04)：4-8.

业集团和某大学科研机构联合地方政府启动了南方社会主义新农村建设实验(简称“南农实验”),而育村便是当时的四个实验村之一。当时,N 报业集团派出了时任 N 报业集团旗下农村报社新闻部主任毛某勇担任课题组成员,课题组成员中还包括某大学科研人员马某华。在整个实验过程中,毛某勇和马某华长期驻扎在育村,与育村的干部群众有诸多交集,尤其是二人协助育村申请到一笔政府资金,完成了育村曾坑公路的修建,由此得到了育村干部群众的支持,其开展的社会实验也在育村的配合下最终顺利完成。由此,二人与育村干部群众建立了私人联系机制。2015 年,毛某勇从 N 报业集团辞职下海,担任了 G 股份有限公司董事长一职,而 N 农业公司便是由 G 股份有限公司控股,由此,毛某勇成为 N 农业公司大股东代表。随后,在国家鼓励事业单位人员创新创业政策的影响下,马某华于 2017 年底兼任 N 农业公司执行董事一职。南农实验课题组在顺利完成实验内容后于 2010 年底撤出育村。2011 年育村村民委员会换届选举时,黄某铎还专程拜访过课题组成员马某华,希望马某华能够在村庄发展规划方面给予指导。同时,每逢村里筹资兴建公益事业,马某华都会积极捐资支持。据粗略统计,2017 年以来,马某华以个人名义向育村捐款高达 6 万元之多。同时,基于毛某勇、马某华与育村黄某铎建立的私人关系,2017 年年底,在产业项目未启动之前,N 农业公司就将黑木耳种植试验田选在了育村。N 农业公司主导农产品的品牌名称为“夫妻树”,而黄某铎多次笑称:

> 我(黄某铎)、马某华和毛某勇就是“夫妻树”,我是“妻”,马某华是“夫”,毛某勇是“树”,所以,我们三个人是一家。我们私人感情是很好的,所以这个产业项目在育村一定能够成功。

当然,对村治精英的情感俘获产生了一定的政治吸纳效应,相反也在一定程度上造成了政治排斥。

从政治吸纳效应来看,部分村干部认为企业之所以将项目落地育村,是为了发展育村,对育村而言是一件利在长远的事情,而产业项目之所以落地育村与毛某勇、马某华对育村的情感有着必然关系。从这个角度而言,毫不相干的村外人愿意投资育村、帮助育村,育村应该全力支持和配合。育村一位村民就表示道：

> 我（黄某民①）内心十分佩服马某华这个人，他与我们育村没什么关系，但是这么多年了一直不忘关心和支持我们育村，而且帮助我们育村发展产业。以后有什么需要我做的事情，马某华尽管吩咐，我一定尽全力配合好，也希望马某华能够继续支持和帮助我们育村，我们支持黄某铎书记把产业项目搞好。

从政治排斥的角度来看，在产业项目落地育村的过程中，育村村委会副主任黄某增②一直持反对意见。他认为黑木耳产业项目不符合育村的实际需求，企业到村里就是为了“圈钱”，况且南农实验课题组成员当年与黄某荣联系紧密，而育村前任党支部书记黄某华③正是被黄某荣取代。黄某铎是黄某华的侄子，2014 年黄某铎竞选成功，黄某荣落选，黄某铎竞选成功被认为是为家族挽回了尊严。原本黄某华、黄某增和黄某铎属于同一阵营，但是，在产业项目落地这件事情上，黄某铎并不认同黄某增的看法，所以在后来整个项目对接的过程中，黄某铎都刻意避开黄某增。黄某华更是认为黄某增反对产业项目是“没文化、没脑子”的表现，其向笔者表示：

> 这边所挂横幅标语都是当初南农实验时挂起来的，当年正是因为南农实验，我们老屋片的干群关系非常融洽，没有哪个村哪个片可以与我们相比。村里面做事情都是先商量再做。要不是南农实验，要不是马某华、毛某勇的支持，现在不论是政府还是企业，怎么可能支持我们育村。我个人对他们还是很感激的。黄某增反对这个产业项目，只能说他没文化、没脑子，只看实在的利益，看不到他人的推动作用。

可以看到，企业以情感俘获的方式对村治精英进行吸纳产生了积极的效果，同时也带来了外部影响。从企业角度而言，如果没有强势的公共行为

---

① 黄某民系老屋片育二村民小组组长。

② 黄某增为育村村委会副主任兼育村老屋片大黄屋理事会会长。

③ 黄某华现任 F 镇工商联党支部书记、M 市江夏文化研究会常务理事、M 市江夏文化研究会 J 县分会常务副会长，于 2002—2008 年担任育村党支部书记兼村委会主任。

规则,就倾向于通过建立私人关系保护他们的私人或共同利益,而这种利益有时也具有公共性。① 企业通过情感俘获建立了与村治精英的联系机制,降低了企业进入村庄层面的成本,也规避了“利益输送式”精英吸纳方式潜在的风险,最终有利于完成资本下乡中的公共目标。如果企业通过利益输送完成对村治精英的吸纳,则村治精英就被牢牢框定在企业制定的游戏规则之内,村治精英所掌握的公共权力实质上已经异化为谋取利益的工具,在企业的捆绑下,其不得不选择趋近企业。这一情势下,村治精英的权威维系逐步让渡为利益谋取,而防御政治风险成为村治精英的底线。如若在权威维系与政治风险之间取舍,村治精英的理性选择是规避政治风险,因为当政治风险出现,自身所拥有的权威必然随之消解,而权威的消解并不是必然引致政治风险的侵袭。在此种情况下,面对日趋式微的“权威”和规避政治风险的双重压力,村治精英必然要通过强化权力的运用来维系整个乡村社会政治系统的稳定性和可控性,乡村治理就会越来越呈现出“刚性”趋势,潜在的风险也会逐渐增加。但是,也要看到,通过情感俘获与村治精英建立起来的关系具有松散性,原因在于通过情感俘获建立起来的关系不具有制度约束力,当村治精英面临较强的内部压力时,为了维系自身的“权威”,其必然选择游离既有的脆弱的关系网络。所以,企业为了提高与村治精英关系的稳定性,必须要对村治精英的需求进行有效回应。

(二)需求对接:对村治精英破局构想的回应

美国哈佛大学教授戴维·麦克利把人的高层次需求归纳为对成就、权力和归属的需求。② 而对成就、权力和归属的需求,不仅体现在人们对经济利益的需求上,还体现在对社会、文化、情感、政治等需求的满足上。③ 所以,

---

① 张静.私人与公共:两种关系的混合变形[J].华中师范大学学报(人文社会科学版),2005(03):45.

② MCCLELLAND D C. The achieving society[M]. New York:Van Nostrand Reinhold Company,1961.

③ 裴志军.村干部竞选者的竞选动机及特点——基于需求 ERG 理论的实证研究[J].公共管理学报,2012(04):66.

人们的一切行动都是为达到一定目的而通过人际交往或社会交换所表现出来的社会性行动。① 本书案例中，面对日趋严重的育村治理内生性缺失问题，黄某铎认为这主要是由农民群众的积极性和参与性没有被调动起来造成的。而群众内生动力难以有效激发的主要原因是缺乏有效的载体。经过反复思考，黄某铎最终认为乡村产业发展可以为解决乡村治理内生性缺失问题提供契机。一方面，发展乡村产业可以促进富民增收，在经济利益的驱动下，群众的积极性、主动性和参与性会被调动起来；另一方面，发展乡村产业可以增加村集体经济收入，为自治组织提供物质基础，由此才能从根本上解决育村的问题，这成为黄某铎的破局构想。而资本下乡既可能为乡村发展带来机遇，也可能产生诸多制度成本与社会问题，这把双刃剑能否取得积极效用，取决于其重构的利益格局及村社组织能否在资本下乡中扮演“保护性经纪”角色。② 资本下乡中如果没有保护和实现好农民群众的利益，甚至引起“民愤”，对于村干部而言就会失去农民的信任和支持，对“内生性缺失”的村庄而言更是“雪上加霜”。于是，黄某铎对产业项目本身提出了三点诉求：一是产业项目要实现富民增收；二是产业项目要能够增加村集体经济收入；三是产业项目要风险可控。对上述三点诉求，黄某铎希望得到企业的确定性回应。

随后 N 农业公司对黄某铎提出的诉求进行了回应。关于如何保证产业能够促进富民增收，N 农业公司对黑木耳产业项目进行了翔实的效益评估与分析。在资金投入方面，除人工以外，黑木耳种植前、中、后期资金投入主要集中在水电安装、土地平整、电费缴纳、地膜覆盖、木耳菌棒购置等环节，其中，黑木耳菌棒购置投入所占比重最高。按照标准化种植指标测算，每亩地可投放黑木耳菌棒 10000 支，以每支采购价 2 元计算，投入为 20000 元。此外，水电安装费约为 1000 元每亩；电费投入约为 800 元每亩(6 个月)；地膜

① SSEIDMANS S. Contested knowledge：social theory today[M]. 3rd ed. Hoboken，New Jersey：Lackwell Publishing，2011.

② 陈靖. 村社理性：资本下乡与村庄发展——基于皖北 T 镇两个村庄的对比[J]. 中国农业大学学报(社会科学版)，2013(03)：34.

覆盖费约为 100 元每亩。每亩总计投入约 22000 元。N 农业公司试种数据显示,平均每个菌棒每季可收获鲜木耳 1~1.5 千克,成品干黑木耳 60~75 克。按照每亩 10000 个菌棒的标准化投放量来计算,每亩每季可收获 600~750 千克成品干黑木耳。按照每千克黑木耳(干货)最低 46~50 元的保底收购价计算,每亩每季纯利润可以达到 5600~15500 元。除此之外,N 农业公司表示,黑木耳产业的核心技术在于菌棒生产,而在具体的种植方面门槛很低,不需要付出高强度的体力劳动,也不需要无微不至地照看,只需要按时浇水保证湿度适宜,同时保证采光良好,就可以有不错的收成。因此,在农村普遍存在因病致贫、因残致贫、因弱致贫的状况下,发展黑木耳产业可以充分带动贫困户就业,实现产业带动,促进贫困户脱贫致富。同时,N 农业公司承诺生产用工优先从育村聘用,并设置贫困户专岗,此举也能够增加农民的收入。在促进育村村集体增收方面,N 农业公司表示村集体收益主要由两部分组成:一部分是育村土地和厂房入股或租赁收入,这可以保证每年有不低于 15 万元的村集体收益;另一部分是管理服务费,N 农业公司表示村集体在种植生产环节可以为企业提供监管服务,N 农业公司每从农户手中收购一斤黑木耳干货,要向村集体缴纳 0.5~1 元的管理服务费,具体的收益数额则要根据种植规模和最终收购数量来确定。在风险控制方面,企业向黄某铎承诺将与每位种植户签订种植合同,实行保底收益。种植户只要严格按照 N 农业公司的技术要求进行种植,公司保证其每年每亩纯收益不低于 4000 元,不足部分由 N 农业公司负责补齐。同时,N 农业公司表示可以与农民合作社签订统购统销协议。为彻底消除种植户对市场风险的顾虑,N 农业公司可以通过合同约定,保证以不低于 46 元每公斤的价格对黑木耳干货进行收购。除此之外,N 农业公司进行全程技术跟踪指导,定期派出专业技术人员对各种植户进行全程技术跟踪指导,以确保黑木耳产前、产中、产后的各个阶段符合标准化种植规范,最大限度地保障农民群众收益。

N 农业公司对黄某铎的需求做出回应后,黄某铎表示对产业项目的总体效益非常满意,甚至已经超出其设想。但是,黄某铎提出,由于在黑木耳种植环节种植户投入较大,且黑木耳种植具有一定的技术要求,加之育村没有种植黑木耳的相关经验,所以对风险的控制就要相对严格。黄某铎提出,虽然企业愿意通过签订合同的方式来进行风险控制,但是,事实上在乡村社会中农民的契约意识并不是很强,这在实践中可能会面临一定的操作难度,企业最好能够在前期投入环节帮助种植户垫付一部分投资,在收购种植户的黑木耳时直接从货款中予以扣除即可。这样做一方面能够督促企业协助种植户搞好种植管理,另一方面能够有效减轻农民的种植压力,这样种植规模就会扩大,对于企业而言就有了规模效益。但是,从企业的角度来看,由于是第一年进行种植,对规模要求并不高,适度规模种植反而可以有效降低企业的生产经营风险。由此,企业与村治精英在需求和回应之间尚存在一定的错位。造成这一错位的主要原因是企业与村治精英在契约认知方面存在显著差异。社会秩序是为其他一切权利提供基础的一项神圣权利。然而,这项权利绝不是出于自然,而是建立在约定之上。① 在村治精英黄某铎看来,合同不具有根本上的约束力,如果黑木耳产业遭遇失败,企业随时可以一走了之,而最终的损失只能由村庄承担。而在企业看来,合同具有法律效力,是一种刚性约束,只要有合同作为保障,对于种植户而言就不存在种植风险。

> 在我们村里没有那么复杂,你比如谁家的地不种了,其他家拿去种,并不需要签合同、立字据什么的,乡里乡亲都认识,也清楚底细,所以就没那么复杂。但是,企业就不同了,人家有手段有办法,我们农民不懂那些,就算签了合同,万一你企业干不下去跑路了,我们农民也是哑巴吃黄连,有苦说不出,那能有啥办法。

如前所述,乡村社会是一个“熟人社会”,社会关系网络的建立由家庭关系推广发挥,进而以伦理组织社会,“人一生下来,便有与他有关系之人(父母、兄弟等),人生且将始终在与人相关系中而生活(不能离社会)”②,种种关系,皆为伦理,伦理成为社会秩序建构的法则。在乡土社会关系网络中,

① 卢梭. 社会契约论[M]. 何兆武,译. 北京:商务印书馆,2005:4-5.

② 梁漱溟. 中国文化要义[M]. 上海:上海世纪出版集团,2005:70-72.

基于血缘、地缘和业缘的特殊性,人们天然形成了一种信任关系,正如费孝通先生所言,这种信任关系在“差序格局”中像水面上的波纹一样一圈圈推出去,形成了“自己人”到“外人”的信任圈层,并以此为基础建构了共同体生活。而面对共同体之外的第三者——企业,基于伦理而建构的社会秩序法则失去了效用。其根本原因在于资本下乡中企业与村庄无法建立有效的信任关系,导致企业与村庄难以适应并转向基于契约关系建构的“团体生活”。所以,如何建构企业与村庄间的信任关系,以降低村治精英被企业吸纳过程中潜在的风险,成为企业完成村治精英吸纳的关键。

(三)信任建构:企业股权结构的社会效应

信任是人们在社会生活中不可或缺的重要内容,无论是人际信任还是制度信任,它折射出人们对人类本性的基本信念,也影响到人际交往中的预期和决策。① 对于资本下乡中的企业而言,其是乡村社会的“外人”,只有通过信任关系建构才能转变为村庄的“自己人”,从“外人”到“自己人”的过程便是企业与村庄信任建构的过程。如上文所述,企业负责人通过情感的渗透,对村治精英产生了影响,但是,这一过程还停留在个体间信任的层面。这种个体间的信任很难转化为团体间的信任,团体信任是一种制度性信任关系,是基于规则和契约而形成的。如何从个体间信任转向团体信任,或者说是制度性信任,才是企业与村庄信任关系建构的根本。也就是说,企业要完成对村治精英的吸纳必须要建立在制度性信任基础上,而非建立在个体感情基础上。本书案例中,由于N农业公司的股权直接或间接由政府、国有企业、上市公司等机构持有,N农业公司的股权在一定程度上释放了社会效应,助推了企业与村庄间信任关系的建构,从而进一步实现了企业对村治精英的有效吸纳。

N农业公司的现股东为G股份有限责任公司、J农业咨询服务中心、J县投资有限公司,其中,G股份有限责任公司持股57%,J农业咨询服务中心持股22.43%,J县投资有限公司持股20.57%。而G股份有限责任公司的第一

① 杨宜音.“自己人”:信任建构过程的个案研究[J].社会学研究,1999(02):38.

大股东为上市公司芭田股份,持有 G 股份有限责任公司 45%的股份,第二股东为 N 报业集团,持有 G 股份有限责任公司 40%的股份。而 N 报业集团为全资国有企业,由广东省人民政府百分之百持股。而 J 农业咨询服务中心(普通合伙企业)的执行事务合伙人为马某华,股份实际由马某华持有。J 县投资有限公司为县级全资国有企业,由 J 县财政局百分之百持股。按照企业的说法,N 农业公司的直接国资和间接国资成分占注册资本的一半以上,实质上是一家混合所有制企业。按照 N 农业公司负责人的说法,企业直接由 J 县人民政府持有股份,间接由上市公司和国有企业持有股份,甚至可以说由广东省人民政府持有股份。所以,企业信誉完全靠得住,村庄不信任企业于情于理都说不过去,而且 N 农业公司具备很强的资源整合能力,可以为产业项目提供有力支撑。尤其是 N 农业公司可以协调省内媒体资源,对产业项目和育村发展提供媒体宣传报道,扩大知名度和影响力。而后来的事实证明,N 农业公司的确多次协调媒体资源,对育村改革发展工作进行了诸多报道。最终,黄某铎认为 N 农业公司具有政府背景,靠得住,值得信任,即使出现问题肯定也会有政府兜底,有政府的股权作为隐性担保,风险就在可控范围内。于是,企业与村庄的信任关系得以加速建构,最终企业完成了对村治精英的吸纳。

仔细分析这一过程可以发现,企业与村庄信任关系的建构得益于企业所拥有的政府资源。对于村庄而言,政府超脱于“自己人”和“外人”而存在,是公平和正义的裁定者。在“熟人社会”中,因血缘、地缘和业缘而产生的信任关系具有特殊性,这种感性的、直觉的信任经个体人格系统、行为惯例、宗教式的文化引导、威慑性的权力钳制等环节,扩展到对担负着国家、政府自身管理和社会管理的行政体系的信任,形成了习俗型政府信任关系。① 而企业通过政府资源的内嵌引发了村庄与政府间信任关系的扩散,实现了这种信任关系的局部性转移,从而建构了村庄与企业的间接信任关系。在村企信任关系建构过程中,企业同步完成了对村治精英的吸纳。本质上,企业对

① 程倩. 中国农业社会习俗型政府信任关系探微[J]. 南京理工大学学报(社会科学版),2009(01):80.

村治精英的吸纳同样是依托企业自身所拥有的政府资源完成的。所以,从根本上而言,企业对村治精英的吸纳是一种间接的体制性吸纳,而企业的情感俘获和需求回应为这一间接的体制性吸纳奠定了基础。

三、资本下乡中政府对村治精英的吸纳

在中国乡村社会,村干部一般身处政府和普通村民之间,他们既是国家代理人又是村庄当家人。这一双重角色往往会有冲突,当村干部的双重角色形象因内在冲突而消解之后,村干部作为一个处于“第三领域”中的特殊利益群体,不可避免地会具有一些不同于普通农民和政府的特殊利益,村庄精英之所以成为村干部,主要目的就是实现这些特殊利益。[①] 本书案例中,资本下乡过程中同步伴随着国家资源(主要是政府的财政资金)下乡,而在企业的主导下用好这些国家资源,进而推动乡村产业发展,是政府推进农村市场化的基本策略。这一过程中如何确保国家资源不被滥用和窃取,造成国家资源损耗,成为政府要面对的难题。一般情况下,国家资源下乡都有较为严格的检查验收评估机制,尤其是近年来,随着国内政治生态建设的推进,体制内各种巡视、考核、评估工作不断强化,若国家资源下乡没有落到实处,造成国家资源浪费,甚至贪污、挪用,地方政府将面临严厉的问责。要用好资本下乡中的国家资源,引导和撬动更多企业资源的投入,关键是要发挥好国家代理人和村庄当家人——村干部的作用。基于上述诉求,资本下乡中政府便产生了吸纳村治精英的冲动,以此降低国家资源下乡中的违法违规风险,提高国家资源利用效率。

(一)先建后补:政府对村治精英的承诺

按照最初J县政府与N农业公司达成的合作意向,J县政府向省级扶持

---

① 吴毅. 双重边缘化:村干部角色与行为的类型学分析[J]. 管理世界,2002(11):82.

村级集体经济发展试点项目投入 200 万元,主要用于兴建黑木耳菌包养菌厂房,而 N 农业公司负责投资建设外挂生产厂房(主要用于菌包生产、灭菌和接菌)和生产设备购置。整个产业项目最终确定落地育村后,便开始谋划厂房建设。厂房应该由谁来主导建设?围绕这一问题,企业与村庄各自表达了其想法。N 农业公司负责人明确表示,厂房应该由企业主导进行建设,因为建好的厂房最终将由企业使用,厂房结构和技术指标只有 N 农业公司最为清楚,所以,为了省去中间不必要的麻烦,项目厂房建设应由 N 农业公司主导。但是,黄某铎明确表示厂房应该由村庄主导建设。首先,黄某铎认为财政资金是扶持育村发展的,建好的厂房产权归育村所有,从这一点来讲,育村是厂房建设项目的业主,应该由育村主导厂房建设。其次,黄某铎认为育村环境相对复杂,尤其是涉及土建工程,如果由企业主导厂房建设,可能会遭到人为的阻挠和破坏。最后,黄某铎有石场生意,可以按最低价格为工程建设提供水泥建材,而且育村有专门的施工工程队,这样一来,既能最大限度地降低厂房建设成本,又能为育村提供就业岗位,提高村民的收入水平。其实,企业和村庄之所以围绕厂房建设工程展开竞争,主要还是受利益驱使,谁能够主导工程建设谁就能够在工程建设中谋取利润。在听取完企业与村庄关于厂房建设的想法之后,J 县县委农办涂某平表示,按照有关政策规定,200 万元财政资金主要是用于扶持育村集体经济发展,应由育村作为工程项目的业主。从政府的角度来说,只能将生产厂房建设工程交由育村,否则政府就存在违规。涂某平还表示,在政府将主导权移交育村后,育村可以将厂房建设工程委托给企业或与企业联合进行建设,但是这取决于育村是否同意。于是,最终确定生产厂房的施工事宜由育村主导,N 农业公司负责提供厂房结构需求和相关技术指标给育村。

一开始,该项目生产厂房的选址位于育村南坑片,但后来迁至育村 G25 长深高速西侧的一处荒山上。由于厂房选址变更,导致施工工程量骤增,意味着工程所需资金也要增加。于是,黄某铎向政府汇报了具体情况,并请求政府在资金上予以支持。随后,政府建议企业追加投资以完成新选址后的厂房建设,这一建议遭到了企业的反对。企业认为,首先,厂房建设本由政府与村庄负责，企业只负责使用和管理；其次，按照政策规定使用财政资金建设的生产厂房产权归村庄所有，如果企业追加投资将会造成生产厂房产权归属不清晰，对于企业而言投资建设一座产权归属不清晰的生产厂房属于不理性投资行为，无法通过股东会决议。最终，政府的建议没有得到企业的支持。政府继而将目光转向村集体，建议村集体通过贷款方式解决资金缺口，政府可以帮助育村与相关银行进行沟通，提供必要的支持。但是，这一想法遭到了黄某铎的反对，原因首先是银行贷款需要抵押物，对育村而言没有可以向银行抵押的优良资产。其次，产业项目还处于起步阶段，农民群众对整个产业项目还没有建立起绝对信心，且村集体内部就产业项目尚存在不同的声音，如果此时因为项目需要而以村集体的名义向银行贷款，肯定得不到村民和其他村干部的支持，甚至可能会带来相反的结果，造成村民和其他村干部对产业项目的排斥。在听取黄某铎的解释后，政府方面也中断了让村集体贷款建设厂房的想法。由此，项目面临的资金压力只能由政府出面解决。

随后，J 县人大主任卢某生带领县委农办、县农业农村局、县财政局、县国土资源局等县直部门负责人实地察看了项目选址地点，并要求相关县直部门在项目审批手续和财政资金安排上给予支持。按照 N 农业公司的生产计划，生产厂房于当年 9 月就要投入使用。但是，一方面，选址变更导致时间被耽搁；另一方面，工程施工量增加也势必会影响工程进度。企业对此表示必须要尽快启动黑木耳菌包生产厂房建设，时间不宜再拖。对此，企业多次向卢某生表达了意见和建议，并表示如果因为育村生产厂房建设滞后而导致企业无法按期投入生产，则相关责任不应该由企业承担。最终，卢某生代表县委县政府向黄某铎传达了县委县政府的指导意见，其表示资金缺口县镇两级政府会统筹谋划安排，由财政资金补齐。当前的主要任务是尽快启动生产厂房建设，并加快施工进度，确保如期将厂房交付企业使用。但是，缺口资金在短时间内无法到位，县镇政府需要时间进行统筹，建议生产厂房建设采取先建后补的方式进行，眼前的资金缺口要由村集体先行想办法解决，但县镇两级政府承诺最终会如数将资金缺口补齐。据黄某铎回忆，J 县人大主任卢某生多次向他强调：

> 现在项目遇到了困难就要解决困难，政府也有难处，但是政府承诺的事情一定会办到。现在，关键是要发挥村集体的智慧和力量，克服眼前的困难，尤其是要发挥村党支部的战斗堡垒作用，关键时候要能冲上去。村庄发展一定要有内生动力，这也是体现村庄内生动力的时候。镇里和挂点联系的干部会尽力做好协调工作，全力把事情做好。

其实，县镇两级政府清楚，在短时间内协调不到财政资金的情况下，要想启动厂房建设，只能借助黄某铎的力量。一方面，黄某铎有石场生意，可以为生产厂房提供水泥建材等，相关的货款可以暂缓支付。另一方面，黄某铎作为乡村企业家，其本身有一定的经济实力，可以在关键时刻先行垫付资金，以保障生产厂房顺利施工。所以，“先建后补”这一策略可以看作是政府为村治精英黄某铎“量身定做”。而黄某铎如何回应政府的承诺则会直接影响其在当地政府官员心目中的形象。对于村治精英黄某铎而言，一方面，其通过几年的努力已经在群众中树立了实干、会干、能干的形象，获得了群众的信任与认可。而黄某铎在各种场合自始至终都坚定地支持该产业项目，一定程度上借助自己的权威消除了关于该项目的各种“杂音”，最终为项目落地营造了良好的环境氛围。如果黄某铎此时不站出来解决掉资金缺口问题，则可能会导致产业项目耽搁甚至“流产”，最终势必会在群众中造成不良影响。另一方面，如果黄某铎不对政府的承诺进行回应，则可能直接影响自己与政府官员之间的关系，甚至会直接影响县镇政府与村庄的关系。一旦育村得不到政府的资源支持，那村庄发展将会失去支撑，既定的农村人居环境项目、党群服务中心项目和民宿项目等都可能会间接受到影响。基于理性考量，即使没有政府的承诺，黄某铎若想维系并强化其在育村的权威，稳定与政府间的良好关系，其都要积极主动地解决资金缺口问题，更何况政府已经给出了明确的承诺。而政府的承诺实际上是为消除村治精英的思想和行动顾虑。这一过程中，政府对村治精英的吸纳呈现出明显的诱致性特征，政府通过“先建后补”的预设路径引导村治精英行动，并通过政府承诺方式为村治精英提供心理预期，由此，降低了村治精英的行动压力和异化风险。

（二）垫资建厂：村治精英对政府承诺的回应

基层政府为化解自身的政策执行压力，保证政策顺利执行，通过行政手段驱动村民自治有效运作，回应村民需求，同时树立村干部“公权威”代理人形象，为村民自治获得了治理资源的增量、激活了资源存量。① 但是，这一过程必须要得到村干部的有效配合。在没有村干部配合的情况下，行政驱动自治将失去承接载体。同时，这一过程中政府与村干部在目标上虽具有内在一致性，但也存在某种程度上的张力。本书案例中，村治精英在行政驱动下配合政府解决了厂房建设资金缺口问题，一方面缓解了政府资源下乡和政策执行的压力，另一方面维系了其在村庄的权威。但是，这一过程中伴随着村治精英个人资源的渗入，虽然有政府的承诺作为保障，但村治精英不得不考虑这一行动目标给其本身所带来的成本和风险。

在企业和政府的双重压力下，最终黄某铎同意个人垫资建厂。进入施工环节后，黄某铎承诺建设生产厂房所用的水泥建材由其石场以最低价格供应，待财政资金协调到位以后再予以支付。生产厂房建设过程中产生的其他费用，诸如规划设计费用、材料费用、施工费用、土地平整费用等由其个人先行垫付。在整个施工过程中，黄某铎每天都坚持待在工地，一方面督促施工进度，另一方面确保施工安全。虽然黄某铎已经成为当地颇有名气的乡村企业家，但其每天坚持骑着一辆破旧摩托车穿梭于工地、石场和村庄之间，因此还在工地的上坡路段出过事故，伤了脚踝。但即使如此，黄某铎仍然坚持每天在工地监工。与此同时，在其主张下，村集体专门为工程项目聘请了村民代表黄某民作为工程项目监理，以接受村民监督，确保施工环节公开透明。

这个工程马虎不得。一方面，县里领导这么重视，万一出了问

① 陈文琼. 行政驱动自治：政策执行压力下的农民反制——基于L镇调地实践的经验阐释[J]. 中共宁波市委党校学报，2016(06)：98.

> 题,责任就大了。以前有个工程项目,施工人员不注意,结果发生意外死了人,企业就得拿钱摆平。但是,我们这个不一样,如果发生意外,我们村集体是项目业主,我们哪有钱赔人家,所以我要求进场施工的每一个人都必须买保险。但是,不是说买了保险就可以大意了,如果真有事,保险也不能解决全部问题,而且影响会很差。另一方面,我个人是垫了钱在里边的,如果出了事情,政府把责任撇清了,那我垫的钱就打水漂了,那我就完蛋了。为了避嫌,我还专门组织村里的村民代表作为项目的监理,你看,黄某民也是天天往这里跑。

最终,在黄某铎的支持下,生产厂房于当年 9 月基本完工,具备了生产条件。但是,进入厂房的 300 米通道没有进行硬底化。按照黄某铎的意见,进入厂房的通道虽然没有硬底化但是并不妨碍生产车辆进出,可以暂时搁置。因为截至厂房施工完毕时,据黄某铎的说法,其个人垫付资金已经超过 300 万元,所以为了不再继续垫付,黄某铎拒绝将进场通道进行硬底化。但是,在企业看来,如果进场通道不进行硬底化,车辆经过会扬起尘土,尘土进入养菌厂房后会大大增加菌包感染病菌的风险。于是,企业将上述意见转告给了政府。而政府的意见也是要将进场通道进行硬底化。一方面,这可以满足企业的生产要求;另一方面,如果进场通道不进行硬底化,整个生产厂房的外在形象就会大打折扣。所以,应该将进场通道同步进行硬底化。至于工程款项,政府的意见是仍然由黄某铎进行垫付。作为条件,政府会将扶持村级集体经济发展试点项目资金 180 万元(按政策应该是 200 万元,但是最终市政府和县政府配套资金并未到位)拨付给村集体。最终,黄某铎同意将进场通道进行硬底化处理。

在此过程中,政府通过行政驱动实现了其目标,也产生了积极的治理效应。一是提升了乡村治理的规范化程度。黄某铎作为村干部,正是因为其个人资源的渗入,其不得不严格遵循相关法定程序,推进项目建设,以确保项目在验收时不会出现问题,进而安全收回个人垫付资金。二是拓宽了村民参与渠道。为了确保项目施工公开透明,黄某铎主动邀请村民代表担任项目监理,为村民参与村庄公共事务治理拓宽了渠道,以防止村民"闹事"而影响项目进度和其个人利益。村治精英的行动策略虽然是基于个人的风险规避,但是产生了积极的外部治理效应。政府行政驱动过程中,将体制内的政治生态建设要求向村民自治系统进行传输,并将这一要求内化为村治精英保障和实现个人利益的必要条件,也就是村治精英必须要"讲政治、讲规矩",这是其收回个人垫付资金的前提。而村治精英在行政驱动压力下,不得不接受政府的要求。由此,政府对村治精英的吸纳从诱致性体制吸纳向强制性体制吸纳进行过渡。但是,也要看到,行政驱动具有一定的阶段性特征,当政府的既定目标实现后,行政驱动所带来的压力也就会随之消失。一旦没有外部压力的牵制,村治精英就可能会游离体制性的要求,行政驱动所带来的积极治理效应也会随之消失,甚至可能会引致行政驱动村民自治的负外部效应。所以,对政府而言,其必须要通过一定的技术手段稳定吸纳效果,以确保村治精英不会游离体制性规范,进而实现行政驱动效应的可持续性。

但是,也必须要看到,维持政府行政驱动效应一方面取决于对村治精英的吸纳效果,另一方面取决于政府本身。因为政府的一举一动都极大地影响着社会的治理状况,影响着民众的思想和行为,影响着社会的稳定与发展。① 如果政府在这一过程中发生"诱变",其对村治精英的吸纳后果只能是催生政府官员与村治精英的合谋局面,而这对乡村治理来说则意味着"自治死亡",必然对村庄公共利益形成冲击和破坏,与增进公共利益和人民福祉的初衷背道而驰。而且,这一局面也势必对资本下乡中的企业行为带来潜在的影响,企业本身就具有逐利性,一旦企业也裹挟其中,则会形成对农民利益的合围之势,资本下乡必然会异化为一场对农民利益的剥夺行动。从这个角度来说,资本下乡中的政府角色至关重要,是确保资本下乡不会异化的最后一道屏障,其对村治精英的吸纳必须要建立在推行善政、谋求善治的基础之上。

① 俞可平.善政:走向善治的关键[J].当代中国政治研究报告,2004(00):21-22.

(三)褒奖与荣誉:政府对村治精英的反馈

资本下乡中政府吸纳村治精英的过程反过来也是村治精英增强政治认同的过程。政治认同强调政治主体的承认、接受和皈依。而政治认同通常是以人们的政治认知为基础,以自己的政治感知为体验,进而通过政治意志的有效表达,最终认可和赞同既有的政治价值体系。政治认同表现为现实的政治行为,是政治的价值接受和社会践行的统一,它所反映的主客体关系历史地凝聚了认知、情感、意志、信念和行为等多种要素的互动和统一。[①] 在案例中,当村治精英对政府“先建后补”的承诺作出有效回应,并利用村治精英自身拥有的资源配合政府完成政策执行目标之后,政府进一步对村治精英的回应作出了反馈。政府通过一系列的观摩、考察、调研、表彰等行动,逐步将村治精英成功树立为干事创业的典型和村干部的模范代表。在这一过程中,村治精英获得了一系列体制内的褒奖和荣誉。由此,在政府与村治精英之间搭建了情感纽带,并通过这种情感纽带进一步影响了村治精英的认知、信念和行为,从而有效地增强了村治精英的政治认同感,有效规避了村治精英游离体制性要求的潜在风险。由此,政府借助于有效的技术手段实现了对村治精英吸纳效果的巩固和提升。

在黑木耳产业项目落地过程中,通过J县人大主任卢某生的推荐,黄某铎于2018年当选为J县人大代表,由此,其获得了更高层次的政治身份。在整个生产厂房施工结束后,J县组织全县人大代表赴生产厂房进行观摩考察,并号召全县人大代表向黄某铎学习。与此同时,J县政协、关工委等相关部门也先后赴育村就产业项目进行观摩和考察。随着育村产业项目影响力不断扩大,最终,J县县委书记陈某明也到育村就该产业项目进行现场调研,并当场表扬了黄某铎,认为其作为党支部书记充分发挥了先锋模范作用,起到了良好的示范带动作用,并承诺县委县政府一定会解决好厂房建设过程

---

① 詹小美,王仕民.文化认同视域下的政治认同[J].中国社会科学,2013(09):27-39.

中的遗留问题。随后,在相关领导的协调下,J县推进乡村振兴战略现场会也将育村产业项目作为现场观摩点,黄某铎的事迹逐步在体制内得到了广泛传播。与此同时,在政府关注度不断升高的情况下,省市县的相关媒体也跟进报道,对育村如何谋划产业振兴以及黄某铎在其中发挥的关键作用进行了广泛宣传,黄某铎的先进事迹也具备了一定的社会影响力。据笔者的粗略统计,聚焦该产业项目并以黄某铎为采访对象的新闻宣传报道有50篇之多。2019年7月,广东省发布了《关于表彰全省"百名优秀村(社区)党组织书记"和"百名优秀村(社区)党组织第一书记"的决定》,黄某铎荣获"百名优秀村(社区)党组织书记"称号,成为当年M市6名受表彰的对象之一,是J县唯一获得表彰的农村党支部书记。

> 如果没有黄某铎,那这个产业项目肯定是干不成的。黄某铎这个人有魄力,有办法,能干成事。如果我们每一个村的党支部书记都像他这样,我们就不用愁了,乡村肯定能振兴。现在,我们实施乡村振兴战略,关键是要把支部建强,选配一个靠得住的支部书记,这样政府心里才有底。假如当时这个产业项目没有放在育村,现在可能就已经失败了。所以,当时政府考虑把这个项目放到育村,这个思路在今天看来是对的。

由此,黄某铎对政府承诺的回应再次得到了政府的反馈。正是在政府与村治精英"先建后补—垫资建厂—褒奖与荣誉"的交互过程中,黄某铎"政治人"的身份不断得到强化,其政治认同程度也不断加深。伴随着这一过程,村治精英游离于体制性要求的可能性大大降低。对村治精英而言,无论是其企业家身份还是村干部身份,有了体制力量的加持,其资源获取能力和风险抵御能力都将得到加强。基于理性选择,村治精英在此种情况下不会选择将体制力量排斥在门外。对于政府而言,则有效规避了村治精英"诱变"风险,其对村治精英的吸纳效果也得以提升。除此之外,伴随着村治精英"曝光率"的增加,其接受监督的广度和深度也呈现出新变化,其不仅要接受村民自治系统的监督,还要接受体制力量和社会力量的监督,在三重监督的压力下,村治精英行动路线的确定性大大增强。相较于村民监督和社会监督，体制监督往往更为严格，这也就意味着村治精英对体制的依附性得以强化。

> 现在不同于以前，做事情得考虑影响和后果，不能做给政府抹黑的事情，否则也对不起县里领导的关心和帮助。没有政府的支持，我黄某铎能算啥呢，啥也不是，啥也干不成。作为一名党支部书记，要听党的话，要跟着党和政府走。别人都说，你都这么有钱了，还干这些麻烦事干什么。但是我说，我一个人富了有什么用，关键是要在党和政府的领导下，让育村百姓都富了才行，那才能证明我有本事，有能力。

对资本下乡中政府吸纳村治精英的过程进行分析，可以发现，这一过程至少包括三个阶段：诱致性阶段、强制性阶段和依附性阶段。三个阶段都伴随着政府与村治精英诉求与回应的交互过程，但是，在不同阶段，政府与村治精英交互的性质却存在显著差异。在诱致性阶段，政府与村治精英的交互是基于目标契合而实现的，政府政策执行的目标是推动乡村产业兴旺，促进富民增收，而村治精英的治理目标是发展乡村产业，激活乡村发展内生动能，政府与村治精英在目标上具有高度一致性。为了实现共同目标，政府与村治精英在行动路径上必须要保持相向而行。但是，这一阶段中由于政府掌握了国家资源的分配权力，所以在交互过程中政府始终占据着主导位置，而村治精英则要根据政府的资源分配意图而采取相应的行动。而在强制性阶段，政府与村治精英的目标则存在张力，原因在于村治精英的目标在此阶段进行了调整，其将个人利益（即收回个人垫付的资金）进行了前置，由此引致政府与村治精英在行动上出现偏离。但是，由于村治精英个人利益的实现取决于政府承诺的有效性，如果政府的承诺成为“空头支票”，那就意味着其个人利益将无法实现，甚至面临着遭遇损失的可能。为了增加政府承诺的确定性，村治精英必须要在行动上继续配合政府。但是，这一阶段村治精英的行动选择是被动的，其不得不执行政府的意图。由此，政府对村治精英的吸纳在此阶段具有显著的强制性特征。在依附性阶段，村治精英“政治化”程度不断加深，其行动路线往往要受到体制性力量的左右，但是，这种体制性力量并不是由政府强制性施加,而是由其不断强化的政治身份所带来的。从本质上而言,这一过程也是村治精英政治认同感不断强化的过程。村治精英对政治身份的获取具有主观性,其希望通过政治身份的获取来增强其对资源获取的能力,最终实现其身份与能力的相互匹配。对于村治精英而言,政治身份与资源获取能力相匹配的过程实质上是体制性力量获取的过程。由此,村治精英对政府的依赖程度不断加深,而政府对村治精英的吸纳也得以深度实现。在这一阶段,政府对村治精英的吸纳具有明显的外部压力驱动特征,而这一外部压力的来源渠道呈现出多元化,既包括体制性的,也包括自治性的和社会性的。

四、精英吸纳的动力来源及其再造结果

资本下乡中企业与政府对村治精英的吸纳具有主观能动性,也具有深层次的动力支撑。就企业而言,其对村治精英的吸纳具有多重动力来源。企业与村治精英间的私人情感为企业吸纳村治精英提供了辅助力量,企业与村治精英间的"需求—回应"机制为企业吸纳村治精英提供了动力传输通道,而企业自身所拥有的隐性政治资源,转化为企业与村治精英信任建构的支撑,为企业吸纳村治精英提供了有效保障。综观企业吸纳村治精英的过程,我们会发现,间接性体制力量是企业吸纳村治精英的根本动力来源。就政府而言,其吸纳村治精英的动力来源则呈现出单一性,主要是依靠直接的体制力量来完成对村治精英的吸纳。总体来看,企业与政府对村治精英的吸纳过程都离不开体制性力量的支撑,科层体制(官僚制)所产生的内部压力为企业与政府吸纳村治精英提供了源源不断的动力供给。依靠体制性力量对村治精英进行吸纳的过程也伴随着对村治精英的再造,在体制性力量的塑造下,村治精英"政治化"成为不可回避的结果。村治精英"政治化"一方面强化了村治精英对政府的依赖程度,另一方面强化了其对政府资源的获取能力。对于资本下乡中的企业而言,村治精英"政治化"则为其提供了利益诉求传输通道和政府资源获取通道,降低了企业与政府间的沟通成本,

同时村治精英对企业行为的监督效力也得到了提升。对于村庄而言,村治精英"政治化"在一定程度上为乡村新精英的产生释放了空间。但也要看到,村治精英"政治化"在很大程度上削弱了乡村治理的自治属性。

(一)可信承诺:企业的政治关联效应

承诺问题是政治学研究中政府与社会关系的核心议题。在稳定的政治体制中,政府承诺的可信度高,而可信承诺将有助于推动经济增长。[①] 承诺问题本质上是一个合同执行问题。但在中国乡村社会,私人间的承诺则是建立在乡土社会特殊的文化网络中,是一个伦理问题,其不受外在强制力的约束,而是被共同的文化认知约束。政府则成为私人承诺之外的第三方,其充当了私人承诺失效后的调停者和强制执行者的角色。而在其背后,实质上还存在一个承诺问题,即政府与私人间的承诺问题,而私人与政府间的承诺是一种天然的可信承诺,政府成为正义的化身,依靠强制性力量保护守信者,惩罚失信者。由此,政府成为私人承诺之外的第三方执行机制,以确保私人承诺被有效履行。

在资本下乡过程中,企业与村庄被看作私人承诺的建构者,而政府成为企业与村庄之外的第三方。在农民看来,企业显然超脱于乡土社会的文化网络,不被共同的文化认知约束,是合同执行中的潜在失信者,况且在农民的印象中,企业是自私自利的,其进入乡村社会就是为了攫取利益。由此,在承诺双方信任缺失的情况下,企业与村庄的关系建构必然遭遇地方性知识体系的阻碍,企业对村治精英的吸纳更是缺乏社会基础。对于企业而言,乡村社会地方性知识的影响根深蒂固,在短时间内根本难以消除。在乡土社会场域,企业以其拥有的现代性知识改造地方性知识显然十分困难。对于企业而言,其不可能完全按照地方性知识体系的引导来建构其与村庄的关系,因为在企业的认知中,基于文化和伦理建构的契约关系是低效率的,

---

① 史蒂芬·哈伯,阿曼多·拉佐,诺埃尔·毛雷尔.产权的政治学:墨西哥的制度转型[M].何永江,余江,译.北京:中信出版社,2019:16-20.

且具有极大的不稳定性,不符合企业的利益要求。例如,在N农业公司与农民签订用工合同的过程中,企业坚持按照"按件计酬"方式签订用工合同。其认为,只有这样才能保障企业的生产效率,而且多劳多得本质上也是对农民的激励,如果按照"按天计酬"[①]方式签订合同,农民肯定会"偷奸耍滑、以逸待劳",从而大大降低企业的生产效率,增加企业的生产成本。虽然企业保证只要农民努力工作,"按件计酬"方式的工资水平肯定高于"按天计酬"方式,但这一策略并不被农民认可。农民之所以坚持通过"按天计酬"方式签订用工合同,主要原因是农民认为只有这样才能保障自身收益,不被企业压榨。对于村治精英而言,在合同签订过程中其必须要和农民站在一起,否则就被视为企业的"同谋",就会面临失信于农民的局面。

由此,企业如何与村庄进行信任建构,成为解决双方承诺可信问题的关键,更是企业吸纳村治精英的基础。而寻求企业与村庄之外的第三方力量的支持是可行策略。那么,如何寻求第三方力量的支持?毕竟企业与村庄间的承诺问题是双方间的问题。解决这一问题唯一可行的路径是借助政府的力量,因为农民与政府之间具有天然的信任基础。企业的策略是引导政府资源嵌入企业股权结构,企业通过政治关联,将村庄与政府间的纵向承诺效应进行横向扩散。也就是说,将村庄对政府的信任关系通过政府资源的隐性配置向企业进行转移。事实证明,这一策略具有可行性。企业通过政治关联,借助体制性力量,影响农民认知,实现了现代性知识与地方性知识的对接与融合,最终实现了企业与村庄信任关系的建构,使企业与村庄间的承诺变成一种可信承诺,由此企业对村治精英的吸纳便有了民意和体制力量的双重支撑。可以看出,企业与村庄间的可信承诺以及企业对村治精英的吸纳本质上是企业的政治关联效应,企业通过政治关联为村企信任关系建构和村治精英吸纳提供了动力来源。虽然企业的政治关联具有一定的正面效应,但也要看到,企业的政治关联对新型政企关系建构带来了潜在的威

① 当地在企业劳务用工方面形成了惯例,即无论什么情况下,农民每天出工工资不得低于120元。如果低于此工资水平,将不予出工。这也是农民坚持"按天计酬"的原因。

胁,一旦政企关系诱变,农民利益则首当其冲,被吸纳的村治精英就会异化为侵夺农民利益的“凶手”或者成为企业侵夺农民利益的“帮凶”。

(二)“三强四带”:政党能力建设机制

中国共产党领导是中国特色社会主义最本质的特征。中国共产党的领导是历史和人民的选择。作为中国唯一执政党,长期执政必须要有强大的政党能力做后盾,政党能力建设是保持党的生命力和先进性的根本保障。政党能力标志的是政党履行职能的主观条件,也是政党素质的外在表现和实践形态。政党政治发展的客观需求给政党自身的生存、发展与作用发挥带来的现实压力,是政党能力生成的逻辑起点。① 本书案例中,伴随着资本下乡推动乡村产业发展实践进程,J县始终强调要发挥农村基层党建引领作用,发挥农村党员和农村基层党组织的模范带头作用,通过政党能力建设强化农村党员和农村基层党组织在资本下乡中的担当作用。黄某铎作为一名党员,尤其是作为育村党支部书记,是政党能力建设末梢环节的关键载体,其角色定位和作用发挥直接映射出政党能力在基层的强弱样态,表征着政党能力在基层的功效。伴随着政党能力建设的过程,执政党通过强化国家中的政党力量,强化政党中的核心力量,将活力四射但又极不平衡的社会整合为一体,将权利意识日益强化的民众整合为一体。② 在此过程中,地方党委政府通过党内组织体系在乡村社会获得了强大的动员能力和整合能力,也获得了吸纳村治精英的动力。

2017年9月,J县印发了《关于在新农村建设中进一步发挥基层党组织核心领导作用的实施方案》,提出要在农村基层实施“三强四带”工程,充分发挥农村基层党组织和党员在新农村建设中的战斗堡垒和先锋模范作用,推进新农村建设。“三强”具体是指强班子、强管理和强服务。在班子建设

---

① 王韶兴.社会主义政党政治视阈下的政党能力论[J].学习与探索,2012(11):19-20.

② 徐勇.用中国事实定义中国政治:基于“横向竞争与纵向整合”的分析框架[J].河南社会科学,2018(03):26.

方面,该方案提出县委县政府每年要对农村党支部书记、村委会主任专门开展新农村建设专题培训,同时,要求各镇党委、镇政府每年对村“两委”干部进行不少于2次集中培训,以增强村干部的工作能力。遵循经济部门挂穷村、政法部门挂乱村、党群部门挂弱村的原则,J县选派县直单位优秀党员干部到软弱涣散村、贫困村挂任第一书记,加强党的组织领导,有序推进新农村建设;选派优秀派出所民警挂任副书记,协助管理辖区内综治维稳和社会治安管理工作,确保村级和谐稳定,破解“干与不干一个样”问题,激励村干部干事创业。同时,方案明确每个村要培养2~3名后备干部,软弱涣散村至少要配备1名党组织书记培养对象。在基层管理方面,该方案提出围绕新农村建设主题,镇党委、镇政府要进一步明确村党组织、村委会、村监委会的职责任务和功能定位。村党组织要组织并做好村级议事、决策、服务和监督等工作,讨论提出新农村建设发展规划,讨论研究经济发展、惠民政策落实等工作。该方案还规定,农村重要事项要按照“四议两公开”①要求进行决策,规范实施班子联席会议和党群联席会议制度,实现民主管理;对村级财务开支实行“两签两审”②制度;加强村党组织领导下的村务监督委员会建设,对新农村建设中村级各项议事决策、组织实施和实施结果进行全程监督,确保程序合规合法;在村民理事会等群众自治组织中建立党组织、党小组,督促引领共青团、妇联、理事会等组织参与新农村建设。在基层公共服务方面,推动服务型基层党组织建设,推行村干部分片联系服务群众,按照“一厅四室”③要求加强村级公共服务站规范化建设,党组织书记担任站长,党组织委员担任兼职工作人员,优先聘用党员担任专职工作人员,将服务站打造成党服务群众的平台载体。“四带”主要是指农村党员带头联系服务群众、带头参加公益活动、带头支持村庄建设、带头创业致富。按照实施方案要求,农

① “四议”是指村党支部会提议、村“两委”会商议、党员大会审议、村民代表会议或村民会议决议;“两公开”是指决议公开、实施结果公开。

② “两签”即经办人和村支部书记共同签字;“两审”即村务监督委员会和村民理财小组共同审签。

③ “一厅”即行政村办事大厅;“四室”即行政村干部办公室、会议室、综合服务室、便民服务活动室。

村党员按自愿、就近原则，包片包块联系服务群众家庭，特别是针对贫困家庭，农村党组织要安排致富党员对其进行“一对一”帮扶，并对表现出色的党员进行表扬评星。同时，方案要求镇级党委加强工作督查指导，确保工作取得实效。此外，J县将每个月的第一个星期五确立为全县支部主题党日，农村党组织要组织党员带头在扶贫济困、宣传法律法规、美化环境、尊老敬老等方面开展公益活动。同时，该方案要求农村党组织积极支持、配合党委、政府做好方针政策宣传、群众诉求反映、矛盾纠纷化解等工作，鼓励农村党员通过带头认种一棵树、认扫一条路、认管一条圳等形式，支持和参与农村人居环境治理，促进村容村貌改善。方案还要求农村党员带头发展家庭农场，率先创业致富，积极领办、创办、协办示范基地、示范项目等，增强群众致富本领，带动周边群众致富。农村党组织要通过设岗定责，承诺践诺、志愿服务等方式，积极为农村党员发挥带富作用搭建平台和载体，强化党员先锋模范作用，并明确每个镇要至少建立1个党员创业带富示范基地、每个村至少树立1名党员致富帮扶带头人。① 而这也是育村黑木耳产业项目落地过程中特别强调发挥党建引领作用的缘由。

通过建立“三强四带”政党能力建设机制，作为党员和村支部书记的村治精英黄某铎被有效纳入政党组织体系的规范和要求中来。按照党章的规定，党的纪律是党的各级组织和全体党员必须遵守的行为规则，是维护党的团结统一、完成党的任务的保证。党组织必须严格执行和维护党的纪律，共产党员必须自觉接受党的纪律约束。党的纪律主要包括政治纪律、组织纪律、廉洁纪律、群众纪律、工作纪律、生活纪律等。由此，村治精英必须要时时刻刻接受政党组织体系施加的强大外在约束力，同时又要发挥党员的先锋模范作用和农村基层党组织的战斗堡垒作用，只有这样才能获得上级党组织的认可和肯定，其政治身份才能不断强化。通过“向内”和“向外”双向发力，村治精英在行动上必须要彰显政党意志，地方党委政府也由此获得了

① 信息来源于《J县关于在新农村建设中进一步发挥基层党组织核心领导作用的实施方案》。

吸纳村治精英的动力。而这一动力主要来源于政党组织体系本身所拥有的强大的动员能力和整合能力。

（三）“联乡兴村”：政府权力下沉机制

改革开放以来，特别是农村税费改革以后，国家权力对乡村社会的影响总体上趋于弱化，为村民自治制度的有效实施释放了更大空间，乡镇政府与村民自治组织的指导与被指导关系进一步压实。但是，随着近年来国家惠农强农战略的相继实施，国家权力再次出现向乡村社会下沉的趋势。这一时期，国家权力下沉呈现出明显的内嵌特征，诸如国家资源吸纳、村干部交叉任职、支部书记和村主任“一肩挑”、干部驻村等。尤其是近年来，随着农村第一书记、干部下乡等制度的深入实施，国家权力对乡村社会的影响日益明显。这种基于群众路线的干部驻村制试图通过反官僚的运动式做法，以乡村公共问题为导向，直接跨越科层制的藩篱，通过派驻行政官员，解决农村基层现实问题。① 在本书案例中，J县通过开展机关干部“联乡兴村”活动，为乡村振兴赋能，本质上也是一种干部下乡机制。通过干部驻村帮扶，政府权力实现了隐性下沉，一方面为解决农村发展面临的现实难题提供了外部支持，另一方面强化了政府对村治精英的吸纳动力。

2018年9月，J县印发《关于开展县直机关干部“联乡兴村”行动实施方案》。该方案指出，选派县直机关干部回家乡开展“联乡兴村”行动，是推进J县乡村振兴的重要举措，县财政每年配套1000万元工作经费，按每支队伍10万元的标准，为“联乡兴村”工作提供经费支持。“联乡兴村”主要是指县直机关干部每月定期回到家乡联系点，通过认真听、全面访、努力做的形式，发挥“三指导两协调”作用，围绕强化党的领导，提高干部能力，推进产业发展，实现乡村有效治理等目标，聚合各类资源和力量，推进乡村振兴。J县将全县97个行政村作为“联乡兴村”联系点，县直机关、企事业单位选派干部

---

① 李鑫诚. 乡村权力下沉治理模式的运行策略及其反思[J]. 湖北社会科学，2017（04）：24.

到其出生地(或是成长地)所在村或情况熟悉村开展“联乡兴村”工作。根据要求,县直机关为每村安排3名以上干部作为“联乡兴村”工作队队员,原则上安排一名副科级以上党员干部担任“联乡兴村”工作队队长。县直机关的联乡干部必须每月到联系点开展2次以上活动,其中一次在驻点联系日开展,另一次利用节假日开展,具体时间由队长商定。“联乡兴村”干部可以通过入驻村庄公共服务站、入户走访等形式开展工作,坚持当面接待群众,认真倾听群众反映问题和诉求,及时向群众释难解惑,积极走访、约访群众,认真梳理分析制约村级发展的问题和原因,积极为联系点排忧解难。发生重大灾害或群众遇到重大困难等情况出现时,要及时掌握情况,督促镇、村干部处置解决。根据方案要求,“联乡兴村”干部要向群众公开本人姓名、职务、联系方式、驻点联系时间、办公地点等内容,使群众知晓。“联乡兴村”工作队每月要召开一次工作研判会,专门研究联乡兴村工作、群众反映的热点难点问题等。“联乡兴村”干部每季度要向所在单位和驻点镇党委、政府报告一次“联乡兴村”工作情况,各乡镇每季度要向县委组织部门报告上季度“联乡兴村”工作情况,县委组织部汇总后要向县委报告。最终,J县共选派了291名县直机关干部下乡开展“联乡兴村”工作。J县县政府办副主任徐某威带队驻点联系育村,而育村的黑木耳产业项目成为其“联乡兴村”的重点工作。

“联乡兴村”工作队的具体职责是“三指导两协调”。“三指导”是指“联乡兴村”干部要指导建强村级“两委”班子,协助县、镇做好村“两委”干部的教育培训工作,督促村“两委”干部主动工作,组织村“两委”干部外出参观学习,提升村级班子引领发展的能力。同时,要协助开展村级后备干部培养和党员发展工作;要指导村级党组织提升引领水平,规范党的组织生活,严格落实“三会一课”、民主生活会、专题组织生活会、民主评议党员等制度,落实支部主题党日和支部服务日制度,协助开展各类服务活动,拓宽党员干部服务群众、组织群众的渠道,提升党组织的社会号召力。同时,要协助落实班子联席会议制度、党群联席会议制度,引导村民理事会等组织在党的领导下开展工作,督促村务公开,发挥村级党组织领导核心作用;要指导软弱涣散村整改工作，协助相关部门和镇、村共同抓好整改措施的落实，实现软弱涣散村实现如期转化。“两协调”是指“联乡兴村”干部要协调发挥社会力量，聚合各类资源和渠道，推动联系点乡村振兴工作，协助村干部向上争取资金、项目和技术扶持，加强与本村乡贤的联系沟通，鼓励引导乡贤回村发展“造血”型项目，助力村级经济发展。此外，还要协助联系点党组织引导党员干部带头并发动群众共同参与乡村建设，推动乡村产业发展，推行“党组织+公司+基地（合作社）+农户”等模式，壮大村级集体经济。要协调推进农村精神文明建设，引导村民摒弃陋习，崇尚文明，协助相关部门开展文化、科技、卫生、法律等下乡活动，丰富农村精神文化生活，提高农民群众思想道德、科学文化和法律意识，弘扬中华传统美德，宣传先进模范、好人好事，传播正能量，孕育良好的村风民风。同时，要协助做好信访维稳和矛盾纠纷化解工作，消除各种不稳定因素，督促开展扫黑除恶专项斗争，动员干部群众同不良风气和违法犯罪行为作斗争，优化乡村社会生态。①

从J县“联乡兴村”工作内容来看，行政干部下乡伴随着政府权力下沉，且政府权力直接嵌入了乡村社会的方方面面，并通过村干部和村级组织来发挥作用，基层政权由税费改革时期的“悬浮型”转向“下沉型”，并不断深入到农民日常生活中，使农民与国家的关系更加紧密。② 在这一过程中，村干部“代理人”的角色因受行政干部下乡影响而得以不断强化，其自身意志表达受到行政干部的渗透，行动策略也受到行政干部的干预，由此政府权力全面重塑了村干部的角色和职能。对村治精英而言，其精英地位的取得离不开政府的“确认”，其在行政干部下乡过程中更是难以避开政府权力的支配。而且，驻点联系的行政干部往往掌握着资源分配的话语权，其既可以为驻点村争取资源，也可以阻断资源的流入，对于积极谋取国家资源支持的村治精英而言，“联乡兴村”工作反而为其谋取资源提供了契机，前提是其必须接受行政干部对其施加的影响，强化并履行国家“代理人”的角色和职能。可以

---

① 信息来源于《J县关于开展县直机关干部联乡兴村行动实施方案》。

② 郭占锋，李琳，张坤．从“悬浮型”政权到“下沉型”政权——精准扶贫对基层治理的影响研究［J］．中国农村研究，2018（01）：83．

说,“联乡兴村”这一政府权力下沉机制为政府吸纳村治精英提供了具体的技术支持。

(四)再造结果:村治精英“政治化”

在资本下乡中,无论是企业还是政府,对村治精英的吸纳都导向了一个共同的结果,即村治精英“政治化”。村治精英“政治化”主要表现在两个方面:一是村治精英身份角色“政治化”;二是村治精英职能“政治化”。就身份角色而言,资本下乡中的村治精英获得了人大代表、省级优秀村党组织书记等政治身份,其依靠政治身份一方面稳固了在乡村社会的权威,另一方面强化了对政府施加影响的能力。在这一过程中,村治精英的权威来源也发生了显著变化。村治精英的原始权威主要来源于村民的认可与支持,而在村治精英身份角色“政治化”之后,其权威不仅来源于自下而上的村民认可与支持,还来源于自上而下的政府“授予”,由此,村治精英在资本下乡中的权威来源呈现出双重路径。随着村治精英身份的角色“政治化”,村干部的身份角色却在一定程度上呈现出弱化趋势。村干部的身份角色越来越成为村治精英身份角色“政治化”的原始底色。从本质上而言,村干部身份角色与村治精英身份角色“政治化”存在内在逻辑冲突。村干部由村民选举产生,其对村民负责,而村治精英身份角色“政治化”后其不仅要对村民负责,而且要对政府负责。在这一过程中,体制压力对村治精英的行动产生了强大驱动力,村治精英的行动轨迹在潜移默化中由村民一侧滑向政府一侧。就村治精英的职能而言,作为村干部,其主要职能是处理本村内的公共事务,增进村庄内的公共利益和人民福祉。而村治精英“政治化”之后,其职能呈现出多元化特征,一方面要履行村庄“当家人”的职能,另一方面要履行政府“代理人”的职能。而且,村治精英的职能履行方式也随之发生显著变化。村庄“当家人”主要依靠自治方式履行其职能,而政府“代理人”则主要通过行政命令方式履行其职能。由此,一旦村治精英出现职能异化,必然会影响乡村治理的自治属性。

现在,我每天的会议太多了,村民都嘲笑我,说你一个小小的村干部,每天参加政府的这会议那会议,怎么可能呢。他们不信,我就拿出手机来让他们看,你们看上午是人大的会议,下午是县里的乡村振兴会议,明天还有镇里的环境整治动员会……有时候一天的会多得开不过来,还得看看哪个重要,哪个不是太重要。这还不算村里的会议,有时候村里很多事情也是等着开会处理。县里镇里通知你去开会,都要签到,你不去那就是不讲政治,不讲规矩。你不去开会就不知道政府要安排做什么事情,那领导就要说了,县里镇里忙得热火朝天,你村里却风平浪静、纹丝不动,那就要挨批评了。

用辩证唯物主义的原理来分析,村治精英"政治化"是一把双刃剑。一方面,村治精英"政治化"强化了村庄层面对政府资源的获取能力,也拓宽了村治精英的权威来源渠道,在一定程度上有利于村庄经济的发展,也有利于稳定村庄的利益秩序。本质上这意味着村治精英的"当家人"与"代理人"双重角色之间可以实现正和博弈,即实现村民和政府的双赢局面。另一方面,村治精英"政治化"也有可能导致"当家人"与"代理人"角色冲突,进而引致村治精英职能异化。一旦缺乏有效的监督,村治精英就可能依靠其"政治化"的身份谋取私利,形成资源垄断局面,最终侵害农民群众的利益,损害政府的公信力。从这个意义上来说,村治精英"政治化"也可能会形成零和博弈局面。[①] 而问题的关键是村治精英如何在村民"当家人"与国家"代理人"之间寻找平衡点,强化村民和政府对村治精英的双向监督。

五、小结

资本下乡中企业与政府基于自身利益诉求和目标实现表现出对村治精英的吸纳需求。企业通过间接性体制力量完成了对村治精英的吸纳,其目的在于为企业进入乡村社会提供便利,这表现为一种"需求—回应"型吸纳。

---

① 谢岳. 市场转型、精英政治化与地方政治秩序[J]. 天津社会科学,2005(01):59.

企业吸纳村治精英的关键是村庄与企业间的信任建构，而企业依靠自身拥有的隐性政治资源突破了村庄与企业间信任建构的瓶颈；而政府则通过直接的体制性力量完成了对村治精英的吸纳，吸纳过程经历了诱致型吸纳、强制型吸纳和依附型吸纳三个阶段。企业的政治关联效应为资本下乡中企业吸纳村治精英提供了基本动力；而政党能力建设机制和政府权力下沉机制则是资本下乡中政府吸纳村治精英的主要动力来源。企业与政府对村治精英的吸纳过程实质上也是对村治精英进行再造的过程，村治精英"政治化"是其再造结果。村治精英"政治化"具有两面性，村治精英身份角色如果能够得到有效调适，则既能够对村庄的内生性发展起到促进作用，也有助于政府推动乡村发展。如果村治精英身份角色发生冲突，并引致其职能异化，则既不利于促进村庄公共利益发展，稳定村庄利益秩序，也会损害政府的权威和公信力。资本下乡中的村治精英吸纳过程既是政企关系和乡村关系塑造的结果，反过来也影响着政企关系和乡村关系的建构。建构新型政企关系是企业对村治精英进行有效吸纳的关键和前提，而实现乡村关系的调适性均衡应是政府对村治精英进行有效吸纳的根本遵循。

第三章　现代规则下乡与乡土规则再造

规则是秩序的前提和基础，没有有效的规则支撑便没有良好的秩序。秩序的实质是社会主体间的规则建构，规则作为驱动力，引导着社会主体的行动方向和社会秩序的变迁。[①] 规则具有制约性，社会共同体内的每一个体都必须遵守共同体所确定的公共规则，以此维系共同体内的秩序稳定。社会共同体成员所拥有的公共空间、进行的公共活动本质上是一种合作，这种合作离不开规则。[②] 这里所说的社会共同体是指那些有着相同价值取向、人口同质性较强的社会群体，其体现的人际关系是一种亲密无间、守望相助、服从权威且具有共同信仰和共同风俗习惯的人际关系。[③] 规则的生产依赖于特定的空间环境，并作用于这一特定的公共空间。不同的环境会塑造不同的规则体系，而不同的规则体系则塑造了行动者差异化的行动路径。自古以来，礼俗秩序都是乡土规则的核心要义，具体包括村规民约、村庄习俗、村庄精英人物所代表的权威规则等等。而乡土规则主要用以规约村民行

---

① 李容芳．规则与秩序：庭院空间生产的小农行动逻辑——以丽江金山白族Y社区为例［J］．江汉学术，2017（02）：79．

② 董磊明．村庄公共空间的萎缩与拓展［J］．江苏行政学院学报，2010（05）：53．

③ 徐永祥．社区发展论［M］．上海：华东理工大学出版社，2000：29．

为、调节日常纠纷，增强村民之间一致合作，减少冲突摩擦等。[①] 乡土规则是与特定的乡村社会公共空间相适应的规训体系，表征着乡村社会的上层建筑，对维系乡村社会稳定，促进乡村社会发展有着重要作用。

伴随着现代化进程，社会公共规则体系也不断变革更新，逐步走向成熟和完善，以契合社会发展内在的客观规律，回应日新月异的社会变化和发展要求。乡村社会的发展本质上也是现代性不断增强的过程，乡村社会的现代性成长必然伴随着乡土规则的转型升级。本书案例中，资本下乡加速了现代性因素在乡村社会的渗透过程，企业主导的现代规则下乡成为现代性渗透的主要载体。但是，乡土规则对乡村社会的影响根深蒂固，短时间内难以消弭。当企业主导的现代规则遭遇乡土规则抵制时，乡村社会的秩序冲突也就在所难免。乡土规则具有显著的封闭性和非强制性特征，而这对于资本下乡中的企业而言，会增加其生产经营活动的不稳定性，引致潜在风险。所以，资本下乡中企业以现代规则替代乡土规则的行动有其内在动力。但是，受制于乡村社会特殊的文化网络，这一过程并非易事。而政府依靠权力渗透，对乡土规则进行强制性矫正，一定程度上为乡土规则的现代化转型升级注入了外部动能，从而实现了对乡土规则的再造。这一结果有助于稳定资本下乡中企业的投资信心，增强企业生产经营的稳定性，降低生产经营风险。同时，县镇政府对乡土规则的强制性矫正过程为企业参与乡土规则再造提供了条件，畅通了渠道。企业参与乡土规则再造的过程既是企业与农民利益诉求有效对接的过程，也是建构农民利益表达新秩序的过程。相较于政府通过权力渗透对乡土规则的强制性矫正，企业对乡土规则的再造过程则呈现出明显的调适性和渐进性特征。

一、资本下乡中的现代规则下乡

在资本下乡中，企业为了降低投资风险，提升利益可实现性，必然要确

① 张良. 乡村公共规则的解体与重建[J]. 浙江社会科学，2016(06)：74.

立一套规则体系，使利益主体的行为有章可循，以确保企业生产经营秩序的稳定。企业作为现代市场经济的主体，掌握着现代性的技术规则。在本书案例中，企业欲通过与村庄签订股份合作制契约，完成企业与村庄的利益联结，进而形成紧密型的利益共同体，以增加企业与村庄合作的稳固性。但是，在市场发育不充分的育村，企业的股份合作制策略遭到了村庄的强烈反对，村集体认为股份合作制"形式大于内容"，在产业项目未实现实质性盈利的情况下，企业的股份合作制设想难以为村庄带来收益，反而可能会加重村庄发展的负担。反对股份合作制，寻求最大限度的确定性，成为村集体的理性选择。村庄理性选择的过程实则是乡土规则作用发挥的过程，这一过程与企业主导的现代规则下乡过程存在一定程度的张力，无形中阻滞了现代规则下乡的进程。

（一）股份合作：企业的利益联结策略

改革开放以来，农村推行家庭联产承包责任制，家庭成为中国农村基本生产经营单位，家庭生产经营则成为中国农村基本生产经营模式。伴随着社会主义市场经济体制的建立，加之中国城镇化快速推进，对农村生产经营方式的变革也提出了新的要求。20 世纪 90 年代以来，农村股份合作制成为农村生产经营方式变革的重要方向，这一变革是对农村家庭承包经营为基础、统分结合的双层经营体制的补充与完善，成为中国农村生产经营领域的重大制度创新。股份合作制是股份制与合作制相互结合所形成的一种新的经济组织形式，兼有股份制和合作制的特征。① 传统的农村股份合作形式在范围上并没有超出农村社区领地，是一种圈定在农村集体经济组织内的股份合作形式，股份合作的主体主要是集体经济组织成员，股份合作的要素和纽带主要为集体性的资源资产，股份合作的经济形式和经济性质主要为集体经济。当前，农村地区众多的股份经济合作社、股份经济合作联社等经济组织便是农村股份合作制的主要实施载体。但是，伴随着市场经济发展不

① 郭玮. 论农村股份合作制[J]. 农业经济问题，1995(05)：33.

断深化，城乡融合发展加速推进，农村股份合作的内涵和形式也发生了显著变化。当前，农村股份合作形式在范围上已经超出了传统的农村社区领地，股份合作的主体也不再局限于农村集体经济组织成员，股份合作的要素和纽带更为多元化，股份合作的经济形式和经济性质也更为多样化。在本书案例中，N农业公司提出的股份合作制设想便是一种新型的农村股份合作形式。这一股份合作形式突出强调企业与村庄间的要素互补和联动，在合作过程中通过要素折股量化，打破要素流动的壁垒，激发要素潜能，实现合作双方互惠共赢。农村集体资产股份权能改革不仅能够带来良好的产权效应和经济效应，而且还能够引发重大的治理成效，能够解决农村村民自治难以有效落地的难题。①

按照N农业公司的设想，由企业与育村共同组建成立一个专事黑木耳生产经营的菌业公司，菌业公司的股权由N农业公司和育村共同持有，企业法人代表由育村村民委员会负责人担任或由股东联合推选一位代表担任，企业性质为集体控股的混合所有制企业。育村以自有场地、厂房折价入股，占股比例为55%；N农业公司以技术、设备、资金、经营管理形式入股，占股比例为45%；菌业公司的日常运营由N农业公司具体负责。菌业公司主要以黑木耳为主导产业，涉及黑木耳菌包生产、菌包销售、种植技术推广、黑木耳种植、黑木耳销售等业务；企业以F镇为核心，辐射周边乡镇，短期内力争实现年种植500亩的种植规模，有效带动农民群众增收致富。按照企业的观点，股份合作的好处主要有三点：一是有效激发要素潜能。N农业公司与育村通过股份合作能够各取所长，实现要素联动、优势互补，真正激活农村沉睡的资源资产，激发农村要素潜能，增加村集体和农民群众的财产性收益。二是建立更为稳固的合作关系。通过股份合作，企业与村庄能够进行有效的利益联结，通过股份合作这一利益联结策略，企业与村庄能够建立紧密的利益同盟关系，有效降低企业与村庄的合作成本与风险。三是增强村庄发

① 邓大才，张利明. 规则—程序型自治：农村集体资产股份权能改革的治理效应——以鄂皖赣改革试验区为对象[J]. 学习与探索，2018(08)：85.

展的可持续性。一方面,通过股份合作形式能够为村庄发展预留长远发展空间,随着黑木耳产业的发展壮大,育村所获收益也会随之增加;另一方面,通过股份合作能够有效减轻企业在产业项目初期的资金压力,提升资本使用效率,确保企业资金链的安全与稳定。

> 从企业的角度来说,之所以倾向于跟村庄进行股份合作,是因为村里有资源、有资产,但是缺少资金、管理和技术,而企业恰好有这些要素优势,大家把各自的优势发挥出来,这就是合作的基础。那为啥要搞股份合作制呢?一方面,股份是长久的、可持续的,我们不能与村庄做一锤子买卖,否则企业与村庄的关系将会很难处理,对企业的生产经营肯定有影响,等到产业项目发展壮大了,企业的利润翻倍增长,村里的收益却不见增长,那村里肯定就不干了。另一方面,股份合作也确实能够减轻企业的资金压力。搞产业不容易,搞农业产业就更不容易了——投资大、周期长、风险也大,而通过股份合作,企业的资金压力小多了,能够把钱花在刀刃上,把生产经营环节做扎实,我们黑木耳产业成功的机会就大了。股份合作制是好事情,关键村里得有这个认识,愿意和企业签股份合作的合同。

规则有强制性与非强制性之分,股份合作作为一种现代性合作规则,由市场经济孕育而成,其本身并不具有强制性,而只有通过有效的契约建构,将这一合作规则制度化才能使其具有强制性。企业作为现代市场经济的主体,掌握并善于运用这一规则。但是,对于广大农村地区而言,农民对股份合作这一规则是陌生的。从这个意义上讲,现代规则下乡所遭遇的困境实则是经济社会发展的结构性失衡。这一结构性失衡主要表现为公共规则的生成逻辑与公共规则执行主体的认知逻辑,并非总能实现有效契合与无缝对接。所以,某个人或某一群体对公共规则的认知差异,必然引致行动路径差异。股份合作对企业而言是理想的合作规则,但从村庄的认知逻辑出发,股份合作并不一定是理想的合作规则。现代规则亦有强制性与非强制性之分,资本下乡中企业希望通过股份合作形式确立合作规则,并通过有效的契约建构将合作规则制度化,以获得规则执行的强制力。而对于村庄而言,在其没有与企业完成契约建构的情况下,其对合作规则的选择是自由的,可以接受股份合作,亦可以拒绝股份合作。但是,无论最终选择何种合作规则,契约建构都是必然过程,因为只有通过建构契约关系才能为非强制性的合作规则提供外部支持,才能在根本上稳定利益主体的合作关系,降低利益主体的行为风险,而这也是资本下乡中现代规则下乡的另一图景。

(二)市场排斥:村集体反对股份合作制

随着经济社会的发展,人们对市场的认识不断深化,市场在资源配置中的作用越来越重要,党的十八届三中全会更是提出使市场在资源配置中起决定性作用。农村发展终归离不开市场,只有依靠市场才能集聚农村发展新动能。农村市场化发展是一个循序渐进的过程,不可能一蹴而就,呈现出明显的阶段性、渐进性和调适性特征。一方面,农民的认知逻辑根源于熟人社会的文化网络,人们特别注重血缘、关系、人情、面子等,造就了乡村社会浓厚的非制度化环境,而这与农村市场化发展所要求的制度化环境相背离,在一定程度上阻滞了农村市场化进程。乡村社会的非制度化环境归根到底是由乡土规则所支撑。所以,乡土规则的现代化转型升级是推进农村市场化发展的必然要求。另一方面,由于乡村社会非制度化环境的长期塑造,农民的认知和行动具有天然的非制度化倾向,且农民难于掌握市场化所要求的市场技能,作为农村市场化发展的主体,农民的市场认知偏差和薄弱的市场能力成为影响农村市场化发展的内部因素。农村股份合作制可以说是农村市场化发展的重要体现,符合市场经济发展的内在规律。但是,在本书案例中,村集体却强烈反对企业提出的股份合作制设想,这在一定程度上折射出乡村社会的市场发展观。村集体的行动策略既是乡土规则支配的结果,也是现代规则缺失引致的结果。

当N农业公司将股份合作制设想告知黄某铎后,黄某铎召集村干部和村民代表开会商讨,结论是育村与N农业公司不能进行股份合作,主要有以下三方面的原因:一是村庄对股份合作规则缺乏有效认知和执行能力。村集体认为，虽然近些年来各级政府积极倡导并鼓励村庄与企业探索股份合作，但对于村庄而言，大多数农民根本不熟悉股份合作的具体规则，更不懂如何参与股份合作，在不懂股份合作规则和缺乏规则执行能力的情况下贸然采取股份合作形式发展乡村产业，对村庄而言要承担巨大的风险。村庄受制于现代规则认知和规则执行能力不足，在与企业的合作过程中必然处于弱势地位，由此会造成不平等的合作局面，而不平等的合作局面意味着不平等的利益分配。二是企业与村庄的股权结构设置不合理。按照 N 农业公司的设想，新组建公司的性质为集体控股的混合所有制企业。但是，村庄认为，既然公司为集体控股企业，企业的日常运营应该由村庄具体负责，不应由 N 农业公司负责，如果是因为村庄层面缺乏企业运营能力而将日常运营权限交由企业，新组建的企业应该由 N 农业公司控股，这样才能够实现权责对等。三是股份合作无法保障村集体收益的稳定性。村集体认为，虽然股份合作能够拓展村集体的未来发展空间，但也伴随着风险的增加。而且，产业项目初期村集体的收益更是有限，这对村集体而言不是最佳选择。如果实行股份合作，一旦产业项目失败就意味着村集体也要承担相应的责任，而村集体不能将村庄的发展置于危险的境地。村集体认为，企业宣称的利益联结策略不过是企业对村庄的捆绑，一旦村庄被企业绑定，企业发展的风险则随时可能转嫁到村庄层面。

企业来跟我谈股份合作，这个事情也不是我说了算，我就召集了村干部和部分村民代表开会商量。开会的结果是我们不能搞股份合作。一方面，我们没有那个本事；另一方面，我们要对列祖列宗负责，要对子孙后代负责，不能让育村的发展毁在我们手上。老百姓就图个安居乐业，不能贪图太多。企业说了股份合作有那么多好处，我们不否认这些好处可能真的会实现，但是，至少现在还实现不了。企业给我们画个饼，我们不能当真，还是要踏踏实实按照自己的思路来办事情，收点租金，能看到收益就好，这就算是有交代。再说了，用扶持村集体经济发展的财政资金建了厂房，这个是要考核评估的，如果见不到效益，政府那里也无法交代，以后就不好再争取政府的扶持了。如果以后产业项目发展好了,我们村民的收入肯定也会增加,这就够了。至于村集体,到时候企业可以给我们涨租金嘛,我们跟着沾沾光就可以。

在乡土规则的支配下,农民习惯于追求稳定的生活状态,安居乐业是中国农民千百年来梦寐以求的。而农民稳定生活的实现主要是基于乡土社会共同认可的乡土规则,也就是说乡土规则塑造了乡村社会稳定的生产生活秩序。从较长的历史时期来看,农民长期饱受战乱和饥荒的威胁,这从外部刺激了农民对稳定的生产生活秩序的诉求,但农民往往无法左右战乱局面和统治集团的施政策略,更多情况下只是被动的接受者。为了实现这一利益诉求,农民只能转向"向内用力",以期通过村落共同体的共同努力实现乡村社会秩序稳定。在梁漱溟先生看来,"向里用力之人生"是中国伦理社会塑造的结果,"中国式的人生,最大特点莫过于他总是向里用力,与西洋人总是向外用力者恰恰相反"①。金耀基先生也认为中国人具有一种"闭固性的人格",这种性格与现代工业社会的"流动性人格"恰恰相反,传统中国人偏于循例重俗,被动闭缩,自制自足,倾向于孤立、默从与惰性,他们鲜少有主动参与行为。② 从另一个视角来审视,"向里用力之人生""闭固性的人格"则为乡土规则的生产提供了伦理支撑。在这种情况下,乡土规则逐步演化为中国伦理社会实现秩序稳定的主要技术手段。随着经济社会的快速发展,推进农业农村现代化既是乡村社会内在发展规律的客观要求和体现,也是实现国家现代化的必由之路。农业农村现代化表面上是农村生产生活方式的现代化,本质上则是乡村社会规则生产和运行的现代化。现代规则下乡被认为是现代性由外向内的渗透过程,但这一过程艰难而漫长。一方面,伦理本位的乡村社会不具备内生现代性的社会基础;另一方面,乡土规则占据主导地位的乡村社会也缺乏对新鲜事物的接纳、消化和吸收的能力。由此可见,资本下乡中企业主导的现代规则下乡短期内无法完成对乡土规则

① 梁漱溟. 中国文化要义[M]. 上海:上海人民出版社,2005:171.

② 金耀基. 从传统到现代[M]. 北京:中国人民大学出版社,1999:38.

的有效替代，这一乡土规则的转型策略在路径上不具有现实可能性，现代规则下乡与乡土规则排斥所形成的张力在短时间内难以弥合，如何实现乡土规则的现代性转换是农村现代化进程中不可忽视的重大命题。

（三）按价收租：村集体的确定性追求

乡村熟人社会中极少出现陌生人或者异质因素，农业社会是一个具有高度确定性的社会。① 在这样的确定性社会中，人们之间相互关系的交涉、延展以及利益秩序的发生变化在一定程度上具有可预见性，人们的生产生活秩序总是处在可控范围内。在同质因素占据主导地位的乡村熟人社会中，规则的生产和运行具有显著的封闭性和依赖性特征，乡土规则往往只能在同质度较高的乡村熟人社会运行并发挥作用，一旦脱离其生产和运行所需要的特殊空间，其效力也就随之消解。在同质度较高的乡村熟人社会，确定性是人们的基本需求，也是乡土规则运行下的秩序结果。但是，随着经济社会的不断发展，乡村社会的异质性因素不断增长，乡村社会的空间结构由封闭逐步走向开放，乡村社会生产生活秩序的确定性也随之降低。在这一阶段中，由乡土规则主导的原始秩序逐渐变得松动，但是仍然在乡村社会的秩序建构过程中发挥着重要作用，与此同时，现代规则开始渗入并影响乡村社会，试图创制乡村社会新秩序，这成为当前乡村社会秩序建构的突出特征。在本书案例中，资本下乡中企业主导的现代规则下乡在一定程度上遭遇了乡土规则的抵触，在乡土规则主导秩序建构的育村，企业的股份合作制设想被认为充满不确定性，而确定性是育村村集体的主要秩序诉求，于是，按价收租成为村企合作过程中村集体确定性追求的结果。

按照育村的设想，企业应通过租赁取得育村自建生产厂房的使用权，而不是通过股份合作来取得。相较于村企股份合作模式而言，村集体认为，按价收租的好处是育村每年可以通过收取固定租金来保障村集体收益，且育村本身无须承担合作风险。而村企股份合作方式不但不能保证育村在与企

① 张康之. 确定性追求中的政策问题建构[J]. 浙江社会科学，2014(10)：40.

业的合作过程中获取确定性收益,而且使得育村承担了额外的合作风险。在股份合作没有得到村庄层面同意的情况下,企业最终选择了村集体的按价收租方案。至于租金,村集体认为以村集体投资额度的8%~10%作为租金额度比较合理,理由是参照政府扶贫资金收益标准执行。企业对此持有不同看法。企业认为,若按照育村的要求执行,则意味着企业每年要向育村缴纳25~30万元租金,这对于企业而言是不公平的。原因是育村生产厂房建设并不是真正按照企业的生产需求进行的,若按照企业的生产需求进行厂房建设的话,育村的投资额度至少要减少三分之一,这也就意味着企业可以少支付三分之一的租金。再者,育村提高生产厂房建设标准是私利行为,这一行为并没有为企业的正常生产活动带来便利,反而给企业的生产活动带来了不利的影响,增加了企业在生产环节的投资额度。如果按照育村的投资额度来计算租金,企业就成了村企合作过程中的"冤大头"。由此,在村企合作方式确定后,租金问题又成为村企合作中的新问题。企业的利益诉求是厂房租金额度要适当降低,并且,企业认为每年向育村缴纳15万元租金是合理的。而育村认为,若是只能够收取15万元租金,村集体还不如将厂房用以存储煤炭赚取租金,每年至少能保证20万元的收益。在育村与企业因租金额度僵持不下的情况下,J县人大主任卢某生建议企业要适当考虑村集体的利益诉求,毕竟企业在村庄的生产经营活动要依赖村集体组织协调,不宜因为一点租金而影响企业与村庄的合作关系。最终,在政府的干预下,企业同意了村庄的利益诉求,并签订了厂房租赁合同。

厂房租赁合同

本合同由甲乙双方在真实、平等、充分表达各自意愿基础上,围绕实施乡村振兴战略,推进乡村产业振兴,打造具有区域特色的黑木耳品牌,带动农民群众脱贫致富;充分发挥专业合作社的桥梁、纽带和资源整合作用,带动和服务群众,激发群众内生动力;依托企业技术支持,发挥企业市场主体作用,建构小农户与现代农业有机衔接机制等任务,经双方友好协商,就厂房租赁达成协议,并由甲乙双方共同恪守。

1. 乙方筹集资金建设一座位于育村范围内的标准化厂房，用于黑木耳菌包生产和黑木耳加工存储，厂房建设规划和技术要求由甲方提供，规划设计所产生的费用由乙方承担。厂房须在2018年9月前交付。

2. 厂房需配备水、电、进厂通道等基础设施，以满足正常生产需求，水电等有关技术指标由甲方提供。乙方配套修建工厂的水泥硬底化道路，并与工厂一起交付。

3. 厂房租赁费用为每年20万元。日后若甲乙双方协商一致后采取股份制形式进行深度合作，可另行签署股份合作协议。双方约定自厂房及配套设施建设完毕交付甲方之日起计算租金，年度租金平均分两批次进行支付，分别于每年7月底和12月底结清。

4. 甲方负责提供黑木耳菌包生产设备和技术，负责种植管理技术培训。乙方承诺在厂房周围流转集约土地10亩，免费交给甲方进行示范种植。

5. 甲方以不高于市场价将生产的菌包销售给专业合作社，由专业合作社发动J县有种植意愿的农户进行种植。甲方生产服务性岗位优先聘用贫困户和育村村民。

6. 甲方承诺对专业合作社组织生产的黑木耳(干货)进行保底收购，具体种植合同于每年8月份与专业合作社另行签署。

7. 本合同自签字之日起生效，有效期为10年。除不可抗力因素外，双方不得擅自解除合同。若发生违约行为，违约方须向守约方支付违约金30万元。

8. 本合同未尽事宜，由甲乙双方本着友好协作的精神，另行协商解决，并作为本合同的补充部分，具备同等法律效力。

9. 本合同一式两份，由甲乙双方各执一份。

甲方:N农业公司　　　　乙方:育村村民委员会

法人(授权)代表:×××　　法人(授权)代表:×××

2018年3月1日　　　　2018年3月1日

村企租赁合同的签订代表着企业与村庄正式契约关系的建立,契约关系界定了双方的权利与义务,合法有效的契约关系受国家法律的保护。可以说,契约关系是现代规则的具体表现形式,契约下乡也是现代规则下乡的重要组成部分。中国自古以来便有浓厚的契约传统,地契、房契、婚契等契约关系成为规制利益主体关系的重要手段。但是,传统的契约关系主要是在纵向上发挥作用,即主要体现国家与公民的权利义务关系,而在横向上则主要依靠传统的乡土规则发挥作用,比如村规民约等,而这也使得中国传统的民间契约关系具有显著的非强制性特征。纵向上的契约关系即使遭到破坏,也鲜见有人将"官府"诉至公堂,因为强大的"官府"本身就是契约关系的建构主体和裁定者,统治集团与农民的契约关系更多地体现了统治集团的集权过程和农民对统治者的依附关系。

对农民而言,纵向契约关系的建构过程则是其追求外部确定性的过程;而从横向上来看,契约关系的建构不仅在效力上缺乏强制性的支撑,而且在契约形式上也缺乏规范化的表达。时至今日,这一现象仍然出现在广大农村地区。以农村土地确权和土地流转为例,从纵向上看,土地确权实则是国家与农民契约关系的建构过程,在这一过程中,农民对国家的土地确权行动表现出强烈关注,农民对自身的土地权益可谓"锱铢必较",其目的在于追求自身土地权益的外部确定性;而从横向上看,农民的土地权益具有内部确定性特征,这种确定性主要依赖于同质度较高的乡村熟人社会中的乡土规则,例如,在广大农村地区,土地流转大多以口头约定形式进行,无须签订土地流转合同,且这一过程能够保持长期有效的秩序稳定,其主要原因在于乡土规则塑造了共同体内原始的、自然的信任关系,但是,当异质性因素渗入乡村社会后,乡土规则的效力便呈现出不断弱化的倾向,其对乡村社会秩序的规制作用也呈现出有限性。在本书案例中,伴随着资本下乡,乡村社会渗入了大量的异质性因素,这一过程中企业主导的现代规则下乡与传统的乡土规则不断碰撞,在现代规则与传统乡土规则的双向挤压过程中,乡村社会遭遇了秩序危机。

二、乡土规则运行下的秩序冲突

乡村社会秩序运行有其内在逻辑。乡土规则既是乡村社会行动主体建构秩序的基本准则,也是乡村社会秩序逻辑的产物。乡土规则生产包含了规则本身的产生、传承与发展,并在这一过程中不断生产出地方性知识,而地方性知识反过来强化乡土规则的秩序建构能力,在演进中寻求一种规则遵从的秩序平衡,最终形成个体与社会之间互构的行动逻辑。① 乡土规则演进的过程实质上也是乡村社会异质性因素增长的过程。乡土规则的演进往往与现代规则的渗入相伴相行,这一过程中乡土规则与现代规则各自引导着社会主体的行动路径,规则差异直接映射了社会主体秩序逻辑的错位。当错位的秩序逻辑相互交织,主体间的秩序冲突也就难以避免。在本书案例中,企业主导的现代规则下乡并不能为农民的现实行动提供遵循,农民的行动更多情况下仍要受乡土规则的支配。而乡土规则的强大支配力源于其特殊的生成机理。

(一)宗族认同:乡土规则的生成机理

莫里斯(Aldon D. Morris)曾指出“从出生到死亡,人们一直嵌入在文化的背景当中,这种文化背景为他们提供了信仰体系,帮助指导他们的行动,并向他们灌输意义和提供领悟力。但是,他们当中没有一个是孤立的文化行动者,因为他们还嵌入于结构的背景当中,这一结构背景形塑了他们的行动,并限制了他们的选择”②。封建社会时期的中国乡村社会在某种程度上是一个宗族型社会,宗族社会的形成根源于乡村社会的血缘、地缘和业缘关系。在封建社会时期的乡村社会,血缘相亲使得人们消除了陌生感,建立了

① 李容芳,李雪萍. 乡土规则的生产:地方性知识的行动逻辑——基于丽江“斋女”现象的研究[J]. 云南社会科学,2017(06):130.

② 艾尔东·莫里斯,卡洛尔·麦克拉吉·缪勒. 社会运动理论的前沿领域[M]. 刘能,译. 北京:北京大学出版社,2002:399.

基本的信任关系,成了人际交往和社会关系建立的纽带;地缘相近使得人们的日常接触具有天然的便利性,为血缘关系的延伸提供了空间基础;业缘相依是农业社会的基本特征,在生产力水平低下的传统农业社会,人们不得不在生产活动中互帮互助、协作生产,以此获得生命存续的物质基础。可以说,血缘关系是宗族社会的基础,特殊的地缘关系和业缘关系进一步强化了基于宗族文化认同的共同体社会。在宗族化的乡村社会里,血缘关系是权威内生的基础,处于血缘脉络上端的长者天然地拥有智慧、威望和能力等品格,并通过这些品格衍生出的权威维系着族群的生产生活秩序。这种独特的血缘理性,是祖先赋予同一血缘关系的人的权利,人们通过对这种权利的运用,建构了乡村社会的行为准则,即乡土规则,进而为乡村社会的运转提供了内生性的秩序支持,最终建构了社会与国家的共荣共生关系,在这一关系框架下受宗族规制的家户承担着最"私域部分"的社会功能,国家承担着最"公域部分"的社会功能。① 伴随着人类历史的进步,虽然超脱于血缘、地缘和业缘关系的利益日益凸显和重要,但千百年以来形成并传承至今的血缘理性在现实生活中仍然发挥着不可忽视的作用,并以文化沉淀的方式构成了我国治理体系内生性演化的历史底色,提供推进国家治理体系和治理能力现代化的历史标识。②

育村是一个典型的宗族型村庄。育村村民以黄姓为主,丘姓次之,兼有少部分杨姓、钟姓等。黄姓集中分布在村内老屋片、岗背片和坝里片,丘姓主要聚集在南坑片和曾坑片,杨姓、钟姓等则主要聚集在曾坑片。据村内长者讲述,育村之所以形成以"片"为单位的地缘格局,主要是因为宗亲关系。历史上,黄姓刚迁居至此时,集中分布在老屋片。后来,随着子嗣繁衍,村庄内部形成了不同的"房",由于人口增长,原有的聚居地已经不能满足人们生产生活的需要。于是,不同的"房"围绕着老屋片分散居住在不同的片区,形

① 邓大才.国家治理视角下的家户功能及中国经验——基于"深度中国调查"材料的认识[J].政治学研究,2018(04):13.

② 徐勇.祖赋人权:源于血缘理性的本体建构原则[J].中国社会科学,2018(01):114-115.

成了育村今日的地缘格局。村内不同姓氏建有不同宗祠,不同房支有各自的祠堂,不同片区也建有各自的祠堂,诸如大黄屋六世永泰公祠、丘氏七世开基宗祠、钟姓颍川堂等,且随着时间推移,这些宗祠大多几经修缮和重建。“祖祠祖墓,祖宗所凭依之地,即子孙僾见忾闻之地。自天子以至于士庶,分位虽别,而思成展敬之心,则一也。故祠宜勤修葺,毋浪置秽杂诸物,毋听其漏湿倒塌”①。村内祠堂的主要作用在于供奉祖先,同时也是村内举办宗族内红事、白事等公共活动的场所,还是解决村内宗亲纠纷、化解宗亲矛盾的神圣殿堂。

时至今日,为加强宗族的凝聚力和向心力,育村经常会举办大型宗族公共活动,其中以春分祭祖最为隆重。以黄姓春分祭祖为例,每年春分,黄姓都要举办盛大的祭祖活动。祭祖活动需要提前安排谋划,并需要专人组织协调,普通人家为了祭祖活动往往主动解囊,捐钱捐物。在祭拜环节也有讲究,祭拜顺序依次是三世祖坟、一世祖坟、二世祖坟。以这三块坟地为中心,形成了黄氏宗族以血缘为纽带的内部强大的文化认同圈层。前来参加祭祖活动的人群还包括附近乡镇的黄姓人士,这打破了地缘上的界限,凸显其血缘及文化认同。其中,尤以一世祖坟、二世祖坟的祭祀规模最为盛大,有数以万计的黄姓人士参与其中。修缮宗祠、举办宗族性公共活动等,强化了乡村社会的宗族文化认同,也在一定程度上建构了乡村社会的行动秩序。

据黄氏族谱记载,“宗族虽纷,本初只是一人。若恃富贵而欺贫贱,逞强众而凌弱寡。我则快矣,祖宗保无怨恫?故平时当以雍睦为心,循分敬谨,谦卑逊顺。有善则相劝,有过则委曲开示,有事则彼此商酌。参而行之,和意蔼蔼,自无乖戾”。② 据育村原党支部书记黄某佑讲述,改革开放以后,育村的山林管理工作十分严格。为了加强村内山林管理,在20世纪90年代,政府专门为其颁发了持枪证并配发了枪支,要求他定期进山巡查,以防范村民私采滥伐。而当时只要抓到偷伐村里树木的村民,或者抓到村民举报的

① 信息来源于蕉岭黄氏族谱编纂委员会编撰的《广东蕉岭黄氏族谱》。

② 信息来源于蕉岭黄氏族谱编纂委员会编撰的《广东蕉岭黄氏族谱》。

偷伐树木者,村庄往往不是将其送到派出所进行法办,而是按照村庄自己的方式予以解决。黄某佑回忆道:

> 有一次,村民向我举报一个村民偷砍了树运到家里,我立即召集村里的党员干部,一起去了偷伐树的村民的家里。我先是问他为什么砍树,他说要拿来卖钱,我就问他这树是你家的吗,他说不是。那我说不是你家的为什么你可以砍来卖,是你力气最大吗。这个时候偷伐树的村民已经感到羞愧,说不出话了。我就说既然你犯了错,拿100元出来请族人看电影,向族人当面说对不起,说自己不应该偷砍树。结果这个村民就着急了,忙说再也不敢了,不要让他在族人面前丢脸。俗话说得好:"人活脸面树活皮,不怕上级怕族亲。"村里人往往不怕上级但怕邻里宗亲,所以,我要通过这种方式教育村民。最终,这个村民偷砍的树木由村里没收,充为公用,比如锯开分给大家烧火用等。

乡土规则在一定程度上发轫于乡村社会的宗族文化网络,村规民约、族规祖训、习俗惯例逐步演化为宗族共同体的行动遵循。乡土规则的生成与乡村社会特殊的血缘关系、地缘关系和业缘关系有着直接的联系,血缘、地缘和业缘关系的特殊性直接塑造了乡村社会同质性的公共空间,这种同质性最终体现为乡村社会相近的文化网络和相连的利益格局。文化更具有持久性和生命力,在乡村社会得以不断传承。当前,乡村社会仍然保留有大量优秀的传统文化资源和传统治理资源,这些优秀的传统文化资源和传统治理资源的形成往往与宗族网络有着十分紧密的联系,它们是中华民族的宝贵财富,在某种程度上延续着中华文化的火种,是中国人的根与魂。从这个意义上讲,乡土规则实质上是一种文化规则,基于社会成员的文化认同,形成了乡村社会隐性的"文化权力",规制着乡村社会的秩序运行。而面对国家治理体系和治理能力现代化的时代任务,如何实现乡村传统文化资源和治理资源的现代性转换成为新的时代命题,这一命题的本质是如何实现乡土规则与现代规则的接洽与融合。

(二)规则碰撞:产权与收益单位的分合

规则差异必然引致行动路径差异,行动路径上的差异则可能直接导致秩序冲突的发生。社会主体的行动都是在既定规则下进行的,符合公共规则的行动在理论上不会引致行动者之间的利益冲突。也就是说,社会主体在不刻意破坏公共规则的前提下,良好的秩序总能得以保持。反过来讲,公共规则引导下的秩序冲突根源于公共规则的错位配置。一般来说,公共规则具有公共性和普适性,这也是保障公共规则被有效执行的前提和基础。但是,公共规则也有一定的地域性特征,此种情况下,公共规则的执行被限定在某一社会共同体内,呈现出有限的适用性。当不同的社会主体重新建构共同体时,首先要进行规则的调适,否则规则差异就会成为共同体建构过程中的障碍,因为行动者对于指导其行为的规则的不同理解和偏好,会导致其采取不同利益取向的行为选择,进而引发冲突。① 在本书案例中,企业与村庄两个社会主体原本从属于不同的共同体,其所认同和执行的规则本身便呈现出显著的差异性。为了发展产业项目,企业与村庄要进行共同体建构,在共同体建构过程中,企业行动遵循自身的规则认知,而村庄的行动同样遵循自身的规则认知,而两者所遵循的规则本质上是不同的。如果两者不进行有效的规则调适,则意味着企业与村庄在共同体建构过程中存在秩序冲突的可能性。

在N农业公司与育村签订合同的过程中,双方在租金的支付问题上产生了不同的意见。按照N农业公司的说法,厂房建设用地及厂房产权归属于育村村民委员会,其合同的签订方则必须为育村村民委员会,而且租金也要按照合同约定支付给育村村民委员会。但是,育村南坑片、岗背片的村民对此持有不同意见,参会代表拒绝签署企业草拟的合同文本。原因在于,育村南坑片、岗背片的村民认为厂房建设用地位于南坑片和岗背片,拟

① 袁方成,侯亚丽.公共冲突治理的绩效差异——基于规则“生产-执行”框架的经验分析[J].上海行政学院学报,2019,20(03):39.

用于厂房建设的土地自古以来就属于南坑片、岗背片的公共财产，而不属于整个育村。所以，N 农业公司应该同育村南坑片和岗背片签署合同并将租金支付给两个片区。但是，企业认为育村南坑片和岗背片仅仅是育村的片区而已，不具有法人资格，根本无法与其签署合同。至于租金支付的问题，企业表示只能与育村村民委员会对接，而育村如何与南坑片、岗背片进行租金收益分配则属于育村的内部事务，N 农业公司无权进行干涉。最终，在村民代表会议上，企业建议为加快项目落地，育村村民委员会应尽快与其签订合同，如果合同不能签订，就意味着产业项目"流产"。至于育村内部的利益分配问题，企业坚持应由育村内部自行解决。于是，在企业的施压下，黄某铎力排众议，由育村村民委员会与 N 农业公司签订了租赁合同，南坑片、岗背片的村民代表被迫在合同上签了字。黄某铎在村民代表会议上说道：

> 当前，主要问题是把合同签下来，把产业项目尽快落地在育村。至于其他细节可以再开会商量，村里一定会保证南坑片的利益。但是，现在谁要是闹意见，阻拦村里与企业签订合同，那就是破坏育村发展的大局，大家谁都不会同意。合同签订后，有什么想法我们村里自己商量，跟人家企业没有关系。如果村里因为这点小事，一直拖着不签合同，那企业怎么开展接下来的工作。我们要有大局意识，不能因为一点蝇头小利就丢了育村发展的大机会。

在这一过程中，企业的做法无可厚非，企业遵循基本的公共规则与育村签订合同，这既是对自身利益的维护，也是对育村利益的保障。一方面，按照现代公共规则，合同的签订主体必须要具有独立的法人资格，而南坑片和岗背片不具备签订合同的资质，根据《中华人民共和国村民委员会组织法》规定，南坑片和岗背片不拥有厂房建设用地的产权，无权处置村庄的公共资产。若企业与南坑片、岗背片签订合同，则合同本身就不具有法律效力，更遑论利益保障问题。另一方面，按照现代产权理论，主张谁所有、谁受益，厂房建设用地的产权归村集体所有，土地租赁收益自然应该归属于村集体，而非南坑片和岗背片。企业之所以提出由育村内部自行解决其利益分配问题，并非因为企业认可乡土规则，这只是乡土规则与现代规则碰撞情境下的非利益性顺从，这种顺从本身并不关涉企业的利益，但直接影响着企业与村庄的谈判成本和效率。从育村内部来看，南坑片和岗背片的利益要求也并非是“胡搅蛮缠”。育村自分片聚居以来，片区内土地、山林等公共资源的使用、收益和处置等权利一直为片区所拥有，也就是说，片区内的公共资源资产的产权实质上归属于片区，而村集体的所有权根本上是被“虚置”的。但是，由于村庄的行政建制安排，从法律层面上将原本由片区实质占有的所有权划归于育村村集体。在没有利益纠纷的情况下，现代规则主导的产权安排与乡土规则主导的产权安排并不必然发生冲突，乡村社会仍旧按照乡土规则主导的秩序进行生产生活。可以看出，乡村社会的文化底色、权力结构以及外部压力等因素深刻影响着产权过程，并最终通过治理绩效表现出来。① 这一问题也反映出现代规则下乡的艰难处境。国家主导的公共规则下乡在很多情况下遭遇了乡土规则的稀释。而一旦出现利益纠纷，现代公共规则与乡土规则的碰撞就在所难免。本书案例中，现代规则与乡土规则碰撞的结果是产权单位与收益单位的分离状态。虽然村集体与南坑片、岗背片在外部压力驱动下最终完成了产权单位与收益单位的合一，但这仅仅是形式上的合一，根本上缺乏稳定性和持续性，一旦村集体与南坑片、岗背片在利益分配上失序，必然会引致利益主体间的利益秩序冲突，冲突的结果极易造成利益主体间更大的间隙。所以，在此情况下，村庄产权单位与收益单位的分离是实然状态，产权单位与收益单位的合一仍旧处于应然状态，而利益的发生为这一状态形式上的变化提供了契机。

（三）祖宗与神明：分配失序下的暴力抗争

宗族认同是乡村社会秩序内敛的动力机制，形塑了乡村社会的凝聚力和向心力。但是，乡村社会基于宗族认同的秩序内敛也有其限度，这种限度

---

① 邓大才．通向权利的阶梯：产权过程与国家治理——中西方比较视角下的中国经验[J]．中国社会科学，2018(04)：42.

主要源于乡村社会空间结构的两重性和文化圈层的差序性。从乡村社会的空间结构来看，对于宗族共同体而言，讲究“内外有别”，宗族共同体的形成本身便有抵御外侵的作用。在宗族共同体的利益遭受外人侵袭时，共同体成员往往能够一致对外，维系宗族共同体的利益。从乡村社会的文化圈层来看，虽然大家同属于一个宗族共同体，但是在共同体内却表现出“远近有别”，而这种文化圈层的差序性在一定程度上稀释了宗族共同体的凝聚力和向心力。宗族共同体内也有利益之争，当利益分配失序时，这一文化圈层的差序性便会直接体现出来。由此，相关的利益主体便会重新建构其行动路径，最终极易引致宗族共同体内部的秩序冲突。“内外有别、远近有别”自古以来就是乡村社会独特的文化标识，而且这种判定有其正当性的来源。“内外有别”的正当性来源于祖宗授权，是一种血缘理性；“远近有别”的正当性则来源于祖宗授权基础上的“神明”，是一种信仰理性。当宗族共同体内发生秩序冲突时，祖宗授予的正当性便面临着失效的风险。为了获得宗族共同体内部行动的正当性，其必须要寻找更高层次的正当性来源，以支撑其行动，这一更高层次的正当性来源渠道便是“神明”。当然，这只是对乡村社会崇尚祭神祭祖的一种尝试性的政治社会学解读，但为我们理解宗族共同体内部的秩序建构过程提供了一个通道。

育村南坑片主要以丘姓村民为主，岗背片则主要以黄姓村民为主，他们分属于不同的宗族共同体。N农业公司与育村村民委员会签订合同后，南坑片、岗背片便立刻与村集体商谈租金的内部分配问题，商谈的最终结果是育村村民委员会作为育村的合法自治组织，是村集体的唯一合法代表，负责整个育村的公共事务，理应获得租金的绝大多数。最终，育村村民委员会决定收取租金的三分之二，而南坑片、岗背片作为厂房建设用地所在片区，可以均分剩余三分之一的租金。对这一分配结果，南坑片和岗背片极度不满，认为南坑片和岗背片至少应该各获得租金收益的三分之一，而育村村民委员会最多获得租金收益的三分之一。对南坑片和岗背片的利益诉求，村集体予以果断否决。村集体认为企业的租金反正要汇入村集体账户，即使南坑片和岗背片不同意村集体的分配方案，其对村集体也没有任何办法。而育村南坑片和岗背片对村集体的"无理"要求没有妥协,随后两个片区的村民便来到镇政府"闹事",他们表示厂房建设用地占用南坑片和岗背片共有的山地、水源,两个片的村民坚决不同意,并向政府施压"宁可不要钱也不允许动那片地",坚决要求终止厂房建设。南坑片和岗背片给出的原因是厂房建设行为会引起水土流失、破坏生态环境,同时也会破坏两个片区的"风水"。最终,黄某铎被镇政府叫到现场进行调解,但终究也没有协商解决,两方不欢而散。在政府没有"主持公道"的情况下,南坑片和岗背片的村民直接进入厂房施工现场,强行逼停正在施工的机械,并破坏相关物料。在此种情况下,厂房建设被迫中断,而企业与育村也面临着毁约风险。

其实,南坑片和岗背片在这一行动过程中遵循着不同的逻辑,但最终却呈现出行动秩序的一致性。因利益分配失序而发生冲突时,丘姓村民与黄姓村民采取了抱团抗争的方式,这一集体行动产生的主要原因是宗族共同体正当性的替代和让渡。对于南坑片而言,现代公共规则授予的合法性最终被祖宗授权的正当性替代。南坑片的丘姓村民认为厂房建设用地是祖宗留下来的财产,必须要守好用好,财产收益只能归属于南坑片,不能授予他人,否则就是对祖宗不敬。其次,育村村民委员会的办公地点选址在老屋片,老屋片主要是黄姓村民的聚居区,且村民委员会的干部大多由黄姓村民担任。南坑片村民潜意识里认为村民委员会实则是黄姓和老屋片的利益代表机构,而非南坑片的利益代表机构,村民委员会不是"自己人",而是"外人"。遵循"内外有别"的秩序逻辑,南坑片的抗争行为就不难理解。而对岗背片而言,与老屋片虽然同属于黄姓宗族共同体,但其行动所遵循的逻辑并非是"内外有别",而是"远近有别"。在岗背片村民看来,育村村民委员会收取租金肯定主要用于老屋片的建设,不会用来建设岗背片。用自己的资源资产换来的收益却不能由自己支配和使用,岗背片自然不能同意。但是,其必须要为自己的行动寻找正当性的来源,而这一行动正当性的来源便是"神明"。由此,祖宗授权的正当性让渡为"神明"授权的正当性。育村村民自古以来对水源表现出神圣的敬畏。据实地观察,育村范围内有小河、水沟的地方均建有"桥头伯公婆之神位",且每逢佳日都会有附近村民前来祭拜,在神位前时常看到鞭炮屑、纸灰和香灰,可见这里的人们对水有特别神圣的敬畏。据村内长者讲述,追溯到清朝时期,村内为争夺水资源就时常发生大规模械斗,可见其对水资源的重视。岗背片村民认为,厂房建设肯定会破坏水源,而厂房建设之地是岗背片乃至全村的饮用水源地,如果对其产生破坏是对“神明”的不敬,若不加以阻止,肯定会引怒“神明”,破坏岗背片的风水,断送岗背片子孙后代的前途命运。

在这一过程中,宗族共同体的利益秩序从内外两个方向遭受了冲击。从宗族共同体内部来看,岗背片的黄姓村民参与了片区的暴力抗争行动,从而解构了宗族共同体内部原有的稳定的利益秩序,祖宗授权的正当性在一定程度上被消解,而“神明”授予的正当性占据了主导位置,在“远近有别”的逻辑下,敬畏“神明”自然要先于敬畏祖宗;从外部宗族间关系来看,不同宗族分属于不同共同体,祖宗授予的权利要求他们必须为维护宗族共同体利益而采取行动。所以,南坑片的暴力抗争行动仍然受到“内外有别”这一逻辑的支配。但是,不可否认的是,利益的发生为秩序的演变提供了前提和基础,相关主体的一切行动都是围绕利益而进行的。

(四)资本逃离:地方性知识的挤压

美国人类学家克利福德·吉尔茨认为,知识构成总是与当地人的生产条件、生活习俗、文化情境和价值观紧密相连,并将其称之为地方性知识。[①]“知识总是在特定的情境中生成并得到辩护的,因此我们对知识的考察与其关注普遍的准则,不如着眼于如何形成知识的具体的情境条件”[②]。本书所指的地方性知识的主要样态表现为乡村社会的村规民约、族规族约、习俗惯例等。乡土规则的形成本质上是地方性知识塑造的结果。而在资本下乡中渗入乡村社会的现代性因素,在一定程度上总是面临着地方性知识

① GEERTZ C. The integrative revolution: primordial sentiment and civil politics in the new states, In C. Geertz(Ed.), Old societies and new states: The Quest for Modernity in Asia and Africa[M]. New York: Free Press, 1963: 105-157.

② 盛晓明. 地方性知识的构造[J]. 哲学研究, 2000(12): 36.

体系的挤压。当然,地方性知识的存在有其合理性,对建构乡村社会秩序发挥了重要作用。但是,地方性知识塑造的乡土规则具有天然的封闭性和稳固性,其对现代公共规则下乡带来的挑战亦不可忽视。在本书案例中,育村村民对祖宗和"神明"的敬畏情愫便源于对地方性知识的运用,这直接破坏了现代公共规则主导下的契约建构过程,最终导致育村与企业的毁约结果。

按照N农业公司的生产计划,生产厂房须在当年九月份完工并投入使用,按照测算,即使育村按照原本与企业签订的合同履约,留给厂房施工的时间也已经十分紧张,必须要加班加点才可完成施工任务。而南坑片和岗背片的暴力抗争行为,则直接导致育村村民委员会与N农业公司签订的租赁合同无法有效履行。这导致N农业公司的设备安装无法如期进行,生产计划无法如期实现。而此时,前来参观N农业生产经营活动的M县D村对N农业公司的黑木耳项目表现出极大兴趣,并表示愿意与N农业公司合作发展黑木耳扶贫产业项目。相较于育村而言,D村的优势在于拥有现成的厂房设施。前些年为了发展金柚产业,D村建设了规模庞大的金柚产业园,产业园内建有十余座标准化的钢结构厂房,但是大多数厂房处于闲置状态。这些厂房的结构标准与N农业公司所要求的厂房建设标准差异很小,只需要稍加改造便可以投入使用。随后,N农业公司派员前往D村就厂房情况进行考察,结果是D村的厂房适合黑木耳菌包生产。在此种情况下,N农业公司基于理性考量,为不耽误生产计划而撤出育村,进驻D村。于是,N农业公司与D村签订了厂房租赁合同,并启动生产设备的购置和安装工作。虽然企业与育村的合同已经失效,且合同违约方是育村,但N农业公司并未按照合同约定向育村索要违约赔偿。一方面,N农业公司的驻地毕竟在J县,为维系企业与地方政府的关系,企业决定放弃索要违约赔偿。另一方面,育村拥有发展黑木耳产业所需要的优质的生态环境,虽然厂房建设计划落空,但企业表示,育村村民仍然可以种植黑木耳,企业可以将在D村生产的黑木耳菌包运至育村,供村民种植。对于企业的离开,当地政府表示理解,并希望将来育村厂房建设完成后,企业仍然可以继续与育村合作发展黑木耳产业。对此，企业表示同意。对于黄某铎而言，其并没有放弃这一产业项目，其希望尽快找出化解村庄矛盾的办法，把企业重新请回育村。

可以看到，资本下乡中企业主导的现代规则下乡并非能够有效参与到乡村社会新秩序的建构进程中来。受地方性知识体系的挤压，现代性因素的生存空间有其限度。从乡村发展的实际情况来看，现代规则在一定时期内仍要让位于主导乡村社会秩序建构的乡土规则，主要原因是地方性知识具有内生性特征，且在乡村社会独特的文化网络中表现出强大的生命力。但是，也要看到，地方性知识的生成主要基于利益主体的生存逻辑，这些地方性知识的应用场景主要呈现为共同体成员对生存空间的自我保护，本质上是农业社会思维惯性下乡村社会秩序建构的风险控制机制。而企业主导的现代规则下乡主要基于利益主体的发展逻辑，且这种发展主要依托于市场，是农村市场化的间接体现。而农村的市场化发展也意味着潜在的市场风险侵袭，这恰恰与农民生存逻辑主导下的地方性知识体系要求相背离。从这个意义上而言，农民的毁约行动其实具有自我建构的合理性，这种合理性本质上来源于地方性知识的“情境条件”，这为我们理解企业与村庄的毁约风波提供了另外一个视角。但是，地方性知识体系对现代性的挤压也是基本事实。从企业的角度而言，地方性知识塑造的乡土规则体系不具有促进利益发展的可能性，所以，其主张用现代规则替代乡土规则。规则只是服务于目标的技术手段。当利益主体的目标追求发生错位时，作为技术手段的规则便只能“短兵相见”。由此，也反映出乡村社会公共规则转型的困境和建构乡村社会新秩序的难度，而推动地方性知识体系的现代性转换是具有现实可能性的折中路线。

三、政府参与下的乡土规则再造

利益主体合作失灵具有复杂的生成逻辑，这一生成逻辑主要表现为合作环境中公共事务的叠加与社会信任的缺失、合作主体有限理性的桎梏与治理能力的失衡、合作网络的规则缺失与内在价值困境。① 育村产业项目遭遇的合作失灵既是乡土规则与现代规则角力的结果，也是利益主体信任关系失效、乡村治理能力滞后的结果。企业资本逃离后，地方政府和村集体并没有停止产业项目运作，而是重新寻找解决办法。从政府角度而言，其将产业项目遭遇困境的主要原因归结于乡土规则与现代规则的冲突。但其也认为这与乡村治理的失效有着内在关联，因为有效的乡村治理必然能够实现对乡土规则与现代规则的调适与均衡。消除和规避乡土规则在村庄产业项目发展过程中的负面影响，是解决育村产业项目所面临问题的关键。由此，政府参与下的乡土规则再造成为地方政府化解育村产业项目危机的突破口。规则再造的过程实质上就是规则重新定义的过程。人们一旦接受了一种定义，就会进入一定的思维框架中，并为这一框架所规范，形成思维定式。② 规则再造需要具备一定的条件，遵循基本的原则。一般意义上，规则再造的路径有两种，一种是基于共同需要的原则，利益主体在平等、互惠、自愿的基础上建构共同遵循的行为准则；另一种是基于特殊需要的原则，合作主体中的一方往往借助强制性手段推动规则再造。

（一）寻找土地：选定新址与产权重构

育村黑木耳产业项目遭遇资本逃离危机后，县镇政府便参与到产业项目危机化解行动中来。针对厂房建设用地选址问题，县镇政府的一致意见是重新寻找合适的土地。因为在矛盾已经激化的情况下，规则冲突变得难以调适，如果继续在原址启动厂房建设，必定会引起更大程度的抗争行动。于是，在县镇主要领导的协调下，县镇国土部门随即配合村集体重新选定厂房建设用地。按照县镇国土部门的意见，厂房建设新址最好选择在老屋片内，这样能够有效规避宗族间、片区间的利益矛盾。经过勘查，村集体认为

① 姜庆志. 我国社会治理中的合作失灵及其矫正[J]. 福建行政学院学报，2015(05)：26.

② 徐勇. 用中国事实定义中国政治：基于“横向竞争与纵向整合”的分析框架[J]. 河南社会科学，2018(03)：26.

老屋片有两处闲置土地可以利用,符合厂房建设用地规模需求。其中一处山地位于天汕高速公路广福隧道以西,面积大约为50亩,处于闲置撂荒状态。据黄某民讲述,以前修高速公路隧道时,施工方在此处修建了一个弃土场,以便堆放不需要的沙土弃料,而现在闲置撂荒的地方就是当时的弃土场。当时,这片土地先是以租赁的方式租给了高速公路施工方,租用期是两年。后来,村民得知施工方租用土地是用于堆放沙土弃料,便不同意继续租用。无奈之下,高速公路施工方便报请政府对该片土地进行征用。这片土地原属于老屋片,具体征用地块是山林下坑里的几分田,但经过后期堆积沙土、石头等废弃料,几分田最终演变成了现在的几十亩,并且占用了山林。但是,关于这片土地的产权问题村民各有说辞。根据黄某民的说法,这块土地的产权归属于他,凭证是高速公路隧道修建时施工方相关负责人与他签订了合同,合同中标明高速公路施工方当时将这片土地赠予了他。但是,由于沙土和弃料的填埋和堆积,原本的土地面积扩大了10余倍。而村民黄某生对黄某民宣称拥有该片土地的产权持有不同意见:

> 想要在那块所谓的划给黄某民的地上建生产厂房必然会有问题,肯定有争端。土地又不是你黄某民的,你黄某民在这里边才有多少地。这个要搞的话问题就大了,不搞肯定没事。你说地是你的谁都不会争,但是你动一下试试。之前的两分地变成了两亩田,后来又变成了几十亩山林地,那肯定不能这几十亩都是你的,人家知道你这个田原本有多少分地。我们都在那里种过田的,你说了有什么用。而且,土地经过填埋后占用了林地。如果说几十亩都是你的,你的田从什么地方买来的?你买山林了?谁敢卖给你!原本的田地转让一下子变成了涉及林地的转让,必然存在不合法、不合规定的问题。当时这里面必然存在不合理交易问题,肯定有猫腻。这片地方当时征地时涉及8户人家。如果要搞厂房建设,租金收益如何给当时的8户人家分配,是按照原来的面积去分,还是按照现在的面积去分?

村集体建议的另一选址位于村内游泳池下面的一块林地,面积约为30

亩,产权归属也不清晰。但是,这块土地被国土部门划定为生态林,不能用于厂房建设。而且,这一地块位于村庄生活区,本身也不宜用于厂房建设。于是,厂房新址只能选定在"弃土场"。而"弃土场"实质上也处于产权模糊的状态,这就意味着合理的利益分配难以实现,有可能再次导致利益分配失序,进而引发村民的暴力抗争。所以,在厂房建设用地的选址问题上县镇政府和村集体都持审慎态度。其实,正是"弃土场"模糊的产权状态为政府重新建构产权秩序提供了可能,最终在政府的参与下对"弃土场"产权关系进行了界定。"弃土场"的产权关系实质上在修建高速公路时已被转换为国有建设用地,但当时征用的土地面积十分有限,仅为高速公路旁侧山沟里的几分地而已,远不是现在的土地规模,现在的土地规模主要由沙土和弃料堆积而形成。一方面,黄某民宣称的高速公路施工负责人将土地赠予自己的事情在法律上不被允许,所以其主张的产权关系不能成立。另一方面,现如今黄某民担任村民小组长和村民代表,为了不影响其在村民小组内的权威,其也不可能为一己私利破坏集体利益。最终在县镇政府和村集体的见证下,黄某民公开表示放弃其主张的"弃土场"产权权利,并愿意为厂房建设贡献个人力量,担任生产厂房建设监督员。由此,"弃土场"的产权纠纷不复存在。在县镇国土部门的主导下,"弃土场"的产权划归于育村村集体,产权权利由育村村民委员会行使。

如上文所述,规则再造呈现出两种进路,一是基于共同需要的内生性规则再造,二是基于特殊需要的强制性规则再造。而"弃土场"产权关系再造的过程属于第一种进路。占用土地兴建生产厂房,发展乡村产业是宗族共同体的需要,为了共同体利益的实现,共同体内的个体意志表达和利益诉求需要无条件服从这种需要。这一内生性的规则再造过程被收缩在特定的空间内进行,最大限度地排除了异质性因素的影响。在这一过程中,乡村社会"内外有别、远近有别"的秩序逻辑失去了发挥作用的土壤。虽然这一过程也伴随着乡土规则的运行,但是乡土规则的运行空间并未超出同质程度较高的片区——老屋片。在此种情况下,黄某民的利益诉求既不符合现代产权规则,也不符合祖宗教化、族规祖训,原有的乡土规则需要让渡于共同需要的新乡土规则。而新乡土规则的生成是现代公共规则与旧有乡土规则相互调适的结果,调适的过程伴随着现代性因素的融入。同时,在这一过程中,政府成为现代公共规则的供给主体,为乡土规则的内生性再造提供了有效的需求对接和外部保障。

(二)利益均沾:秩序建构的均衡过程

马克思指出"人们奋斗争取的一切,都同他们的利益有关"①。利益是人们在一定经济关系中实现其需要而形成的社会关系。在一切社会关系中利益关系是最根本的,最直接的。社会发展都以经济关系为基础,而经济关系首先是作为利益关系表现出来的。政治的根源是利益,政治是利益的集中表现。② 公共领域需要公共利益,公共利益的根本特点是其间接或直接的可分享性。③ 虽然在政府的参与下,乡土规则得以再造,新秩序得以建构,但是利益分配仍是这一过程中不可回避的关键问题。如果利益分配再次失序,来之不易的新秩序就可能重蹈覆辙。也就是说,在没有搭建起合理的利益分配格局之前,新秩序是脆弱的,这一新秩序极易在利益纷争环境中陷入失序状态。合理的利益分配是新秩序建构的均衡过程,只有合理的利益分配才能为新秩序的有效运转提供内在动力,也才能够检验和提升规则的有效性。

育村村集体吸取之前与南坑片、岗背片利益分配失序的经验教训,在老屋片选定厂房新址并进行土地产权重构以后,专门召集村干部和村民代表就土地租金收益的分配问题进行讨论,并邀请乡镇政府驻村干部现场指导。这一次利益分配关涉的片区主要为老屋片,于是村集体首先征集了老屋片村民代表关于租金收益分配的意见。老屋片村民代表的意见是:虽然现在选定的厂房建设用地产权已经划分清楚,归属于育村村集体,但是这块土地

① 马克思,恩格斯.马克思恩格斯全集:第1卷[M].北京:人民出版社,1995:82.

② 张江河.论利益与政治之基本关系[J].吉林大学社会科学学报,1994(04):83-85.

③ 詹世友.公共领域·公共利益·公共性[J].社会科学,2005(07):64.

毕竟在老屋片的范围之内,厂房施工过程中难免需要老屋片的配合。老屋片村民代表建议村集体适度让渡一部分租金收益给老屋片,至于收益分配的额度,参照原先南坑片和岗背片的分配方案即可,也就是老屋片收取租金收益的三分之一,村集体收取租金收益的三分之二。另外,作为对涉事村民黄某民主动放弃权利主张行为的肯定,老屋片村民代表建议在厂房建设过程中可以聘请其为村内的施工监督员,在工程建设期间给予其每月 1000 元的补贴,补贴从老屋片所得收益中支出。对老屋片的利益诉求,村集体在商议之后认为可行,于是关于租金收益的分配方案最终确定下来,随后村集体与老屋片签订了内部收益分配协议。同时,在乡镇政府驻村干部的建议下,村集体通过召开村民代表会议,就租金收益的使用问题进行了规范,村集体认为租金收益作为村庄内的公共利益,不得用于与村庄公益事业建设无关的项目,租金收益的使用必须要符合村民自治程序,每一笔开支必须要经过集体研究,履行“四议两公开”和签审程序。老屋片的租金收益也要放在村集体的账户内,但要以专账的形式进行管理,租金收益主要用于老屋片的公益事业建设。村集体的收益则由村民委员会统筹安排使用,要照顾到村庄内其他片区公益事业的建设需要。对此,村民代表一致表示同意。由此,关于租金收益分配使用的细节也通过村民自治程序确定下来。在这一过程中,村集体的做法兼顾了对传统乡土规则与现代规则的运用,利益分配成为乡土规则与现代规则相互调适的技术性手段,通过建构合理的利益分配格局实现了乡土规则和现代规则塑造下的两种秩序的有效对接,从而达到了秩序建构的均衡状态。

如果利益主体按照各自认同的规则所主导的秩序进行利益分配,那么人们追求的“利益均沾”分配格局在多数情况下难以实现,因为“不患寡而患不均”只有在同质程度较高的共同体内才具有现实意义。囿于乡村社会宗族网络、地缘格局的影响,宗族共同体、片区的利益诉求在乡土规则的加持下,往往会扭曲现代规则所主导的利益分配秩序,这在育村南坑片、岗背片的利益分配实践过程中已得到印证。规则运行的过程便是秩序建构的过程,更是利益博弈的过程。利益主体之间遵循不同的规则逻辑,进行利益博弈,最终通过秩序结果表现出来。秩序稳定性根本上源于利益分配的合理性和规则的一致性。而规则一致性是前提和基础,有效的利益分配格局对规则基础上的秩序建构起到润滑和稳固作用。这一过程便是规则主导秩序建构的均衡过程。而秩序均衡的结果往往会有助于利益分配机制的有效运转,避免利益博弈滑向利益冲突,对社会主体的利益实现起到促进作用。同时,社会主体的利益实现往往会增强其对现有规则的认同,于是,规则再造的成果得以巩固。由此,形成了"规则再造—利益均沾—秩序均衡—规则认同"的良性循环机制。现实中的难点在于,这一良性循环机制如何开启,也就是规则再造如何切入这一运转系统。在本书案例中,规则再造的动力来源于利益主体自身的需求,而这一需求产生于合作主体间的冲突。可以看到,"冲突—需求—回应"机制启动了规则再造的"开关",虽然这一过程中有政府的参与,但政府所具有的强制性在该环节并没有发挥实质性作用,政府仅仅以引导者的角色存在。虽然本案例中的"冲突—需求—回应"机制能够成功启动规则再造程序,但必须要看到,社会冲突是有风险和成本的,况且这一机制本身便隐含着对既有秩序的冲击和破坏。所以,从某种意义上讲,这一机制不具有普遍现实意义。而且,这种需求是在冲突情景下产生的一种被动性需求,不具有秩序建构的内在主动性。所以,无论是现代规则下乡还是乡土规则再造,都迫切地需要一种合理有效的需求机制,这一需求机制的作用过程不应以社会冲突作为动力来源。

(三)程序再造:权力渗透与强制性矫正

程序主要体现为按照一定的顺序、方式和步骤来作出决定的过程。其普遍形态是按照某种标准和条件整理争论点,公平地听取各方意见,在使当事人可以理解或认可的情况下作出决定。① 结果正义的必要条件首先是程序正义,而程序正义并不必然导致实质性的结果正义。自村民自治制度实

① 季卫东. 法律程序的意义——对中国法制建设的另一种思考[J]. 中国社会科学, 1993(01):85.

施以来，国家通过专门法的形式对村民自治程序进行规范，为村民自治提供了有效的程序支持。从村民自治系统来看，村庄权力结构的形成依赖于村民自治的法定程序，正是国家主导的程序供给，重塑了村庄的权力结构和体系，为村民自治实践提供了外源性动力。但是，村庄权力结构具有高度复杂性，除上述法律赋予的"程序权力"之外，乡村社会的共同体精神在一定程度上塑造了另外一套村庄权力体系，这一权力体系具有显著的文化属性，是乡村社会内生性的"文化权力"。时至今日，乡村社会的秩序运行实则仍在"程序权力"与"文化权力"共同主导下进行，且这一现象在短时期内不会发生质的改变。从人类社会发展的客观规律来看，传统社会往往是以共同体精神为基础建构起来的，现代社会则是以社会精神建构起来的。① 随着经济社会快速发展，缺乏分层与社区记忆偏弱类型的村庄大量出现，如何在这些村庄中进行村级权力合法性建设，是农村研究的重要课题。② 而政府参与下的自治程序再造为我们展现了一种场景。

当厂房新址重新选定且利益分配达成一致意见后，县镇政府和村集体便重新邀请企业回到育村签约。按照县镇政府和村集体的设想，企业虽然已经从育村撤离，但这并不意味着双方之间合作关系的彻底终结，企业在育村生产厂房建设完毕后，可以将生产设备重新运至育村，或者重新购置一套生产设备，用于育村的生产厂房中，这对于企业而言也可以快速扩张生产规模。最终，J 县人大主任卢某生、F 镇党委书记陈某政和育村党支部书记黄某铎一起找到了企业负责人，并向企业表达了重新合作的愿望。企业对此表示同意。于是，育村与 N 农业公司的合作进程得以重启。合作关系重启后的第一件事便是重新签订租赁合同。与原先的签约程序不同，这次的签约活动是在县镇政府的共同参与下进行。在育村与 N 农业公司签约当天，J 县人大主任卢某生、F 镇党委书记陈某政等相关政府官员出席签约仪式。合

① 周建国. 权力渗透抑或共同体精神培育——新农村社会建设基本问题探讨[J]. 上海交通大学学报(哲学社会科学版)，2007(06)：34.

② 仝志辉，贺雪峰. 村庄权力结构的三层分析——兼论选举后村级权力的合法性[J]. 中国社会科学，2002(01)：158.

同文本的内容与上次签约所用合同文本的具体内容基本一致,只是签约主体发生了变化,增加了合作见证方——F 镇人民政府。在签约前,卢某生发表了简短的讲话。他强调,育村村民应该有契约精神,通过合法的村民自治程序确定下来的重大事项必须得到不折不扣的贯彻执行,否则难以立信,就没有企业愿意与育村合作了,育村的发展就会缺少市场的推动,就不可能持续。育村应该珍惜失而复得的签约机会,重新建立与企业之间的信任关系。政府参与进来的目的是保证育村与企业之间契约执行的有效性。契约签订之后若再出现毁约情况,政府将会支持企业按照合同约定向育村索赔违约损失,而且政府也要重新考虑对育村项目的支持。为了证明政府的决心和态度,F 镇人民政府以合作见证者的身份参与了签约活动,并进行了签字盖章。原本的两个合作关系建构主体变成了政府、村庄、企业三个主体。合约签订后,育村村民委员会将合同文本在村内公示栏进行了公示。由此,育村与企业基于新的契约关系重新建构了合作关系。

契约关系是现代社会秩序运行的重要基石。契约关系与市场经济及其法制化之间存在不可分割的联系,其作为调节社会的基本原则,是我国社会主义市场经济发展的必然要求。① 如前文所述,乡村社会自古以来便有契约传统,但传统乡村社会的契约关系规范化、法制化程度并不高,契约关系的维系往往建立在乡土规则所主导的社会秩序之中,契约关系主要接受乡村社会共同体精神的调节,而非由法律调节,更多的体现了一种软性约束。而现代规则主导下的契约关系对规范化、法制化程度的要求较高,对利益主体关系具有有效的规范作用,更多的体现了一种刚性约束。对于异质化程度较高的村庄和企业,由于其利益行动遵循不同的规则体系,其对契约关系的理解和执行便呈现出显著差异。而村企新契约关系建构过程中的政府参与,则试图改变这种失衡状态。通过政府权力的渗透,将政府的强制性向村企契约关系中传递,为契约关系的规范化和法制化提供外部支持,以此矫正

① 袁祖社. 契约关系的基本原则与马克思主义的契约观及其现代意义[J]. 新疆社会科学,2003(02):7.

乡村社会的契约精神。可以看到，这一过程的实现得益于政府对签约程序的再造。相较于“冲突—需求—回应”机制，政府通过权力渗透对乡土规则主导下的秩序进行强制性矫正，这一“权力—控制”机制能够最大限度地规避乡村社会因规则碰撞而引致的利益冲突，为现代规则主导下的新秩序建构提供了外部支持。虽然这一过程具有明显的阶段性、救济性特征，是特殊情境下的最优路径，也彰显着“有为政府”的内在要求，但是也应该看到，政府的参与在一定程度上引致了乡村关系的变化，增强了政府对乡村社会的控制能力。从较长时间段来看，中国基层民主的实践和发展长期以来都是在乡村社会内在需求与现代国家建构双向互动之中进行的，而问题的关键是，在国家与社会关系的张力中如何寻找“适度”与“过度”的微妙平衡点。①

（四）资本回流：乡土规则再造的效应

政府参与乡土规则再造一方面稳定了乡村社会的利益秩序，另一方面加速了村企信任关系的建构进程。政府参与下的乡土规则再造从内外两个方向同时进行，有效避免了乡土规则与现代规则的碰撞和冲突，实现了乡土规则与现代规则的对接。从乡村社会内部而言，政府参与了厂房新址的选定和土地产权关系的重构，并指导确定了租金收益分配方案，在一定程度上对乡土规则进行了矫正，从而稳定了乡村社会内部的利益秩序，避免了冲突的再次发生，为企业返回育村重新签约奠定了基础；从乡村社会外部而言，政府通过参与村企签约活动，对村民自治程序进行了再造，完成了政府权力的下移和渗透，对乡土规则进行了强制性矫正，稳定了村企之间的契约关系，实现了规则在村企间的双向认同，为村企信任关系的建构起到了催化作用。而乡村社会内部利益秩序的可控性、村企信任关系的建构为企业的资本回流创造了条件，凸显了乡土规则再造的效应。

---

① 马华. 村治实验：中国农村基层民主的发展样态及逻辑[J]. 中国社会科学，2018(05)：136.

育村与企业完成新一轮签约后，便开始了紧张的施工作业，得益于乡村社会内部良好的秩序环境，施工过程十分顺利，施工工期比原先预估的时间提前半月有余，若此时企业返回育村投入生产，对企业整个生产经营活动的影响十分有限。但是，企业毕竟已经撤离了育村，进驻了D村，此时不可能强迫企业与D村毁约重返育村。而首届中国农民丰收节的举办为企业重返育村提供了契机。2018年经党中央批准、国务院批复，设立"中国农民丰收节"，并于当年9月举办首届中国农民丰收节庆祝活动。按照首届中国农民丰收节的安排，M市作为全国六个庆祝活动主会场之一，向外界展示当地的丰收盛景。M市经过综合考察，最终将会场选址在D村。按照政府的规划，需要建设一处农民丰收节展馆，用以展示全省范围内的特色农产品。而丰收节展馆最终选定在N农业公司租用的厂房。于是，政府便与N农业公司交涉搬迁事宜。按照当地政府的说法，举办农民丰收节是党中央和国务院的决策部署，省委省政府、市委市政府高度重视，任何事情都要让位于农民丰收节活动的成功举办。最终，N农业公司接到政府的限期搬迁通知书，政府要求N农业公司从讲政治、讲大局的高度配合政府的决策执行，并同意就企业因搬迁造成的损失给予一定程度的补偿。由此，D村与N农业公司签订的租赁合同面临失效。但是，此次违约事件并非由D村主观意愿造成，在一定程度上属于不可抗力因素，所以D村与N农业公司不存在违约责任，且D村同意全额返还N农业公司已经支付的租金，并对企业建设的外挂生产厂房进行回购。对此，N农业公司表示同意。最终，N农业公司与D村协商解除了合作关系。育村得知上述情况后便迅速与企业进行沟通，表示愿意加快厂房建设进度，争取工期再提前，保证不耽误企业当年的生产进度，并邀请企业重返育村。企业在综合考量下，决定重返育村进行生产，于是便将在D村安装的生产设备连夜冒雨运至育村。由此，育村与N农业公司的合作关系得到了实质性再续，企业资本回流育村。

虽然企业资本回流与"意外"事件有关，但本质上是育村乡土规则再造的效应。因为企业在D村的厂房被征用时，当地政府和D村村集体向企业提出了继续合作的愿望，并表示为企业在金柚产业园内重新提供一处厂房，以满足其生产需要。但企业认为,在已经与育村重新续约且育村厂房建设工期不会给企业生产带来明显影响的情况下,与其搬迁至另一处生产厂房,不如直接搬迁至育村,因为育村已经具备了企业进行投资生产的内外部条件。可以看出,乡土规则再造重塑了村企间的信任关系,加速了企业资本回流的进程。但是,也要看到,整个事件发展至此,企业并未与农民直接产生实质性的利益关联,仅仅是与政府和村集体之间进行利益互动。虽然乡土规则再造为企业进驻育村扫清了障碍,但这并不意味着企业后续的生产经营不会遭遇乡土规则的阻滞。毕竟,企业的生产经营过程需要作为个体的农民深度参与其中,如果没有农民的参与,企业的生产经营活动则无法进行,企业进驻育村就毫无意义。

所以,如何实现企业与农民的有效对接对村企后续合作至关重要。但是,相对于村集体而言,农民的利益需求更为多元,利益关系更为复杂,乡土规则塑造下的农民行动惯性更为明显。此外,在当前背景下,政府权力在一定程度上难以直接触及农民的生产生活空间,难以有效均衡企业与农民之间的互动过程。这意味着资本下乡仍然面临着在乡村社会中作为个体的农民的挑战。如何建构农民与企业之间的良性合作关系,实现农民与企业之间有效的利益联结,保障农民合理利益诉求的实现,是企业顺利进入生产经营环节的关键。

四、企业参与下的乡土规则再造

熟人社会的关系取向在长期发展中形成并带有"圈子主义精神"的"熟人信任"。这种以亲缘和拟亲缘关系为基础的"特殊信任"关系是农民走向内部合作的行动逻辑,但同时也内在规定了合作对象及范围的"规模界限"。[①] 而农村市场化发展意味着对农民合作圈层"规模界限"的突破。"中

① 赵泉民,李怡.关系网络与中国乡村社会的合作经济——基于社会资本视角[J].农业经济问题,2007(08):40.

国农民本质上仍然属于小农，但已被卷入或融入一个高度开放的社会化体系中间，社会化水平之高史无前例”。① 在资本下乡中，企业的参与使得乡村社会的合作圈层向外延展，这一进程中农民与企业的互动受制于熟人社会特殊的信任关系取向，使得农企合作关系呈现出明显的张力。而乡村熟人社会特殊的文化网络结构最终是以乡土规则体现出来的，农企关系张力的形成便是乡土规则直接塑造的结果。乡村熟人社会共同体本质上是一个理性共同体，农民的个体理性经由乡村熟人社会关系网络的滋养，呈现出高度的同质性，农民个体理性的耦合是农民合作关系建立并保持长期稳定的根本。而农民个体理性的耦合形塑了乡村社会共同体精神，这种共同体精神以乡土规则作为工具性技术手段表现出来，最终形成农民个体交互的现实行为准则。如何实现企业理性与农民理性的耦合，是农村市场化进程中农企共同体建构的关键，而这一过程内含着企业对乡土规则的再造。

（一）拒绝签约：农民的理性选择策略

当企业与育村的厂房租赁合同签订后，企业随即转入与农民签订种植合同的环节。按照企业的计划，其要按照农民的种植需求进行黑木耳菌包的生产，即订单式生产。为了获取更多的生产订单，企业在育村开展了多次宣传推介会和种植技术培训会，向农民展示黑木耳种植收益和种植技术的可实现性。农民有迫切增收致富的愿望，当听到企业对黑木耳种植收益的宣传和企业对农民收益的兜底方案时，表现出极高的热情。对此，企业备受鼓舞，增强了对黑木耳产业项日取得成功的信心。但是，当企业准备好种植合同与农民签约时，情况却发生了反转，农民拒绝与企业签约。原因是黑木耳种植投资较大，企业的种植合同仅是一纸文本，如果黑木耳种植环节出现问题，抑或是企业自身出现问题，如何能够保障农民的利益不受损。虽然企业在合同中提出了保价收购的承诺，但农民认为其可信度并不高。

当年，我们村里种仙人草、甘蔗，也有企业承诺保价收购，我们

① 徐勇，邓大才. 社会化小农：解释当今农户的一种视角[J]. 学术月刊，2006(07)：5.

一下子就种植了好大的面积。但是,后来企业自己出了问题,没能力收购了,仙人草、甘庶最后都卖不出去了,损失还是由我们农民自己承担。丰产不丰收,可把我们农民害惨了。现在搞这个黑木耳种植,可比搞仙人草、甘蔗种植的投资大多了,翻了好几倍,别看企业现在宣传得多好,到时候真出了问题,怎么办?人家企业好办,大不了拍拍屁股跑路,受损失的可是我们农民自己,这个损失可承担不起。企业的合同签了也没用,关键还是得拿出诚意来让我们农民心里有底,否则没人愿意签这合同。

企业得知农民的顾虑后,随即对种植合同内容进行了调整,以向农民传递合作意愿。根据企业的设想,为了建立与农民之间的信任关系,企业对参与木耳种植的农民提供授信。授信的内容是农民在签订种植合同后仅需支付企业黑木耳菌包采购款的百分之五十,黑木耳菌包摆放至田间后再支付企业菌包采购款的百分之二十,剩余的百分之三十的菌包采购款从企业收购款中分三批次予以抵扣。由此,既可以减轻有种植需求的农民的投资压力,也可以向农民传递企业的合作诚意。企业调整后的合同文本内容如下:

黑木耳种植合同

经甲乙双方友好协商,就发展黑木耳产业合作内容及细节达成协议,并由甲乙双方共同恪守。

甲方负责提供×亩规模(即×万个)合格菌包给乙方,由乙方自行安排菌包种植事宜。菌包配送地点为种植地,配送费和装卸费由甲方负责。菌包在甲方的指导下由种植户进行摆放。甲方生产的菌包单价为人民币×元,菌包采购费用合计人民币×万元。乙方须在×日前将菌包采购费的50%(即人民币×万元)汇款至甲方账户。菌包摆置结束后将菌包采购费的20%(即人民币×万元)汇款至甲方账户。剩余30%菌包采购费(即人民币×万元)分3批次从木耳收购款中予以抵扣,每批抵扣人民币×万元。甲方提供黑木耳种植全流程技术指导和实地帮扶,针对种植环节举办黑木耳种植专题培训不少于5次。乙方负责选定×亩的种植地,尽量实现集约化种植,种植地点须具备黑木耳生长的生态环境。乙方按照甲方要求负责黑木耳种植期间的日常管理工作,确保实现精细化管理,保证黑木耳生长质量。甲方根据市场行情以不低于×元每斤(黑木耳干货)的价格收购乙方生产的黑木耳干货。甲方对乙方生产的黑木耳分3批次以上进行收购,收购方式为现款现货(前3批次扣除相应的菌包采购费用)。乙方须加强管理,规避木耳流失等问题,若因人为因素导致减产、毁坏等问题,甲方不承担相应损失。因菌包生产技术问题导致的损失由甲方承担。本合同未尽事宜,由甲乙双方本着友好协作的精神,另行协商解决,并作为本合同的补充部分,具备同等法律效力。本合同有效期限为一年,一式两份,由甲乙双方各执一份。

甲方:N农业公司　　　　乙方:种植户

××××年××月××日　　　　××××年××月××日

当企业将调整后的合同文本交与农民,并希望与农民尽快签订合约时,仍然遭到了农民的拒绝。虽然企业通过技术培训、兜底收购、采购授信等方式向农民表达了合作诚意,作出了让步,但是在农民看来,这仍然无法解决其参与产业项目的顾虑。如果企业与农民的签约行动无法有效进行,则意味着企业无法获得生产订单,其就不能贸然启动菌包生产。因为菌包生产结束后对种植时间有特殊要求,如果农民不参与菌包种植,对企业而言则要遭受巨大的生产损失。农民拒绝签约实则是农民理性的结果,农民理性直接驱动了农民的现实行动。在这一过程中,利益主体兼具合作理性。企业理性源于市场经济发展的内在要求,其必须通过市场经济背景下的现代规则约束合作主体不合理的谋利行动,维系自身生产经营体系的稳定。而农民理性则由乡村社会共同体精神所催生,农民的现实行动受这一共同体精神所塑造的乡土规则的支配。所以,农民理性与企业理性在本质上存在张力,最终体现为不同规则体系支配下的路径差异。在此种情况下,要实现利益主体行动的一致性,就必须对企业与农民之间差异化的规则体系进行有效调适,而规则调适的前提和基础是企业理性与农民理性的有效耦合。企业理性与农民理性的耦合结果便是企农共同体精神的形成,也只有这样,才能真正实现企农合作关系的建立。

那么,究竟如何才能实现企业理性与农民理性的有效耦合?企业与农民的行动策略同样呈现出显著差异性。在企业与农民的签约行动停滞不前的境况下,企业主动与农民展开了一系列需求对话。对话的最终结果是,企业可以寻找农民信得过的人为企农合作进行担保,农民也会推举自己信得过的人与企业进行交涉,以此搭建彼此间的信任通道。于是,企业理性驱动的结果是尽快寻找与农民建立合作关系的中间人,而农民理性驱动的结果是尽快推举与企业建立合作关系的代理人,以此加速企农合作关系的建立。这一策略的确能够为企业理性与农民理性的耦合提供通道,为不同规则体系的有效调适提供载体平台,也能为企农合作关系的建立提供桥梁与纽带。但是,这一过程的难点是如何实现企业中间人与农民代理人的有效契合。

(二)寻找中间人:企业的行动逻辑

如何降低交易成本是企业生产经营活动中必须要直面的难题。资本下乡中的企业受制于乡村社会独特的文化网络,潜在地增加了交易成本。而这一潜在交易成本的大小与合作主体间的信任程度高度相关。信任是除物质资本和人力资本之外决定一个国家经济增长和社会进步的一种主要社会资本,其对社会长期稳定和经济持续增长乃至经济效率的提高都具有重要作用。① 在资本下乡中要如何提高合作主体间的信任程度?虽然资本下乡中企业与农民间有效的需求对接、紧密的利益联结和合理的利益分配对建构其信任关系具有重要作用,但信任关系的建构根本上取决于合作主体的同质性程度。合作主体同质性程度偏低意味着其信任程度偏低,合作主体同质性程度较高则意味着其信任程度较高。事实上,资本下乡中的企业与农民同质性程度较低,主要原因是企业与农民分属于同质性程度较低的不

---

① 刘凤委,李琳,薛云奎.信任、交易成本与商业信用模式[J].经济研究,2009(08):60.

同社会空间,并受同质性程度较低的规则体系所支配。对资本下乡中的企业而言,其与合作主体同质性程度较低的局面难以在短时间内得以改变,因为企业与农民间的异质性因素是城乡之间长期分割积淀而成,这种城乡差别具有结构性特征,企业与农民之间的社会关系实质上由异质性结构所支撑。这一异质性结构直接由分属于不同社会空间的差异化规则体系所塑造。但是,随着经济社会的发展,乡村社会内部也出现了分层分化现象,一批有知识、有能力,具备一定现代性知识的村庄能人成长起来,并逐步引领乡村社会发展。对这一批人而言,其与企业间的异质性因素呈现出式微状态,同时其与农民仍旧保持着一定程度的同质性,只是这种同质性不断弱化。本书将这类人定义为乡村社会的中间人角色。在本书案例中,与农民签约屡遭碰壁后,企业转向俘获乡村社会中间人,通过发挥中间人的桥梁和纽带作用,建构企业与农民的合作关系。

企业首先将中间人角色锁定在黄某铎身上。企业认为:首先,黄某铎作为乡村企业家,其能够理解企业的行动逻辑,具有较强的现代规则意识,必然能够有效协调企业与农民的契约建构行动;其次,黄某铎作为育村党支部书记兼村委会主任,在群众中拥有较高的威望,能够较容易地获得群众的支持和信任。所以,在企业看来黄某铎是企业与农民合作的最佳担保人选。企业遂将上述想法告知了黄某铎。但是,黄某铎拒绝了企业的邀请。黄某铎认为,其育村党支部书记和村委会主任的身份角色与企业设想的中间人角色存在冲突。其作为育村党支部书记兼村委会主任,必须要时刻维护农民群众的利益,无法公正地兼顾企业的利益诉求,如果其作为企业与农民合作关系建立的中间人,对企业而言是不公平的。但是,黄某铎理解企业的难处,也想尽快促成企业与农民的签约行动,以加快产业项目进程。黄某铎提出,可以为企业推荐一名中间人。经过综合考虑,黄某铎认为黄某诚是比较合适的人选。黄某诚早年在深圳从事餐饮业,是黄某铎的小舅子,后来返乡在黄某铎的石场做工。黄某诚头脑灵活,且积极参与村内的公共事务,是育村党支部的后备干部人选。黄某铎认为正好可以通过此事锤炼他的能力,而且先前黑木耳在育村的试种工作便是由其主导进行,其对相关情况也比较熟悉。黄某铎遂将上述想法告知了黄某诚，并表示如果黄某诚有资金需要，其可以用私人名义向黄某诚提供帮助，黄某诚最终表示同意。而企业对黄某铎推荐的中间人人选也表示同意。按照企业的设想，由黄某诚成立专事黑木耳种植的专业合作社，由企业与合作社签订种植合同，合作社再与农民签订种植合同。作为对中间人的回报，企业承诺，每卖出一个黑木耳菌包，企业向合作社返利一毛钱，且合作社每代收一斤黑木耳干货，企业返利五毛钱。对此，黄某诚表示同意。由此，企业通过利益联结完成了对中间人的俘获，企业与农民的签约行动转嫁到由中间人主导的合作社身上，企业完成了对交易成本的有效控制。

随后，在企业的协助下黄某诚注册成立了专事黑木耳种植的专业合作社。经过黄某诚的游说和发动，初步确定了30亩的种植规模。于是，企业与合作社先期签订了30亩的种植合同，而合作社也顺利与农民签订了种植合同。从所签订的合同的文本来看，与之前企业提供的合同文本在内容上大同小异，并无实质性的变化。伴随着合同的签订，企业顺利启动了黑木耳菌包生产。仔细审视这一过程可以发现，这一中间人角色与企业存在一定程度的同质性，对企业主导的现代规则有着合理认知，同时这一角色与农民也存在一定程度上的同质性，由此，可以较为便利地获得农民的信任。正是由于中间人角色的双向同质性，将企业与农民的直接合作关系转变为间接合作关系。而中间人则与农民和企业双向度建立了直接合作关系。对中间人而言，其利用专业合作社搭建了企业与农民的利益缓冲空间，企业主导的现代规则与农民主导的乡土规则在这一缓冲空间内得以相互调适，最终实现有效对接。但是，也要看到，虽然中间人的参与促成了企业与农民间接合作关系的建立，保障了企业生产活动顺利进行，并潜移默化地影响着农民的规则认知，但如何规避中间人的角色诱变值得思考。一旦中间人角色失衡或诱变，则很难在降低企业交易成本和维护农民利益之间取得平衡，最终将直接影响企业已建立的合作关系，并引发新的秩序冲突。而农民之所以能够与由黄某诚主导的专业合作社签订合同，与农民推举的代理人有着内在关联，而代理人对中间人的有效制衡是防范中间人角色诱变的关键。

(三)推举代理人:农民的行动逻辑

纵览乡村社会发展历程,原子化的农民群体自始至终都有理性的代理人需求,这一需求在农民利益空间向外扩张的过程中表现更为强烈。而“拥有地方性和特定环境的知识的代理人实际上就发挥着导航员的作用,发展得以实践的关键是代理人”①。代理人的形成原则上必须要具备两个基本条件:一是显著的同质性趋向。代理人与被代理群体有着相同的社会背景(血缘、地域、文化等),具有内在基本信任关系,对规则认知呈现出高度一致性。二是较强的代理能力。代理人与被代理群体相比较而言,其必须要具备特定环境的知识,对利益实现过程中的现代规则具有一定的认知能力,能够合理引导被代理群体实现利益诉求,且能够有效应对利益实现过程中的潜在风险。从本质上而言,代理人必须具有内在收敛性和外在扩张性。代理人的内在收敛性是维护被代理群体利益,防范代理人诱变的内在要求,而代理人的外在扩张性是实现被代理群体利益发展的客观要求。在本书案例中,农民希望通过参与黑木耳产业项目增加收入,但是囿于参与能力不足而无法与企业建立有效的合作关系,在参与能力短时间内难以改变的情况下,其理性策略是通过推举合适的代理人来实现自身利益的发展。

有意愿参与黑木耳种植的农民首先将代理人选定为黄某铎。在农民眼中,黄某铎担任育村党支部书记兼村委会主任以来,尽心尽力为村庄谋发展,做了很多实事,群众看在眼里,记在心里。黄某铎也因此获得了较高的威望,赢得了育村农民的信任和支持。与企业寻找黄某铎承担中间人角色时的情况不同,黄某铎随即答应农民,表示愿意与企业进行沟通,最大限度地维护农民群众在参与产业项目过程中的切身利益。随后,黄某铎便以代理人的身份与角色与企业负责人和黄某诚就合同签订事宜进行了交涉。黄某铎对合同文本内容整体上同意,但对其中企业给予合作社的返利条款提

① 郑鹏,李婵娟,左停.发展与发展干预过程中的乡村代理人——基于宁夏回族社区设施农业发展项目的个案研究[J].华中农业大学学报(社会科学版),2013(05):99.

出了异议。其表示,黄某诚成立合作社虽然是为了企业与农民之间更好地进行合作,但必须要看到,专业合作社是农民的合作社,而不是黄某诚个人的合作社,如果合作社变成了黄某诚在企业与农民之间赚差价的机构,那就没有存在的意义。黄某铎认为专业合作社根本上是为农民服务的组织,专业合作社应该将企业的返利二次返还农民。黄某铎建议对合同文本中的返利条款进行修改,企业出售给专业合作社的黑木耳菌包单价下调一毛钱,企业从专业合作社收购的黑木耳干货每斤价格上调五毛钱。而专业合作社以企业给出的价格平价销售黑木耳菌包和回购黑木耳干货。对黄某铎提出的修改意见,企业表示,返利活动是企业与专业合作社之间的利益联结策略,如果专业合作社同意将企业的返利直接在销售和回购环节返还给农民,企业对此没有意见,可以对合同进行修改。而黄某铎则对黄某诚表示:

> 你一方面要为企业考虑,另一方面也要为群众考虑,如果你在企业和群众中间赚差价,群众要是知道了,那你的合作社也运行不下去,最终可能是满盘皆输的局面。党支部要培养你,你也要拿出实际行动来,让群众看到你是真心实意为他们着想,否则你以后怎么能有群众的支持,怎么能得到他们的信任。

最终,黄某诚同意了黄某铎对合同文本的修改意见,对专业合作社与企业签订的合同中的黑木耳菌包价格和黑木耳干货收购价格作了调整,而专业合作社与农民签订的合同中的有关价格和企业与合作社签订的合同中的价格保持了一致。当农民最终看到菌包销售价格与黑木耳干货收购价格分别进行了下调和上调后,将功劳归功于黄某铎,更加坚定了推举黄某铎作为其代理人的正确性。黄某铎也向农民解释了价格浮动的缘由,即黄某诚将合作社的利润直接通过价格调整返还给了农民,专业合作社存在的意义就是要为农民提供服务。由此,农民对专业合作社和黄某诚本人的信任感得以增强。这也为后来农民积极主动地参与专业合作社奠定了基础,为后来黄某诚作为新精英的诞生奠定了基础。在这一过程中,企业选定的中间人与农民推举的代理人在一定程度上实现了目标契合,目标契合的过程得益于代理人对中间人的有效制衡,而制衡的动力本质上源于中间人对代理人角色的诉求。中间人角色与代理人角色的均衡过程对“企业—合作社—农民”合作关系的稳定起到了促进作用,最终形成了企业、专业合作社与农民间的动态“三角平衡”格局。在这一格局下,企业与农民的契约建构最终得以完成,合作关系得以建立。此外,农民在与专业合作社签订合同的过程中表现出十分审慎的态度,这本身也折射出了农民契约精神的增强。

资本下乡中伴随着企业、专业合作社与农民之间动态“三角平衡”格局的形成,企业主导的现代规则下乡在中间人和代理人的参与下得以顺利进行,虽然这一过程有其限度,仍然受到乡土规则的牵制,但不可否认的是,伴随着农民利益诉求的不断增长,农民潜移默化中增强了对现代规则的认知和执行能力。伴随这一进程,与现代规则相冲突的乡土规则在一定程度上出现了“内卷化”趋向。而这主要得益于企业的参与和现代性因素的渗入。此外,这也反映出企业参与下的乡土规则再造进程呈现出渐进性特征,具有一定程度的内生性趋向。乡土规则的现代化转型之路不可能一蹴而就,其必然与乡村经济社会发展同频共振,而经济社会发展总是呈现出渐进性和阶段性特征。与此同时,伴随着乡村经济社会的发展,农民利益呈现出日益扩张的状态,这一内生性利益扩张进程必须要辅以现代规则的有效规制,否则农民的利益诉求将难以实现,甚至引发利益秩序冲突。由此,从农民的角度而言,乡土规则的转型升级也具有一定的内源性动力。

五、小结

随着经济社会的快速发展,现代规则下乡既是客观趋势,也是农村市场化的必然要求。尤其是伴随着乡村振兴战略的实施,现代规则下乡呈现出加速态势。重塑和再造乡村社会规则体系,推动现代规则下乡既符合农村市场化进程的需要,也是推进农业农村现代化的应有之义。但是,我们也要看到,乡村社会秩序长期以来都是由“土生土长”的乡土规则所主导,现代规则下乡背景下的乡土规则究竟何去何从引人深思。

乡土规则并非一无是处,其存在有其必然性和合理性。问题的关键是如何实现乡土规则的再造，以适应农村现代化发展所需。党的十八届三中全会提出，全面深化改革的总目标是推进国家治理体系和治理能力现代化。国家治理体系和治理能力现代化的根基在于乡村治理体系和治理能力现代化。而推动乡村治理体系和治理能力现代化就无法回避乡土规则再造这一客观现实问题。资本下乡为我们提供了审视现代规则下乡与乡土规则再造的实践场景。可以看到，企业主导的现代规则下乡并非易事，乡土规则主导的社会秩序也难以承载和驾驭农村现代化发展的时代之轮。而政府和企业参与下的乡土规则再造为我们提供了乡土规则再造的可能性路径。无论是政府参与下的乡土规则再造还是企业参与下的乡土规则再造，都是外力驱动结果，为重塑和再造乡村社会规则体系提供了外部动能。但是，乡村社会发展终究要依靠其内生动力，终究要坚持和尊重农民的主体地位，否则便是"本末倒置"。所以，推动现代规则下乡，实现乡土规则再造，首先必须要唤醒亿万农民群众的自觉意识，激活群众的内生动力。国家和社会则要为乡村社会规则体系的现代化转型创造良好的环境和条件。

第四章　农民再组织化与村社集体再造

农民合作问题是农村发展实践中不可回避的重大现实问题。对中国农民合作问题的研究,学术界形成了两大主流观点:一是认为中国农民善分不善合。孙中山在《建国方略》中直指中国人是"一片散沙","用世界上各民族的人数比较起来,我们人数最多,民族最大,文明教化有四千多年,也应该和欧美各国并驾齐驱。但是,中国的人只有家族和宗族的团体,没有民族的精神,所以虽有四万万人结合成一个中国,实在是一片散沙"①。梁启超认为,农民之所以不善于合,原因在于缺乏公共观念。② 晏阳初认为,农民具有典型的"愚穷弱私"特征,并倡导通过平民教育实践改变这种落后局面,强调"必须靠有知识、有眼光、有新方法、新技术(这些都是乡村人所没有的)的人与他们合起来,方能解决问题"③。曹锦清在《黄河边的中国》一书中指出,小农只顾眼前利益,看不到共同利益,善分不善合。④ 二是认为中国农民具有合作精神。胡振华等人认为,农民并不是天生的善分不善合,一切取决于

① 孙中山. 孙中山全集:第 6 卷[M]. 上海:中华书局,1985:412.

② 梁启超. 新民说[M]. 沈阳:辽宁人民出版社,1994:104.

③ 晏阳初. 晏阳初文集[M]. 成都:四川教育出版社,1991:260.

④ 曹锦清. 黄河边的中国[M]. 上海:上海文艺出版社,2000:167.

由时间、地点和条件所构成的农民利益。在利益的驱动下农民既善分也善合。① 徐鸣等人也认为农民有着互助合作的传统，只是这种合作局限于乡村社会特殊的血缘和地缘范围内，是村落熟人社会中的合作。② 在中国传统社会，农民基于农业生产和集体防御的需要，逐步建构起具有文化和血缘属性的村落共同体社会，村落共同体社会内生出基于生存需求的农民间合作关系，但是这种合作关系往往不是依靠组织化体系予以实现，而是更多地依靠乡村熟人社会的伦理规则。新中国成立后，国家通过农业合作化运动，主导建立了乡村社会的农民合作组织，实现了农民合作关系由伦理主导向组织主导的强制性变迁。互助组、生产队、生产大队成为集体化时期农民合作的主要组织载体。也正是基于此，真正意义上建构了乡村社会的"集体"概念。

随着农村家庭联产承包责任制的实施，乡村社会逐步从"大锅饭"回归至一家一户的家庭生产经营模式，原有的农村生产合作组织逐渐转型为农村政治组织，更多地承担着乡村社会的政治性公共事务，而乡村社会生产性公共服务则长期处于缺位状态。在这一时期，乡村社会的"集体"概念伴随着农村生产合作组织的转型而具有了强烈的政治属性，并延续至今。进入21世纪以来，国家为了解决农村生产性公共服务缺位问题，在农村开始了大规模的农民专业合作社建设，旨在重建农民合作关系。在本书案例中，企业为了降低生产成本，主导了农民的再组织化过程，企业通过选定的中间人，组织农民注册成立了一系列专业合作社，并通过合作社完成了企业的生产活动。一方面，农民通过参加专业合作社重新建立了农民间的合作关系，解决了乡村社会生产性公共服务缺位问题。另一方面，企业主导的农民再组织化过程实现了乡村社会的"集体"再造，这一过程中农民重新归属于不同的专业合作社，对"集体"形成了新的认知，并通过这种生产性"集体"组织实现了农民利益表达秩序的重构，且在一定程度上影响和改变了乡村社会的政治经济格局，呈现出显著的政治经济效应。

---

① 胡振华，陈柳钦. 农村合作组织的社会学分析[J]. 东南学术，2010(03)：24.

② 徐鸣，张学艺. 制约农民合作的传统文化因素分析[J]. 理论与改革，2014(06)：128.

一、农民再组织化:企业的治理逻辑

伴随着农村市场化进程,农民的组织化已经由政治逻辑向市场逻辑转变,农民必须以一定的组织化方式来应对外部市场的挑战。① 从农民自身角度而言,近年来,在广大农村地区掀起了农民专业合作社建设高潮,但是,各类农民专业合作社建设在一定程度上无法摆脱传统的农民合作路径,农民合作关系的建立往往不能规避乡村熟人社会中文化、血缘等因素的影响。这致使依托合作社搭建起来的生产性农民组织化体系呈现出高度封闭性,这一封闭性组织化体系无法有效实现农村生产要素合理高效配置,不能从根本上适应农村市场化发展要求。在本书案例中,企业为了降低交易成本,通过选定中间人的方式形成了企业与农民之间的合作纽带,但是,中间人与农民之间也有交易成本,且这一交易成本最终会通过生产成本转嫁到企业身上。所以,企业仅仅通过选定中间人来建立与农民的合作关系并不能从根本上对生产成本进行有效控制。现代市场经济环境下完善的组织化体系是企业降低生产成本,规避市场风险,实现要素有效配置的关键。此种情况下,农民再组织化成为资本下乡中企业稳定村企关系、企农关系,降低生产成本的基本逻辑。从企业角度而言,农民再组织化实质上是企业自身的生产成本控制机制,也是基于生产成本控制的风险规避机制和要素配置机制,而农民再组织化过程也是城乡间要素优化配置的过程。

(一)企业成本控制:农民再组织化缘起

有效降低生产经营过程中的交易成本是企业竞争力的重要体现,也是企业实现利润最大化的现实要求。而对于资本下乡中的企业而言,能否有效降低交易成本甚至直接关乎企业生存与否。在本书案例中,企业对交易

① 李庆召,马华. 价值与限度:农民再组织化与村级治理组织体系再造——基于广东省梅州市 F 村基层治理改革的思考[J]. 社会主义研究,2017(02):114-115.

成本的控制贯穿资本下乡始终。在政府引导企业资本下乡的过程中,企业谋求政府资源的隐性配置,实则是为了降低企业在资本下乡过程中潜在的制度性和非制度性成本;企业对村治精英的吸纳实则是为了消解企业进入村庄后遭遇地方性知识体系挤压所产生的额外交易成本;企业主导的现代规则下乡实则是通过契约约束以降低交易成本。可以发现,企业为降低交易成本所采取的上述策略主要发生在资本下乡的"事前"环节。对于进入生产环节的企业而言,如何在资本下乡的"事中"环节有效降低生产成本仍是其要面临的难题。

一般情况下,企业通过内化部分市场交易可以达到节省交易成本的目的,企业依靠自身组织管理体系将较高的交易成本内化为企业自身较低的生产成本,由此实现降低交易成本的目标。① 反过来而言,当企业的生产成本较高时,其也可以选择向外转移部分生产功能以降低企业自身的生产成本。在本书案例中,进入生产环节的企业无法通过内化部分市场交易的方式进行生产成本控制,原因在于企业所发展的黑木耳产业项目属于劳动密集型和季节性农业产业,其无法将参与产业项目的农民悉数纳入企业自身的组织管理体系中。一旦企业选择将农民纳入企业自身组织管理体系中来,则意味着由此而产生的生产成本要远远高于企农合作关系所裹挟的交易成本。在企农合作关系建构过程中,如果企业选择与农民直接进行合作谈判,则意味着企业要面临巨大的谈判成本。企业虽然通过选定中间人有效降低了企业与农民之间的交易成本,但是也要看到,中间人与农民之间的交易成本虽然因其两者之间的同质性而得以降低,但无法从根本上解决企业进入生产环节后的生产成本控制问题。所以,在资本下乡中建构稳定的企农合作关系,合理转移企业的部分生产功能,是企业降低自身生产成本的必由之路。但是,农民若要承接企业的部分生产功能,则必须依赖于组织化的管理体系,否则农民本身无法在利润与成本之间取得平衡。由此,企业主

① 胡浩志.企业失灵:一个交易成本经济学的分析视角[J].财经科学,2008(12):66.

导的农民再组织化成为企业降低生产成本的理性选择策略。

企业主导农民再组织化的目的是降低企业生产成本。企业主导农民再组织化本质上是一个经济过程,这一过程遵循市场化逻辑。纵览中国农民组织化历程会发现,传统社会时期的农民组织化主要依托乡村社会的宗族组织得以实现,这一基于生存需求的农民自组织化在一定程度上满足了村落共同体生产生活的需要。新中国成立以后,通过农业合作化运动,农民依托原有的宗族组织体系,重新被纳入生产队、生产大队等组织体系中,完成了国家主导农民组织化建设任务。在这一时期,农民组织化服务于新生政权建设需要,遵循计划经济逻辑,由行政主导完成,农村的生产队、生产大队隶属于人民公社管理。集体化时期农村生产队、生产大队不单单是经济组织,其也承担着乡村社会的公共管理事务,最终塑造了农村政经不分的基本格局。随着人民公社解体和村民自治制度实施,以村民委员会为代表的村民自治组织成为乡村社会的组织主体。村民委员会大多数由农村原有的生产大队转型而来,而原有的生产队往往演变成了村民小组。从《村民委员会组织法》来看,村民委员会和村民小组主要承担乡村社会的政治性公共事务管理,而非承担农村生产性公共服务。农村生产性公共服务随着“包产到户”的实施,被家庭组织承载。由此,家庭成为农村主要的生产组织单位,并延续至今。

近些年来,随着家庭农场的出现和规模扩张,家庭单位作为乡村社会的主要生产性组织,其生产能力得以强化,生产规模不断扩大,但是仍未冲破乡村社会既有的生产组织体系。而家庭作为单纯的生产单位,其不具备公共性,更不具备组织和管理乡村公共事务的基础和条件。由此,乡村社会专事生产服务的组织体系长期以来处于缺失状态。随着农民专业合作社的兴起,育村也注册成立了诸多农民专业合作社,例如烟叶专业合作社、仙草专业合作社等,但是这些合作社在农业生产经营过程中所发挥的作用十分有限,农民成立合作社的目的主要是领取国家补贴,农村生产经营性组织发展滞后局面并没有从根本上得以改观。受制于乡村社会的封闭性,这些农民专业合作社大多“名不副实”,在某种程度上其与传统的家庭生产单位具有较高程度的同质性。时至今日,农民仍然难以冲破家庭这一生产组织体系的束缚,其生产经营能力根本上难以有效适应农村市场化发展的要求。

在资本下乡中,企业基于生产成本控制需要,具有吸纳农民参与的内在动力。而企业基于交易成本控制需要,则将分散化的农民参与推向了再组织化。资本下乡中的企业为了降低成本,需要吸纳农民参与并把农民重新组织起来,通过建构乡村社会内部新的生产组织管理体系来满足企业的生产需要,实现企业生产功能的外部转移,这是企业主导农民再组织化的现实需求。按照企业的设想,通过中间人注册成立专业合作社,进而吸纳村民加入合作社,合作社主要承担企业委托的生产任务,生产所需原材料和生产设备由企业提供给合作社使用,合作社具体负责黑木耳菌包的生产和黑木耳种植管理工作,不需要进行生产投资。与此同时,企业在生产环节负责向专业合作社提供技术培训和实地指导。由此,企业在生产环节不再需要面对个体的农民,而是由中间人主导的专业合作社具体负责农民的组织和生产工作。而生产环节的相关费用由企业与专业合作社进行结算,合作社再与农民进行二次结算,最终形成"公司+合作社+农户"生产组织管理体系。通过建构"公司+合作社+农户"生产组织管理体系,企业的部分生产功能被转移到合作社内,企业、合作社与农民在这一体系内做到了分工明确、职责清晰,又相互联系、协同配合。这一过程中企业的生产指令直接传递至合作社,合作社将生产指令二次传递至合作社内的农民,由此,企业与农民间的交易成本伴随着企业生产功能的转移一同被转移至合作社。中间人主导的合作社与农民能够较容易地建立起信任关系,由此,合作社对企业与农民间的交易成本具有内在的稀释和消化作用。同时,企业生产功能的转移也有效规避了企业与农民间的交易成本向企业自身生产成本转化的可能。可以看出,企业借助中间人的力量,依托专业合作社推动农民再组织化,既可以有效降低企业与农民间的交易成本,也可以降低企业生产环节的生产成本。

(二)向政府说好话:重新俘获中间人

企业选定中间人的过程伴随着企业对中间人的俘获。企业对中间人的俘获原本是由企业主导的利益联结完成。但是,由于农民推举的代理人的干预,企业与中间人的利益联结策略最终告以失败,如何重新完成对中间人的俘获是企业借力中间人完成农民再组织化的关键所在。正如马克思所言:“人们奋斗所争取的一切,都同他们的利益有关。”①迎合并实现中间人的利益诉求是企业重新俘获中间人的根本之策。在契约建构过程中,企业通过经济利益输送完成了对中间人的俘获,这一时期中间人的利益诉求主要是经济性的,其希望在企业与农民之间赚取经济利润。但是,随着农民代理人的干涉,中间人的利益诉求发生了变化,其对政治利益的诉求占据了主导地位,经济利益则居其次。政治利益主要是指参与政治生活满足政治需求的利益,是对政治需要的满足。② 中间人希望在企业与农民之间发挥纽带作用,促成产业项目尽快落地实施,进而获得政府的认可与褒奖和村民的信任与支持,为其谋求村干部身份积攒资本。而企业要想重新完成对中间人的俘获就必须要回应并满足中间人的政治利益诉求。当中间人的经济利益诉求被农民推举的代理人中断后,中间人仍然选择继续担当中间人角色,是政治利益诉求驱动的结果。但是,随着中间人利益诉求的转变,其与企业的关系也呈现出一定程度的离散性,为了获得村民的信任与支持,其在企业与农民之间必然偏向农民一端。如果企业不能尽快完成对中间人的重新俘获,则意味着企业原本选定的中间人可能会背离企业的初衷。企业重新俘获中间人的关键是回应并满足中间人的利益诉求,而企业回应并满足中间人利益诉求的前提是完成对中间人利益诉求的有效甄别。

随后,企业负责人便找到中间人黄某诚,表达了企业通过“公司+合作社+农户”组织农民参与生产的设想。黄某诚对企业的设想表示支持并愿意加入合作社,但对企业提出的由黄某诚牵头注册合作社并组织农民参与合作社的设想,黄某诚则没有明确表态。企业进一步表示,企业可以为合作社负责人提供一定的费用补贴,用于支持合作社负责人开展工作。对此,黄某诚

① 马克思,恩格斯.马克思恩格斯全集:第1卷[M].北京:人民出版社,1995:82.

② 曹晓飞,戎生灵.政治利益研究引论[J].复旦学报(社会科学版),2009(02):104-105.

予以果断拒绝。其表示,成立合作社的初衷是帮助和服务农民参与产业项目,如果自己在企业与农民间赚取利润,消息传出去将会对自己的形象造成不良影响,不利于自己以后竞选育村村干部。黄某诚表达了自己的想法,其可以出面注册合作社,并尽力组织农民参与合作社,但合作社的具体事务可以交由其他人管理。黄某诚进一步表示,企业为了提高管理人的积极性可以对其进行一定的补贴,毕竟合作社是为企业进行生产,管理人的积极性直接影响合作社的生产效率。黄某诚表示,如果企业认为其提供的方案可行,他可以负责选定具体负责合作社事务管理的工作人员。企业最终接纳了黄某诚的建议。于是,黄某诚便着手进行合作社的注册,并担任了合作社的法定代表人。合作社注册成立以后,黄某诚随即选定了黄某发作为合作社具体事务的管理人。黄某发同黄某诚是同龄人,从小一起长大,黄某诚在外从事餐饮经营时黄某发便是其餐饮店的厨师,后来随着黄某诚返乡,黄某发也一同回到育村。在育村,黄某诚的众多事务也是交由黄某发打理。这一过程中企业逐步完成了对中间人利益诉求的有效甄别。在企业看来,虽然黄某诚对经济利益有着强烈的内在需求,但其遭遇了表达困境。表达困境形成的主要原因是黄某诚作为中间人其内在的利益诉求冲突。对黄某诚而言,其首先是理性经济人,追求个体经济利益最大化本无可厚非。但是,在这一特殊环境中,黄某诚追求利益最大化的过程被认为是与民争利的过程。而黄某诚要实现个人的政治目标必然离不开村民的认可与支持,此种情况下黄某诚对经济利益和政治利益的追求无法兼存。同时,黄某诚潜意识中认为其对经济利益的追求是阶段性行为,且获取经济利益的过程具有极高的不稳定性,而政治利益则具有长期性和稳定性,其能够借助政治利益满足其他利益需要。为了实现个人的政治目标,黄某诚必须暂时放弃对经济利益的追求,转而谋求个人政治利益。

企业明确中间人的利益诉求后便对其进行了重新俘获。企业重新俘获中间人依赖于企业自身拥有的政治资源。按照企业的说法,其到育村投资发展黑木耳产业得到了县镇政府的大力支持。自该产业项目实施以来,企业已经与县镇政府建立了紧密的合作关系。更为重要的是,县政府间接持有企业的股份,企业在某种程度上可以影响政府的决策。如果黄某诚在协助企业推进产业项目实施过程中表现出色,企业可以在县镇政府主要领导面前为其说好话,使黄某诚尽快进入县镇政府的视野范围内,进而获得政府的认可与支持。同时,企业认为其到育村投资是育村村集体极力争取的结果,随着产业项目落地,企业无形中也能够对村集体施加影响力,企业可以建议村集体将黄某诚作为后备干部进行培养。而且,县镇政府也能够对村集体施加压力,向村集体建议后备干部的培养人选。由此,企业既为中间人提供了干事创业的平台,以此获得村民的信任与支持,也为其提供了外部助力,以加速其进入村两委干部队伍的进程。但是,企业“向政府说好话”的前提是作为中间人的黄某诚必须要全力配合企业的生产工作,通过合作社实现农民的再组织化,进而有效承担企业委托的黑木耳菌包生产工作。随后,黄某诚表示自己清楚企业在当地的影响力,其一定会全力配合企业,吸引更多农民群众加入合作社,为合作社承担并完成企业的生产任务奠定基础。黄某诚还表示,其作为合作社的带头人,将全程参与黑木耳菌包生产、黑木耳种植管理、黑木耳代收等工作,争取让企业把生产成本降到最低,使参与合作社的农民实现增收致富,让政府、企业和农民满意。可以看到,企业通过自身拥有的政治资源,以“向政府说好话”的承诺重新完成了对中间人的俘获。实践证明,中间人在农民再组织化的过程中发挥了至关重要的作用,正是依托中间人对农民的有效组织和管理,合作社真正意义上成了农民再组织化的有效载体。

(三)为政府造亮点:寻求政府支持

企业完成对中间人的重新俘获后转而寻求政府对农民再组织化的支持。在育村产业项目实施过程中,政府始终强调要在发展乡村产业过程中“形成可推广可复制”的经验,要重点探索乡村产业发展体制机制。对政府而言,简单的事务性工作已经越来越无法满足其政绩需求。只有在体制机制上进行创新,才能真正扩大政府事务性工作的影响深度和广度,才能真正降低政府的治理成本,进而形成政府政绩新的增长点。J 县作为省市级乡村振兴综合改革试点县，每年都安排专项财政经费用于支持农村发展体制机制改革创新。2017 年，J 县和 F 镇政府将 30 万元的农村综合改革专项财政扶持资金用于扶持该镇 H 村的鹰嘴桃产业，而扶持的对象为 H 村鹰嘴桃种植专业合作社，目的是探索产业合作社发展体制机制。但是，受制于鹰嘴桃的产业特性，该产业专业合作社将财政扶持资金主要用于了鹰嘴桃基地的基础设施建设，合作社在组织农民、服务农民和管理农民方面并没有发挥实质性作用，没有形成“可推广可复制”的经验，最终没有达到政府的预期。而当时与 H 村产业合作社竞争该财政扶持项目的人中便有育村的黄某诚。但是，黄某诚所申报的项目因缺乏有效的产业支撑而最终落选。而此时的黄某诚认为，其注册成立合作社的主要目的就是组织农民参与育村的黑木耳产业项目，且这一产业项目本身就是县镇政府支持的重点富民产业项目，理应获得县镇政府的支持，更何况其主导的合作社与企业建立了良好的合作关系，形成了“企业+合作社+农户”的组织管理体系，这在一定程度上是对农村发展体制机制的创新。黄某诚向企业表达了争取政府支持的想法，并希望由企业出面与政府沟通，原因是黄某诚潜意识中认为企业更能够影响县镇政府的决策结果。企业对黄某诚的想法表现出极大兴趣，并向黄某诚承诺愿意出面跟县镇政府沟通，争取将本年度的农村综合改革扶持项目交由黄某诚主导的专业合作社。

企业同意中间人要求的原因主要有两点：一是回应企业对中间人的承诺。企业要想稳固与中间人的合作关系，其必须让中间人认为企业的承诺是可信承诺。当中间人主动谋求企业为其“向政府说好话”时，企业必须要对之前的承诺作出回应，否则企业的承诺就面临着失效风险。一旦企业承诺失效，则意味着企业与中间人合作关系的离散，其对中间人的重新俘获将再次遭遇失败。况且，这一过程中中间人是为合作社谋求发展，而不是为一己私利，合作社争取到政府的财政扶持对企业而言有利无害。所以，实践过程中企业选择为中间人“向政府说好话”是企业可信承诺的彰显，有利于稳固企业与中间人的合作关系。二是回应政府的政绩需求。在资本下乡中，政府引进企业发展乡村产业这一行为具有双重目标。一方面，政府通过引进企业发展乡村产业，激活乡村发展活力，推动富民增收，以此回应农民群众日益增长的利益诉求，此为政府行动的内部目标；另一方面，政府还注重在产业实践过程中形成“可复制可推广”的经验，推动农村发展体制机制改革创新，努力实现产业项目的“扩散效应”，进而影响和辐射更广层次和更大范围，此为政府行动的外部目标。通常，在社会流动缓慢、信息较为闭塞的情况下，政府政绩主要来源于其内部目标的实现，但是，随着社会流动加速和信息公开化、透明化，政府内部目标的实现往往具有局限性，政府必须要借助外部目标的实现，实现政府政绩产出最大化，这也为当前各级政府注重实践经验集成和体制机制创新提供了一个解释视角。

> 政府的工作特别繁杂，尤其是到了乡镇一级，日常的事务性工作更是多如牛毛，所以很多干部整天把精力放在琐碎的事情上，虽然很辛苦，但是不出成绩，关键是思路和方法有问题。在很多场合我都讲，要注重在实践中进行经验总结，要在体制机制上下功夫，否则只有苦劳没有功劳，苦劳是本分，功劳才是能力。经验有了，体制机制搞顺了，复杂的事情就能够迎刃而解，否则像无头苍蝇一样乱撞一通，最终一事无成。我们在育村搞这个产业项目，一定要在实践中总结出经验来，进行体制机制上的创新，辐射、带动和影响其他的村庄。

从育村产业项目实践历程来看，企业到育村投资发展乡村产业，必然离不开当地政府的支持，而为了获得政府更深层次的支持，企业就必须要在产业项目实践过程中助力政府行动目标的实现，回应政府的政绩需求。所以，如何在顺利推进产业项目的过程中“为政府造亮点”是企业必须要考虑的问题。企业向政府表达了依托合作社推动农民再组织化的想法后，得到了政府的肯定和支持。而且，政府对企业的农民再组织化策略进行了补充和完善。按照企业最初的设想，成立合作社的目的仅仅是组织农民参与黑木耳菌包生产，转移企业的部分生产功能，以此降低企业的生产成本。但是，政府认为企业的策略具有局限性，单纯依托产业合作社对农民群众的覆盖面不够大，农民合作的层次也不够深。随后，政府提出党建引领下的“四社协同"策略,即分别注册成立劳务合作社、产业合作社、资金合作社和土地合作社,并依托育村黑木耳产业项目,对这一初步构想进行实践检验,在实践中不断总结和完善,待这一体制机制成熟后就可以更大范围推广。政府表示,在实践探索过程中一定会给予企业、育村和合作社必要的帮助和支持。由此,政府参与到企业主导的农民再组织化中来,使企业主导的农民再组织化行动获得了政府的支持。当然,资本下乡中的农民组织化本质上是企业为降低生产成本而采取的策略。在这一过程中,虽然企业要配合政府的行动,满足政府的政绩需求,但是,正是政府的参与和支持,为企业实现降低生产成本的目标提供了更大契机。

二、"四社协同":农民再组织化的过程

按照政府构想,在育村党支部领导下注册成立劳务合作社、产业合作社、资金合作社和土地合作社,并吸纳有意愿的村民参与上述四个合作社,形成分工明确、协同运作的农民再组织化体系。合作社先期依托育村黑木耳产业项目进行运营,条件成熟后可以进一步拓展合作社的业务覆盖范围。劳务合作社主要解决村庄闲散劳动力的就业问题,通过合作社发布和获取用工信息,为农民群众提供就业岗位,有效保障劳动者的权益;产业合作社主要解决产业发展过程中农民的组织化问题,通过农民组织化有效降低生产成本,规避产业发展风险,增强产业发展的可持续性;资金合作社主要解决农民资金短缺问题,通过农民自愿参与,形成村庄层面的互助基金,并通过基金运作获取银行授信额度,为农民和村庄公益事业建设提供资金支持,解决农民群众发展产业过程中的资金短缺问题;土地合作社主要解决农村土地碎片化问题,对入社农民的土地进行集中流转,由合作社进行土地整治,并由合作社主导进行二次流转,提高土地规模化程度,提升单位土地产出效益。劳务合作社、产业合作社、资金合作社和土地合作社环环相扣,相互协同,为村域范围内的供需关系提供对接通道,最大限度地实现农村发展过程中劳动力、土地、资金等要素的联动,提升资源要素配置效率。

(一)劳务合作社:闲散劳动力组织化

从既有的对农村劳动力相关议题的研究来看,学术界主要将目光聚焦在农业剩余劳动力向非农产业转移方面。马晓河等人的研究指出,农村剩余劳动力向非农产业转移是经济发展过程中的普遍现象,农村剩余劳动力状况会随着劳动力的转移而发生变化。基于对中国农村剩余劳动力年龄和知识结构的分析,马晓河等人进一步指出,中国目前的农村剩余劳动力状况已难以满足当前非农产业的要求。① 这意味着农村剩余劳动力向非农产业转移的难度将会越来越大。而随着经济社会的快速发展,追求更高的农业产业效益是大势所趋,原有的粗放式农业发展道路已经无法适应农业农村现代化的要求,农业产业对集约化、标准化、高效化的要求越来越高。农业产业结构变迁必然与从事农业生产的劳动力结构有着内在的必然联系。也就是说,当前农村的劳动力结构与现代农业产业发展所需求的劳动力结构存在一定程度的张力,而现代农业产业发展的可持续性必然依赖于与之相匹配的农村劳动力结构。这造成了一个事实:随着非农产业对农村剩余劳动力吸纳能力的式微与农产业发展质量和效益的提速,农村剩余劳动力遭遇了农业和非农产业的双重挤压,由此引致农村闲散劳动力数量呈现出日益增长的态势。解决农村闲散劳动力问题是推动乡村产业健康可持续发展,实现富民增收,推进农业农村现代化必须要关注和解决的重大问题。

从育村的实际情况来看,烤烟种植是育村主导的传统农业产业,从 20 世纪五六十年代开始,村庄内大部分人都依靠烟叶种植谋求生存。近年来,育村烤烟产业的质量和效益明显下降,越来越多的从事烟叶种植的烟农放弃了这一产业。与此同时,改革开放后外出务工的育村人,随着年龄增长,近年来出现回流趋势。在育村新型农业产业增长不足,城市非农产业门槛提高的情况下,催生了一批闲散劳动力。这些闲散劳动力平日仍然会选择从

---

① 马晓河,马建蕾. 中国农村劳动力到底剩余多少? [J]. 中国农村经济,2007(12):4.

事一些传统的农业产业，诸如种植烤烟、水稻等。但是，这些传统的农业产业规模十分有限，质量和效益不高，从事这些农业产业所获得的收益仅仅能够满足农民日常生活开支所需，并不能真正实现富民增收的目标。而且，农业产业一般具有季节性特点，在非农业生产季节，农民群众往往处于闲散状态，闲散的农民往往会通过打麻将、打扑克和赌博来消遣时光。为此，当地政府官员认为，闲散的农村劳动力在一定程度上恶化了村风民风，成为影响乡风文明的主要因素。如何解决闲散劳动力稳定就业问题成为当地政府和村干部关注的问题。而育村的黑木耳产业项目为解决这一问题提供了契机。黑木耳产业具有较高的质量和效益，且符合当地生态健康产业发展的定位，同时具有较高的劳动力吸纳能力。随着企业的部分生产功能向育村转移，农民参与黑木耳产业的深度和广度都得到了较大程度的提升，这为育村闲散劳动力提供了就业空间。而问题的关键是，这些闲散劳动力资源在年龄结构、知识结构等方面存在较大差异，且没有从事黑木耳产业的相关经验和技能，如何解决这些问题成为育村闲散劳动力从事黑木耳产业，实现稳定就业的关键。为解决这一问题，企业原本的设想是将闲散劳动力的组织化置于产业合作社内进行，通过合作社的有效组织把闲散劳动力资源聚集起来，由企业负责岗前技能培训，使其具备上岗条件。但是，政府认为这一做法对闲散劳动力资源的覆盖面有限，就业岗位数量有限，岗位需求结构较为单一，不能最大限度地实现闲散劳动力资源的合理有效配置。

于是，县镇政府和村集体建议在育村党支部领导下成立劳务合作社，专事育村闲散劳动力资源的配置，合作社成立后组织闲散劳动力自愿报名入社。劳务合作社负责发布派工信息和收集用工信息，并对合作社内的劳动力资源进行合理调配，开展劳务输出。同时，劳务合作社还要负责劳动力的组织管理、基本技能培训、薪酬核定及发放等事项，合作社与入社劳动力签订劳动合同，用工单位须与劳务合作社签订用工合同，用工薪酬由用工单位与劳务合作社进行结算，劳务合作社再与入社社员进行结算。同时，针对一些特殊岗位，按照谁使用、谁培训的原则对入社社员进行岗前技能培训。例如，黑木耳产业项目的岗位技能培训工作就是由 N 农业公司负责进行的。

据统计，育村劳务合作社成立后，入社农民数量达50余人。目前，合作社下设清洁队、绿化队、运输队、建筑队、农业生产服务队等，派工领域涉及农业生产、基建工程等，且入社社员的就业稳定性和工资水平都得到显著提高。由此，育村通过成立劳务合作社，实现了对农村闲散劳动力的组织化，农村劳动力资源的配置效率明显提升。与企业的“劳务内置”方案相比较，育村成立专事劳务服务的合作社，拓宽了劳务服务的领域和方式。这一行动是在满足N农业公司生产用工需求基础上进行的，且将N农业公司主导的黑木耳产业项目作为劳务合作社运营的主要载体和平台，有效提升了劳务合作社运营发展的可控性和可持续性。在这一过程中，乡村社会体现出一定的开放性和进取性，在政府的引导下农民借助资本下乡中企业提供的载体和平台，有效拓宽了自身的利益发展空间。

（二）产业合作社：产业过程组织化

亚里士多德指出：“凡是属于最多数人的公共事物常常是最少受人照顾的事物，人们关怀着自己的所有，而忽视公共的事物；对于公共的一切，他至多只留心到其中对他个人多少有些相关的事物。”①集体化时期，农村的生产生活逐步被纳入人民公社体制内，农业生产成为乡村社会的“公共事务”，由此导致了严重的“搭便车”问题。农民的生产积极性和主动性被长期抑制，农业生产一度陷入“集体行动的困境”。随着家庭联产承包责任制的实施，农民从“集体”中解放出来，农业生产变成一家一户之事，极大调动了农业生产积极性和主动性，农业生产喜获丰收，有效解决了农民的温饱问题。随着经济社会发展，虽然一家一户的家庭生产经营模式在调动农民生产积极性和解决农民温饱问题等方面发挥了无可替代的作用，但随着农村市场化进程加速，家庭生产经营模式也表现出一定程度的局限性。

现代农业产业发展越来越强调规模化、集约化、专业化和标准化，从过去单纯追求农业生产的“数量”向追求“质量”转变，更加注重以质量获取效

① 亚里士多德. 政治学[M]. 吴寿彭，译. 北京：商务印书馆，1965：48.

益。但是,家庭生产经营往往具有小规模、低成本、高风险、重数量、轻质量等特点,家庭生产经营体系与农业现代化转型要求呈现出一定程度的张力。同时,家庭生产经营模式是与中国庞大的小农户群体相匹配的农业生产经营形态,是基于特定国情的现实选择。所以,促进小农户与现代农业有机衔接是均衡家庭生产经营模式与建构农业生产现代化体系的必然要求和现实选择。党的十九大报告提出,要实现小农户和现代农业发展有机衔接。实现小农户与现代农业发展有机衔接的关键是,要引领小农户向着适度规模的经营方向行进,促进小农户与新型农业经营主体开展联合与合作,提升小农户的生产经营能力,提高农业产业的竞争力,推动农民增收致富。近年来,农民专业合作社被视为促进小农户和现代农业衔接的理想载体,从中央到地方,出台了一系列政策措施,旨在培育和壮大农民专业合作社这一新型农业经营主体。但是,在具体实践过程中,因合作社内共识难以达成、规则难以执行等问题,农民专业合作社仍然无法有效规避“搭便车”现象。这不仅阻碍了合作社的发展,也使内生型合作组织的形成化为泡影。① 随着农村市场化发展进程不断提速,“资本和部门化的资本下乡,成为联结小农户和大市场的中介。这给日益紧迫的农民合作化带来了重大影响”②,也为重新审视和理解农民合作问题提供了全新的实践图景。

在本书案例中,虽然企业的部分生产功能被转移至劳务合作社内,但企业仍然需要借助产业合作社来降低生产成本,以实现生产经营目标。按照企业的设想,育村注册成立产业合作社,农民可以依托合作社开展产业合作,进而强化种植管理、过程监管和销售运营,解决单家独户分散种植的问题,壮大产业规模,提升产业效应,推动产业发展规模化、专业化和标准化,解决农民在种植、管理、销售方面单打独斗等传统问题,增加农民收入。具体操作流程为:产业合作社具体负责组织农民进行黑木耳种植,由产业合作

① 肖云,陈涛,朱治菊.农民专业合作社成员“搭便车”现象探究——基于公共治理的视角[J].中国农村观察,2012(05):47.

② 仝志辉,温铁军.资本和部门下乡与小农户经济的组织化道路——兼对专业合作社道路提出质疑[J].开放时代,2009(04):5.

社向企业提供种植订单,企业按照产业合作社提供的种植订单委托劳务合作社进行黑木耳菌包生产,企业将生产合格的黑木耳菌包(黑木耳菌包生产结束后需要企业进行灭菌、养菌处理,这一过程具有严格的技术要求,由企业具体负责)销售给产业合作社,由产业合作社二次销售给种植户。种植过程中由企业对产业合作社进行技术培训和指导,产业合作社对种植户进行实地指导;产业合作社按照企业的标准和要求,对种植过程进行监管,确保黑木耳产量和质量。黑木耳采摘后由产业合作社指导种植户采收、晾晒,产业合作社也可以为种植户提供烘干服务。最后由产业合作社负责代收种植户的黑木耳干货,按照合同集中销售给企业。与此同时,企业授权产业合作社无偿使用企业的商标和品牌,产业合作社的销售收入归合作社所有,企业不参与合作社的收益分配。但是,产业合作社对外销售的产品需要在企业进行登记备案,接受企业的质量检测,以防范品牌声誉风险。最终,通过企业与产业合作社的合作,建立起“规模化种植、产业化运作”产业发展模式,整体提升产业经济效益。在这一过程中,农民仍然以家庭为单位进行生产,但生产的质量和数量直接关系到农民自身的收益,由此保证了种植户的积极性和主动性。而且,种植户在种植过程中需要接受产业合作社的服务和监管,如果种植户不接受产业合作社的种植管理要求,产业合作社有权拒绝收购其产品,并且将在下一年度压缩或不再接收其种植订单。由此,种植户对产业合作社产生了一定程度的被动性依赖。当然,产业合作社的参与也为种植户提供了外在的成本控制和风险防控机制。对于产业合作社而言,虽然在政府的强制性干预下,其失去了从种植户身上谋求收益的机会,但是,由于企业的授权,其获得了一定程度的自主生产经营权,借助企业的力量,建立了与市场的对接通道,具备了一定的生存能力。由此,现代农业产业所要求的规模化、集约化、专业化和标准化等要求通过“企业+合作社+农户”模式在一定程度上得以实现。这一过程的实现既得益于涉农企业、专业合作社等新型农业经营主体的有效参与,也依赖于合作主体间有效的约束机制和合理的利益分配机制。

（三）资金合作社：农民分散资金集聚化

农民资金短缺问题是阻滞农民拓展自身利益发展空间的重要因素。在传统社会时期，农民主要依靠土地谋求生存，对从事农业生产而言，受其规模和生产方式的影响，要素投入相对处于较低水平，农民对资金的需求并不是十分强烈。随着农村市场化进程加速，农民的利益发展诉求持续增强，其希望从农业生产中获取更多收益和回报，由此农业生产对规模化提出了越来越高的要求，且农民基于理性往往会选择从事收益较高的农业产业类别，同时也越来越强调对先进农业生产方式的利用。从某种意义上而言，农业生产转型升级的动力来源于内生性农民利益发展诉求。无论是扩大农业生产规模还是升级农业生产方式，都要有与之相匹配的农业生产要素投入水平，而资金是其中的关键要素。在这一过程中，农民往往面临着资金短缺问题，其无法通过增加资金投入来扩大生产规模和升级农业生产方式。虽然近年来国家大力发展农村普惠金融，致力于解决农民的资金短缺问题，诸如放宽农民贷款条件、允许土地承包经营权抵押贷款等，但是，农民从金融机构贷款仍然受多方面因素的影响，贷款过程和额度无法有效满足农民的资金需求。近年来，部分地区为探索解决农民资金短缺问题，成立了诸多农民资金互助合作社。农村资金互助社是一种基于社区的农户金融创新形式，由于社区规范的存在使其相对于正规金融机构具有信息优势和成本优势。①但是，这些农村资金互助合作社往往处于封闭运行状态，合作社参与人数有限，掌握和运用金融规则的能力欠缺，仍然面临资金来源不足、发展缓慢的困境，甚至可能偏离合作金融轨道，发生异化。②

> 现在，我们想发展产业，关键是没有资金，村集体没有，村民更是没有。没有钱啥事也干不了。你说到银行贷款吧，那很麻烦的，

① 王玮，何广文. 社区规范与农村资金互助社运行机制研究[J]. 农业经济问题，2008(09)：23.

② 董晓林，徐虹，易俊. 中国农村资金互助社的社员利益倾向：判断、影响与解释[J]. 中国农村经济，2012(10)：69.

需要有抵押物银行才可以贷给我们。但是,农民能有啥可以抵押给银行的。虽然有个烟农贷,是烟草公司跟农业银行合作搞的,但是只针对烟农,而且贷款的额度很小,作用不大。现在,国家出了土地经营权抵押贷款的政策,但是土地经营权抵押贷款额度非常小。因为农村土地就是用来种地的,从土地上赚钱少得可怜,银行对这个不是很感兴趣,毕竟银行要农村土地经营权没什么用,只是国家有政策。这最终导致一亩地可能在银行贷个一两千块钱,解决不了大问题。

企业在育村投资的黑木耳产业项目需要农民深度参与,种植环节需要由农民完成。受该产业特性的影响,农民参与黑木耳种植需要投入较多资金,按照企业的测算,单单菌包采购、喷雾设备购置安装和土地平整三项每亩至少要投入资金 1.8 万元左右,这给农民参与黑木耳种植带来较大资金压力,影响了农民的种植积极性。如果农民因资金短缺选择放弃种植,则意味着整个产业项目面临失败风险。解决农民资金短缺问题,提高农民参与黑木耳种植的积极性,是企业必须要关注和解决的问题。虽然企业通过向农民授信,在一定程度上缓解了农民的资金压力,但相较于育村传统的农业产业而言,农民仍然认为其在该产业项目中的投资额度太大。最终,企业向政府寻求帮助,希望政府能够与银行沟通,支持产业合作社在银行贷款,解决农民资金短缺问题。但是,按照现有的金融政策,银行在没有抵押物的前提下无法向产业合作社提供贷款,即使产业合作社内的农民愿意抵押土地经营权进行贷款,受制于贷款额度仍然无法解决这一问题。银行给出的建议是可以通过基金担保进行贷款,至于基金的来源则需要由村庄自己解决。在政府的主导下,育村提出了“村庄主导、政府配套、社会支持”的基金运作设想,进而获得银行的贷款额度。在具体实践中,以育村为主体,按照因地制宜、入社自愿的原则,育村成立了育村资金合作社,资金合作社坚持社员自办、民主管理、政府引导、社会参与、社员受益、风险可控。合作基金来源为村民自筹、财政支持和社会捐赠。以家庭为单位,按照自愿入社原则,每户筹集 2000 元;县财政一次性支持 20 万元;乡贤等热心人士捐赠不低于 20

万元。最终,合作基金总规模不低于110万元。在合作基金中设置100万元不动本基金,用于育村村集体、产业合作社及村民担保贷款,合作基金担保贷款总额度为300万元。通过政府搭台、银行助力方式,最终建立了“风险补偿基金+金融+资金合作社”的村庄增信机制。虽然建立合作基金的主要目的是解决农民参与产业发展面临的资金短缺问题,但是,随后育村资金合作社的业务覆盖范围得到了扩大。根据育村合作基金管理办法规定,村级基金担保的贷款可以用于村庄内土地流转集约,开展土地股份合作,推进产业发展,购置生产资料,清理废弃宅基地,土地统种、统防、统收、统售,培育家庭农场等新型农业经营主体,其他村级公益性事业建设。在这一过程中,银行通过“基金担保+村集体审核+银行授信”合作方式,为育村村民提供了多渠道、多方式的融资服务。基金担保贷款解决了农民贷款抵押难题,解决了农民生产要素投入等方面的资金需求,解决了农村各类组织的发展资金需求,解决了村内公益事业建设资金短缺难题。可以看到,正是银行的参与,解决了村级合作基金运作的封闭性问题,放大了村级合作基金的金融效应。同时,村级合作基金由银行代管,在一定程度上防范了村庄因能力欠缺而导致的金融风险和发展异化。

J县育村农民合作专项基金管理办法

第一章　总则

第一条　为推进实施乡村振兴战略,探索育村全要素联动改革新路径,设立J县育村农民合作专项基金,动员和整合社会资源,充分发挥群众性公益基金益农助农作用,依据国家有关法律法规,特制定本办法。

第二条　J县育村农民合作专项基金以本行政村为单位发起设立,基金主要用于村庄公益性事业建设,激活群众内生动力,有效解决乡村振兴人、财、地难题,着力打造共建共治共享乡村社会治理格局。

第三条　J县育村农民合作专项基金分为动本基金和不动本基金两部分。动本基金是直接使用本基金开展公益性事业建设;

不动本基金是使用本基金所撬动的社会资金和增值收益。

第二章 基金的设立

第四条 以育村党支部为法人在农业银行J县支行开设独立账户,用于基金存放和管理。由村党支部注册成立村级合作社专门负责协调、管理、监督基金运作。

第五条 基金来源为村民自筹、财政支持和社会捐赠三部分。以家庭为单位,按照因地制宜、入社自愿原则,每户筹集2000元;县财政一次性支持20万元;乡贤等热心人士捐赠不低于20万元。基金总规模不低于110万元。其中,银行贷款风险补偿基金规模为110万元,原则上不得作为动本基金使用。

第六条 村级资金合作社为入社家庭制作发放基金证作为凭证,并建立农户信用档案,用于评估基金使用风险;为捐赠基金的乡贤等热心人士颁发捐赠证书,并定期向捐赠人反馈基金使用情况及效益。

第七条 经与农业银行J县支行协商约定,本基金执行与农业银行约定的定期存款利率,基金担保贷款总额度为300万元(其中入社村民贷款总额不超过100万元,村党支部、村民委员会、村民理事会、农民专业合作社等村级组织贷款总额度不超过300万元),并执行与银行约定的贷款利率。

第八条 村级资金合作社应通过村务公开栏等信息平台公告年度财务收支情况或审计报告,接受村民的监督和质询。基金应接受捐赠人的监督和质询。

第三章 基金的使用

第九条 基金申请使用及基金贷款对象为育村党支部、村民委员会、村民小组、村民理事会、农民专业合作社及村民。

第十条 动本基金原则上不进行支出使用,除特别重大事项,经村两委联席会议决定后可进行支出使用。

第十一条 优先使用基金贷款额度,村党支部基金贷款额度单笔不超过20万元，村民委员会基金贷款额度单笔不超过15万元，村民理事会、村民小组、农民专业合作社等村级组织单笔贷款额度不超过10万元，村民每户贷款额度不超过5万元。村党支部、村民委员会、村民理事会、村民小组、农民专业合作社贷款由基金进行担保；入社村民贷款由村集体审核担保。

第十二条　基金申请使用及基金贷款主要用于土地流转集约，土地股份合作，产业发展，生产资料购置，废弃宅基地清理，土地统种、统防、统收、统售，家庭农场等新型农业经营主体培育，其他村级公益性事业建设。

第十三条　通过基金运作集约的土地以公开招标形式确定土地承包对象，优先保障村民小组内的村民耕种，由村民小组集体讨论确定土地生产经营方案。通过基金运作清拆整治出来的宅基地、经营性建设用地等，村民小组可以通过成立土地股份合作社，集体进行经营使用。

第四章　基金收益分配

第十四条　通过基金运作成立的农民专业合作社、家庭农场等新型农业经营主体所得净收益的50%用于返还土地承包权所有者；通过基金运作成立的土地股份合作社所得收益按股分红。

第十五条　基金利息收益的30%用于返还农户，40%用于村庄公益事业建设，15%用于村民理事会建设，15%用于老年人养老事业。

第十六条　通过基金运作所获得的其他收益由村两委联席会议决定分配方式。

第五章　基金风险管理

第十七条　以户为单位，在银行开设账户，一户一卡，专卡专用；村党支部、村民委员会、村民理事会、农民专业合作社等村级组织留用既有公用账户。

第十八条　基金风险采取共担原则，农户缴纳基金承担25%，乡贤等热心人士捐赠基金承担25%，农业银行J县支行承担25%，财政支持基金承担25%。

第十九条　基金运作须符合国家法律法规规定，因基金管理违规操作造成的人为风险及损失由相应违规单位和个人承担。

（四）土地合作社：土地碎片化及其整合

改革开放后，随着家庭联产承包责任制的实施，农村土地被重新分配至一家一户，农村土地所有权归属集体，承包经营权则归属农民。受制于人多地少的国情村情，以家庭为单位承包经营的土地规模十分有限。以育村为例，实施家庭联产承包责任制以后，村内用于耕作的土地全部被分至每家每户，户均承包土地规模不足3亩，依靠土地获取的收益仅仅能够维持农民日常生计所需。伴随着改革开放，农民发展意识不断增强，越来越多的农民走出农村，外出到珠三角等地务工。据粗略统计，20世纪末至21世纪初，育村一半以上的家庭放弃了农业生产，选择外出务工。外出务工的家庭往往将自己的承包地流转给亲戚朋友和左邻右舍进行耕种，并象征性地收取部分租金。此时，育村迎来了第一波土地流转高潮。但是，农民间土地流转往往依托乡村熟人社会的关系网络通过口头约定方式进行，并没有相关政策支持。自古以来，农民对土地有着难以割舍的情怀，农民拥有天然的强烈的土地权利意识。以育村为例，农民愿意将自家土地交由别人耕种，前提条件是绝不允许破坏户与户之间的田埂，此种情况下育村农民之间的土地流转实则是有条件的土地托管。这一时期留守农村的家庭劳动力虽年龄相对偏高，但他们仍有强烈的土地耕种意愿，其希望通过扩大耕种规模，增加收入，改善生活。随着经济社会发展，留守农村的劳动力逐步丧失了从事繁重劳动生产的能力，即使外出务工的家庭无偿将土地赠予其耕种，其也无力承担。近年来，育村村内出现了大面积的闲置撂荒土地。由于耕种土地获取的收益仍然十分有限，即便外出务工的家庭返乡，其也难以再适应落后的农业生产方式，宁愿将土地闲置撂荒，也不耕种。近年来，国家启动了农村承包地"三权分置"改革，农村土地所有权归属集体，承包权归属农户，经营权实现自由流转,从法律政策层面保障了农民的土地权益,为农村土地适度规模化经营提供了支撑。而育村在2017年底便基本完成了土地确权颁证工作。但是,受制于自然和人为因素而形成的土地碎片化问题引致育村土地流转仍然困难重重。

从现实来看,育村土地碎片化的成因主要有两方面:一是自然条件限制。育村属于典型的山陵地区,大大小小的山脉和水系将育村适宜耕种的土地分割在各处,土地分布错落无序,地块面积小且不规则,增加了规模化耕种的难度。二是人为因素影响。如前所述,农民拥有天然且强烈的土地权利意识,对改变土地现状的行动十分排斥。具体实践中,国家启动的土地确权颁证,一定程度上强化了农民的土地权利意识,土地承包经营权证上标识了土地面积及土地四至范围,而土地范围的界定往往都是通过田埂来实现,由此农民对户与户之间土地上的田埂看得十分重要,即使将自家土地流转出去,也不允许破坏田埂。由此,虽然通过土地流转可以扩大土地种植面积,但是,由于田埂的存在,某种程度上土地仍然处于碎片化状态。据育村邻村一村干部讲述,有企业流转了该村100亩土地,用于规模化种植水稻,但村民流转的前提是不允许破坏田间原有的田埂。对于企业而言,如果不将田间的田埂推平,则意味着其要一块块进行土地平整和耕种,这无疑将会增加种植成本,规模化效益便受影响。企业最终瞒着农民推平了田埂,得知此事的农民聚集到田间,要求企业停止耕作,并将田埂恢复至原有状态,且要求必须有政府工作人员在场见证,按照土地承包经营权证上登记的面积和范围进行实地测量后,重建田埂,否则企业不得继续耕作,农民也不退还土地流转费用。无奈之下,在政府和村集体的见证下,企业对每家每户的土地进行了重新丈量并恢复了田埂。流转合同到期后,企业没有选择与农民继续签订新的土地流转合同,撤出了该村。在本书案例中,企业投资的黑木耳产业项目也有适度规模化生产经营的现实需求,通过适度规模化种植可以有效降低黑木耳菌包运输、电路架设、水源引入、种植管理、人工采摘等环节的投入,进而有效降低生产成本。为解决育村土地碎片化问题,推进适度规模化经营,重新利用村内闲置撂荒的土地资源,在企业的建议下育村决定注册成立土地合作社，开展村内土地合作，对碎片化的土地进行有效整合，为适度规模化经营奠定基础。

育村开展土地合作的主要目的是在完善农村承包地“三权分置”制度，依法保护集体土地所有权和农户承包经营权的前提下，让农村的资源要素活跃起来，解决谁来种地、如何高效种地的问题。从土地合作实践来看，育村立足解决承包地分散化、碎片化和低效使用等问题，建立了村级土地合作社，农民以承包经营权入股合作社，通过土地经营权股份合作模式，实现股权到人、股份合作、集体运营，将分散在每家每户的承包地经营权“化零为整”，高效利用。村级土地合作社通过资金合作社获得贷款后以合适的价格流转和集约农民手中的土地，流转费用则作为农民以承包地经营权入股土地合作社的固定分红收益。为了搞活土地经营权，推动适度规模化经营，土地合作社按每户 20~25 亩的经营规模，每 100 亩土地由 4~5 户家庭或其他新型农业经营主体以合适的价格竞价承租，集中发展符合育村实际、具有较好市场前景的黑木耳种植等特色产业，以规模化提高农业生产效益。土地合作社对增值收益部分进行二次分配，其中 50%作为入股分红返还给农户，50%归于集体，用于开展村中关爱老人活动、公益事业等。在这一过程中，由土地合作社与入社农民签订股份合作协议，明确相应的权利与义务，农民的承包地经营权由土地合作社具体行使，土地合作社有权对入社农民的承包地进行平整处理，以达到适度规模化经营的条件。农民的收益则不再直接来源于耕种土地，而来源于农民在土地合作社所持有的股份。通过开展土地股份合作，育村解决了谁来种地、如何高效种地的问题，扩大了地块规模，促进了地块合并和整片利用，提高了农业适度规模化经营水平，把大部分农民群众从低效的农业生产经营中解放出来，进而参与村内劳务合作社、产业合作社等，同时，农民也可借助资金合作社的扶持和帮助，对土地合作社发包的土地进行竞价承租，推动农业适度规模化经营。当然，如果村庄内有农民需要继续耕作原有土地，可以由土地合作社主导，在村庄内部进行土地调剂互换，以不影响土地适度规模化经营。

一方面，企业主导的农民再组织化过程是一个经济过程，这一行动的目的是降低资本下乡中企业自身的生产成本。农民通过加入劳务合作社、产业合作社、资金合作社和土地合作社，重新建构了其身份归属空间。而且，不同的合作社之间在具体业务方面相互联系、相互协作，相较于单一化的农民再组织化载体，育村“四社协同”机制进一步巩固和丰富了农民再组织化系统的内部结构和功能，有助于农民再组织化体系的稳定。农民组织起来的目的在于拓展生产经营空间，通过有效的组织运转，协调成员间的决策、行为和运作方式，谋求更大的组织化利益。① 另一方面，农民再组织化不单单具有经济意义。随着乡村社会开放性的增大和异质性的增加，农民越来越需要以组织化的方式谋求自身利益的表达与维护，农民组织化水平的不断提高，必然会对农村政治、经济和社会文化产生积极影响，从而影响乡村治理实践。② 在本书案例中，农民通过参与专业合作社而被有效组织起来，进而提高了生产经营效率，拓展了农民发展的利益空间。而当农民的切身利益遭到威胁和侵害时，组织化利益表达成为农民的集体行动，这凸显了农民再组织化的外部效应。

三、组织化利益表达：农民的集体行动

在传统社会时期，乡村社会呈现出高度的封闭性，农民的利益表达往往局限在特定的乡村社会场域内，农民利益表达主要通过宗族组织或者宗族长老等乡村社会的代理人进行。在这一时期，农民利益表达呈现出单一性和内敛性，宗族组织或者宗族长老依靠其自身所拥有的权威，主导了农民的利益表达过程。超出乡村社会特定血缘和文化网络的农民个体利益表达往往会被转化为不同宗族间的组织化利益表达，而这种基于血缘和文化的组织化利益表达方式有其弊端——当农民个体间的利益表达转化为宗族间的组织化利益表达时，往往伴随着宗族间的斗争和冲突，并最终影响农民利益

① 王勇. 提高农民组织化程度与转变政府职能[J]. 学习与探索，2007(02)：151.

② 张晓忠，杨嵘均. 农民组织化水平的提高和乡村治理结构的改革[J]. 当代世界与社会主义，2007(06)：133.

的实现。随着经济社会发展,乡村社会的异质性因素不断增长,不断冲击着乡村社会传统的组织化体系。新中国成立后,乡村社会的宗族性组织趋于瓦解,国家通过农业合作化运动将农民纳入国家主导的组织化体系中来,国家主导的组织化体系在一定程度上束缚了农民的积极性和主动性,由此,造成了农民利益空间收缩,影响了农民利益实现。农民通过“单干”“投机倒把”等方式,试图冲破国家主导的组织化体系的束缚。在强大的国家力量面前,农民个体的利益表达往往极其困难,农民不得不以集体“按红手印”的方式建构乡村社会组织化利益表达秩序,以此提升自身的利益表达能力。无论中国农民善分还是善合,本质上都是围绕自身利益而展开的。改革开放后,随着家庭联产承包责任制的实施,农民由合到分,农民之所以选择分,目的是防止其他人“搭便车”,进而最大限度地实现和维护自身利益。但是,随着农村市场化进程的不断推进,乡村社会也逐步由封闭走向开放,但作为个体的农民往往不具备驾驭市场的能力,其必须通过合作的方式,重新建构市场经济背景下的利益表达秩序,而有效的组织化利益表达是新时代重建农民利益表达秩序的现实路径。时至今日,虽然农民仍然处于乡村社会政治性组织体系中,但这些政治性组织往往具有浓厚的行政化色彩,难以深入触及农民的生产生活,与农民的现实利益关联性不强,很难将农民有效组织起来,依托乡村社会政治性组织进行的组织化利益表达呈现出显著的局限性。

(一)表达梯度:从中间人到代理人

农民作为独立的社会个体,其利益表达既受自身权利意识的影响,也与其组织化水平和利益表达能力有着内在关联。长期以来,囿于农民薄弱的权利意识和较低的组织化程度,加上农民利益表达能力不足,其在利益表达过程中往往处于弱势地位,难以建立起有效的利益表达机制。与组织化的利益主体相比较而言,作为个体的农民往往难以取得与组织化的利益主体平等对话的机会,也不具备与组织化的利益主体进行利益谈判的能力。现实中作为个体的农民在面对组织化的利益主体时往往遭遇利益表达困境。当农民正常的利益表达失败后,农民的利益表达行动往往极易异化为非理性抗争,从而影响社会稳定。农民一旦被组织起来,往往意味着个体农民的利益被纳入组织体系中,农民个体的利益将作为集体利益的一部分而表达出来,同时,农民个体的权利意识会逐步上升为集体的权利意识,最终建构起组织化的利益表达秩序。而组织化利益表达在利益谈判过程中较容易取得与其他利益主体平等对话的机会,个体的权利意识和利益表达能力也会因此而得到强化。与作为个体的农民的利益表达相比较而言,组织化的农民利益表达更容易被关注和重视,一旦组织化的农民利益表达遭遇失败,极易引发社会群体性事件,这在“稳定压倒一切”的政治社会环境下往往被视为对国家治理底线的冲击和挑战。在本书案例中,企业主导的农民再组织化将分散的农民重新组织起来,组织起来的农民在拓展自身利益空间的同时,也为组织化利益表达提供了有效支撑。而农民的组织化利益表达过程呈现出一定的梯度特征。

农民组织化利益表达及其梯度特征在以下两个事件中得以呈现:一是工资拖欠事件;二是菌包霉变事件。

如前文所述,劳务合作社承担了企业的部分生产功能,按照约定,企业先与劳务合作社每月进行一次工资结算,然后由劳务合作社与务工农民进行工资结算。但是,在生产过程中,企业由于资金压力较大,最终没有按照约定时间与合作社进行工资结算。于是,劳务合作社也没有如期与务工农民进行工资结算。在劳务合作社拖欠务工农民工资后,务工农民向中间人黄某诚提出了尽快发放工资的要求,而黄某诚向农民解释工资未按时发放的原因是企业未与劳务合作社进行工资结算,并承诺尽快与企业沟通解决。随后,作为中间人的黄某诚与企业进行了沟通,并表示务工农民对拖欠工资一事已经表现出不满情绪,希望企业尽快解决,否则将影响企业生产进度。企业答复黄某诚会尽快解决,同时希望黄某诚能够向农民作出解释并安抚务工农民的情绪。黄某诚将企业的答复转述给了务工农民。务工农民的权利诉求传递至中间人后虽得到了反馈,但是事情并没有取得实质进展,企业仍然没有尽快与劳务合作社进行工资结算。在此种情况下,中间人黄某诚将上述情况反馈给了农民的代理人育村党支部书记兼村委会主任黄某铎,黄某铎向黄某诚承诺,会出面与企业进行沟通,督促企业尽快与合作社进行工资结算。由此,农民的权利诉求经中间人传递至农民的代理人,在这一过程中,中间人与代理人实现了意志契合,为后续农民组织化利益表达秩序的演进提供了支持。如果中间人与代理人对农民权利诉求表现出相反的态度,势必会影响农民组织化利益表达的实现。农民权利诉求传递的过程,实则是农民利益表达组织化的过程,正是农民权利诉求层层传递,造成了农民组织化利益表达的梯度特征。这一梯度特征反映出农民在利益表达中的理性态度和表达技巧,本质上是农民利益表达能力的提升。

而在菌包霉变事件中,农民权利诉求同样首先传递至中间人,经由中间人传递给代理人。在种植环节,企业销售的部分黑木耳菌包出现了霉变现象,导致菌包无法正常生长木耳,由此给种植户造成了损失。种植户认为之所以出现霉变问题,是因为产业合作社向种植户提供了不合格的黑木耳菌包。所以,种植户的损失必须由产业合作社和企业承担。而产业合作社表示其只是为企业提供了代售服务,损失责任应该由企业承担,并愿意出面与企业进行谈判,对种植户进行合理的损失赔偿。最终,产业合作社负责人在与企业谈判无果的情况下,将农民的权利诉求传递给了农民的代理人黄某铎,黄某铎亦表示将与企业进行沟通,最大限度降低种植户损失。但是,无论是中间人还是代理人,与企业的谈判都无疾而终,农民的权利诉求并没有转变为利益实现。在这一过程中,虽然农民的权利诉求并没有通过组织化的利益表达而得以实现,但是,可以看到,农民组织化利益表达有其内在秩序,秩序的建构过程呈现出一定的梯度特征和渐进性特征,最大限度地规避了因利益表达失序而引起的秩序冲突,且在一定程度上丰富和拓宽了农民的利益表达机制和渠道。在农民组织化利益表达遭遇暂时性困境后,农民并没有选择终止这一行动,而是在中间人与代理人的帮助下同企业进行了理性抗争,农民组织化利益表达进入了新阶段。

(二)理性抗争:利益再表达的过程

要理解农民的抗争行为就要将其置于特定的情景下。目前,学术界关于农民抗争提出了依法抗争、依理抗争、依弱者身份抗争、依势抗争、依关系网络抗争等观点，对农民抗争行为的解读，观点林立、侧重点不一，虽相互补充但不尽全面，并带有陷入细节化争论的倾向。① 仔细梳理既有的研究可以发现，对农民抗争行为的理解最终都是置于国家与社会关系框架下进行，基于此派生出不同的解释范式，其中较具代表性的是于建嵘等人提出的“抗争政治”范式，已成为近年来解释农民抗争行为的主流范式。这一解释范式有其前置条件，即政府有着强烈的刚性稳定需求，这一刚性稳定需求源于集权化政治体制的塑造，社会稳定等同于政治稳定，且农民抗争的客体直接指向政府。从政府角度而言，农民的抗争行为往往被视为对社会稳定局面的破坏，为保障社会稳定，政府不得不对农民的抗争行为作出反应，回应农民的利益诉求。由此，农民的抗争行为具有了显著的政治性特点。在这一过程中，农民通过抗争的方式敦促或胁迫政府回应其诉求，至于农民的抗争依据则是次要条件。从本质上而言，农民的抗争过程是利益博弈的过程，在特定的政治体制内，其他利益都要服从和服务于政治利益的实现。而农民抗争的依据（依法、依理、依势或者依关系网络）只是作为抗争压力传递机制延缓或者加速利益博弈的过程。在本书案例中，中间人与代理人主导的农民组织化利益表达遭遇失败后，农民组织化利益表达过程升级为群体性的理性抗争过程。与既有的农民抗争行为有所不同，本书案例中农民群体性抗争的矛头并没有指向政府，而是指向涉事企业。

农民在得知中间人和代理人无法解决其利益诉求的情况下，并没有通过诉讼方式实现利益诉求，原因有三点：一是诉讼费用及时限。农民认为通过诉讼方式解决上述问题需要支付诉讼费，且诉讼时限较长，在企业面前也没有完全胜诉的把握，一旦败诉则得不偿失。二是维系良性村企关系的现实需要。如果村企关系因此受到影响，则势必会影响整个产业项目的后续发展，不能因小失大。三是企业的政治关联效应。企业与县镇政府有着良

① 王瑜，仝志辉. 转型抗争：从社会转型的视角理解近阶段中国农民抗争[J]. 中国农业大学学报（社会科学版），2012(04)：116-117.

好的合作关系，一旦与企业形成诉讼关系，并不能保证政府会在处理此事过程中偏向农民一方。这也是农民群体性抗争的矛头没有直接指向政府的原因。基于上述策略可以判断，农民草根式的理性影响了农民抗争行动的走向。最终在中间人和代理人授意下，农民形成了集体行动的策略，即组织起来向企业讨要说法。随后，中间人与代理人一同将农民的行动策略告知了企业，表示如果企业再不解决工资拖欠和菌包霉变问题，农民将组织起来与企业进行“集体对话”，并希望企业能够迅速回应农民的利益诉求，以避免势态升级和失控。而后来的事实证明，农民所谓的“集体对话”根本难以有效进行，只是在“气场”上占据了主导权，将抗争的压力向企业进行了传递。企业得知农民的行动策略后表示，这一问题的解决需要时间，希望中间人和代理人能够做好群众的解释工作，向农民群众说明企业的难处，并承诺企业会马上开会商讨解决方案。经参与此事件的农民讲述，合作社与企业签订了合同，且农民与合作社也签订了合同，农民在这一过程中有理有据，根本不担心企业不解决问题，毕竟企业的大部分经营性资产就放置在育村，企业不得不考虑由此可能造成的失控局面。而农民之所以组织起来向企业讨要说法，目的是以集体行动向企业施加压力，并不会发生过激行为，只是以集体抗争的策略加速企业解决问题的进程。在这一过程中，农民的权利意识主导了农民的抗争行为，而农民的规则意识则在一定程度上规避了农民抗争行为的异化。此外，中间人与代理人在农民的理性抗争过程中仍然发挥着主导作用，始终是企业与农民沟通联络的纽带。虽然农民组织化利益表达的过程不断升级，但是依托中间人与代理人建立起来的信息传递机制始终没有中断，这也为农民的抗争行动增添了理性色彩。在很多情况下，农民正常的利益表达之所以最终异化为暴力抗争，一定程度上是因为缺乏有效的沟通联络机制，在信息不对称的情况下，加速了农民抗争行动的异化。

此外，中间人与代理人的角色身份在农民理性抗争过程中也发生了相应的转换。为了最大限度争取农民的信任与支持，中间人与代理人成为农民群体中的“抗争精英”，相较于普通群众而言，“抗争精英”具有较强的利益阐释能力和抗争动员能力，对普通民众具有较强的影响力。而中间人与代理人角色身份的转换是为了契合自身社会资本获取的需要，在农民利益诉求面前不得不第一时间作出反应，进而获得农民的信任与支持。但是，在传统社会时期，“抗争精英”和传统地方权威共存于“共同生活场景”“权力的文化网络”中，而在当前离散的乡村社会结构下，“抗争精英”已经部分脱离了地方体。[①] 在本书案例中，作为“抗争精英”的中间人与代理人，在主导农民理性抗争的同时，将农民与企业间的利益博弈向政府进行了通报，并希望政府在适当时机出面协调。在与政府的沟通过程中，“抗争精英”的角色身份又回归至中间人和代理人，其目的在于个人政治风险防控和自我保护。因为农民的理性抗争行为受多方面因素影响，且这些因素大多具有不可控特点，农民的理性抗争随时可能异化为不可控的群体性事件，而一旦势态失控，首当其冲的便是作为“抗争精英”的中间人和代理人，中间人和代理人便可能失去政府支持。政府在得知情况后，瞬即加入了农民与企业之间的利益博弈，旨在调停农民与企业之间的矛盾，避免矛盾升级为影响社会稳定的群体性事件。由此，政府的参与使得农民与企业之间的两方博弈格局演化为政府、企业与农民之间的三方博弈格局。

（三）“新中间人”的诞生：政府

在企业与农民两方博弈格局下，农民的抗争行动表现为一种“有节制的抗争”，农民是在“政权所规定或容许提出要求的形式中”为主张权利诉求而进行的理性抗争。[②] 而事实上，农民的集体行动往往具有不确定性，大多数抗争事件在开始时都是作为有节制的抗争事件出现的，只不过到了最后才演化成更大范围的逾越界限的抗争。[③] 而政府之所以迅速介入事件就是基于此判断做出的行动选择。虽然事件的起因与当地政府无关，但是政府作

① 付翠莲，张现洪. 乡村振兴的底线秩序：农民“抗争”的发生、特征和治理[J]. 探索，2018(03)：149-152.

② 查尔斯·蒂利，塔罗. 抗争政治[M]. 李义中，译. 南京：译林出版社，2010：76.

③ 吕德文. 媒介动员、钉子户与抗争政治：宜黄事件再分析[J]. 社会，2012(03)：129-170.

为增进人民福祉的公共机构，有义务在事件中为遭受不公正待遇的农民群体主持公道。更何况，如果事件升级失控，势必会影响社会稳定，一旦社会稳定遭到破坏，政府就难以摆脱责任。在政府看来，农民的理性抗争一旦异化为群体性暴力抗争事件，育村产业项目不仅不能成为政府的政绩，反而会成为政府施政的“败笔”，相关责任人也会因此被追究责任。在中国的体制环境下，维护社会稳定是地方政府不可推卸的重大政治任务，发展的前提是稳定，只有稳定才能促进发展。由此，政府必须要介入事件，调停企业与农民之间的利益矛盾，进而平息事件影响。

一方面，政府介入事件后并没有选择与群众直接进行对话，而是通过中间人和代理人向农民传递政府维护群众利益的决心，并承诺会迅速督促企业给农民一个满意的答复。正要求与企业进行“集体对话”的群众在得知政府介入事件后，选择暂时回村，等待政府的调停结果。另一方面，政府召集企业负责人、中间人和代理人听取事件缘由。在弄清楚整个事件的来龙去脉后，政府随即表示企业必须要向政府承诺在规定时间内解决农民群众的利益诉求，否则政府将难以继续支持企业开展生产经营活动。按照政府的处理意见，首先企业要无条件支付拖欠合作社的工资款，由合作社尽快发放给农民。其次，由中间人和代理人同企业协商菌包霉变事件的后续处理方案，必须要保证群众利益不受损，并尽快签订补偿协议。政府向企业表示，菌包霉变事件必须要得到妥善解决，这关乎整个产业项目的成败。一旦农民对黑木耳种植失去了信心，就不会继续参与其中，如果农民拒绝参与就意味着整个产业项日的失败。所以，企业若想继续将产业项目发展下去就必须拿出诚意解决问题，重建农民参与产业项目的信心。在这一过程中，政府的强制性压力直接传递至企业，由此，企业面临着政府、中间人、代理人和农民群体的多重压力的挤压，其不得不作出有效回应。企业最终承诺当天解决拖欠工资问题，一周内就菌包霉变事件达成协议。在政府的督促下，企业随机支付了拖欠工资并对相关种植户进行了费用补贴。企业按照承诺如期解决了上述两个事件，有效避免了农民抗争行动的升级和失控。

至此，农民的理性抗争取得了胜利。可以发现，在这一过程中中间人与代理人所发挥的作用有其限度,原因在于企业的政治关联效应在一定程度上消解了中间人与代理人所传递的抗争压力。但是,中间人与代理人在农民内部却发挥了极其重要的作用,正是中间人与代理人的存在,使农民的组织化利益表达秩序处在可控范围内。在农民理性抗争的过程中,中间人与代理人实际上发挥了"安全阀"的作用,正是中间人与代理人的存在,使得组织起来的农民具有内在的秩序规范,而不再是"一盘散沙"。组织起来的农民更有力量。一旦农民借助既有的组织化体系将理性抗争升级为暴力抗争,农民抗争所产生的破坏力只会更大。但是,中间人与代理人作为"安全阀",具承载农民抗争压力的能力有一定限度。如果企业不在适当时机对农民的利益诉求作出实质性回应,则这一"安全阀"所承载的压力会越来越大,一旦"安全阀"完全失效,农民抗争行动异化的可能性就会更大。在中间人与代理人即将"超载"的情况下,为有效规避农民抗争行动升级失控的风险,其不得不寻求新的压力传输通道,而政府成为最佳选择。政府的参与伴随着强制性的渗入,这种强制性加快了农民抗争压力向企业传递的速度。事实证明,随着政府的参与,企业与农民的利益矛盾得以迅速解决。在这一过程中,政府成为企业与农民之间的"新中间人"。与原有的中间人相比较而言,政府作为"新中间人",具有以强制性政府权力推动压力传导的优势。而这一过程也是政府权力向社会进行渗透的过程,正如于建嵘等人所讲,民众行使自身权利的诉求很可能是对国家权力的强化而非挑战。①

在传统农业社会,依托乡村社会特殊的文化网络,农民组织化主要依托宗族组织来实现,这种较低水平的农民组织化与传统农业社会的生产力水平相适应,农民组织化的主要目的是抵御外侵,在此基础上兼具协作生产的功能,而协作生产的主要目的依然是解决农民的生存问题,而非扩大再生产。也就是说,在传统农业社会,农民组织化主要以解决农民利益保护问题为主,而农民利益发展问题居其次。进入现代社会,随着农村生产力水平不断提高,对农民组织化的要求也越来越高。在市场化进程中,农民组织化既

---

① 于建嵘,裴宜理,阎小骏. 中国的政治传统与发展[J]. 南风窗,2008(20):32.

要解决农民利益保护问题，也要解决农民利益发展问题。农民一旦被组织起来，纳入有效的组织化管理体系之中，便在某种程度上受到组织规则的制约，具有了内在的规则意识。规则的功能往往具有双重性：一方面，规则发挥“抑制”作用，防止权利主体越轨；另一方面，规则也具有“驱动”作用，以此拓展权利主体的发展空间。在传统农业社会，规则主要发挥“抑制”作用，使人“向内用力”，讲究修身齐家、无规矩不成方圆。在本书案例中，企业主导的农民再组织化则展现出了市场化进程中的新农民形象。重新组织起来的农民不再是勒庞口中的“乌合之众”，受组织规则的“抑制”和组织力量的“驱动”，他们所具有的原始的冲动、易变、烦躁、易受暗示、轻信、偏执、专横、保守等群体情感①不断淡化，转而变得善用规则、追求理性、张弛有度、积极进取。通过有效的再组织化，闲散的农民被聚集起来，在拓展利益发展空间的同时，也尝试进行组织化的利益表达，有效维护了自身的利益，逐步构筑起农民利益保护与利益发展的均衡格局。

四、集体再造：农民再组织化的效应分析

农民再组织化一定程度上对农村“集体”进行了再造。严格意义上讲，本书案例中的农民再组织化是一个典型的经济过程，这一过程重建了乡村社会的经济组织。而经济组织对乡村治理的影响是通过利益关系表现出来的，其影响具有间接性。农村经济组织不仅具有引领乡村经济发展的地位和作用，而且把经济的影响力延伸到政治、社会领域，逐步成为乡村民主政治建设中的重要一极。② 从育村实践来看，农民再组织化效应主要体现在以下几个方面：一是从乡村关系来看，经济过程伴随着政治表达，农民再组织化过程中的政府参与在一定程度上为乡村经济社会发展提供了外部动能，

① 古斯塔夫·勒庞. 乌合之众：大众心理研究[M]. 冯克利，译. 北京：中央编译出版社，2019：14-34.

② 阎占定，白照坤. 新型农民合作经济组织乡村政治参与状况分析[J]. 农业技术经济，2011(05)：72.

也在一定程度上有效规避了市场化进程中的风险侵袭。对于市场化进程中的弱势农民群体而言,政府的适度参与有其合理性,遵循了“有为政府”的治理逻辑。二是从村集体内部来看,农民再组织化重建了村庄内部的经济组织,实现了村庄内部政经关系的分离,重塑了农村政治经济格局。三是从农民个体角度来看,农民再组织化既为普通农民个体的全面发展提供了契机,也拓展了乡村精英的成长空间,逐渐培育出了农民的“新代理人”,为农民的政治参与提供了更广阔的舞台。由此,农民再组织化从内外两个维度对农村集体进行了再造。

(一)权力渗透:经济过程中的政治表达

国家与社会关系历来是学术界争论的焦点。伴随着国家的产生,国家与社会关系就进入了人们的视野。恩格斯指出,国家绝不是从外部强加于社会的一种力量。确切地说,国家是社会在一定发展阶段上的产物。为了使社会的对立面和经济利益互相冲突的阶级,不致在无谓的斗争中把自己和社会消灭,就需要有一种表面上凌驾于社会之上的力量,这种力量应当缓和冲突,把冲突保持在“秩序”的范围以内,这种从社会中产生但又自居于社会之上并且日益同社会相异化的力量就是国家。① 马克思、恩格斯指出,资本主义社会里“由于私有制摆脱了共同体,国家获得了和市民社会并列的并且在市民社会之外的存在;实际上国家不外是资产者为了在国内外相互保障自己的财产和利益所必然要采取的一种组织形式”②。由此,资本主义国家与社会关系具有对立性和冲突性,受制于生产资料私有制,这种对立和冲突根本上不可调和。而实质上国家独立于社会只是表面现象,“国家看来是至高无上的独立的存在本身,不过是表面的”③。在马克思描绘的“社会共和国”里,阶级对立被消除,产生于社会但与社会相脱离的力量重新回归社会,

---

① 马克思,恩格斯. 马克思恩格斯选集:第 4 卷[M]. 北京:人民出版社,1995:170.
② 马克思,恩格斯. 马克思恩格斯全集:第 3 卷[M]. 北京:人民出版社,1960:70.
③ 马克思,恩格斯. 马克思恩格斯全集:第 45 卷[M]. 北京:人民出版社,1985:331.

社会公共权力与社会本身融为一体，不再构成超脱于社会之上的强制力量，[①]“国家的职能将只限于几项符合于普遍性、全国性目的的职能”[②]，当阶级差别和阶级对立不复存在，“国家本身就不再存在了”[③]。但是，国家的消亡将是一个漫长的过程，“为了达到未来社会革命的这一目的以及其他更重要得多的目的，工人阶级首先应当掌握有组织的国家政权并依靠这个政权镇压资本家阶级的反抗和按新的方式组织社会”[④]。这意味着在特定历史阶段和条件下，国家对社会的适度干预具有合理性，国家存在的目的是消灭国家本身，是为建立“自由人联合体”而做准备。在这一情境下，特定历史阶段和条件下的国家是基于自由人自由目标实现的需要而存在。

在传统社会时期，国家政权止于县一级，如果单纯从乡村关系角度来看，乡村社会其实具有相当程度的自主性，且在一定程度上保持着稳定。乡村社会长期受地方性“权力文化网络”的庇护，呈现出高度的封闭性和内敛性，而这种封闭性和内敛性衍生出了稳定性。在传统社会时期，虽然国家政权没有直接触及乡村社会，但国家与农民之间具有单向度的“赋税徭役”关系，这种单向度的义务关系加重了农民的负担，由此农民对国家呈现出一定程度的排斥性。新中国成立后，随着国家政权建设，国家权力深入触及乡村社会的方方面面，国家基层政权建设大大增强了政府的资源汲取能力，有力保障了国家的工业化建设。由此，形成了控制型的乡村关系。这一时期乡村社会的自主性逐渐被消解，传统社会时期的地方性“权力文化网络”被国家主导的强制性权力网络覆盖，乡村社会由传统社会时期的自主性稳定阶段过渡到国家主导的刚性稳定阶段。改革开放后，随着国家战略转换，农村实行村民自治制度，国家权力逐步退出乡村社会，重新划设了乡村社会的自主性空间。受过去国家权力驱动的惯性影响，在乡村社会重获自主性空间

---

① 林坚. 马克思主义关于国家与社会关系的理论及其启示[J]. 马克思主义哲学研究，2009(01)：197.

② 马克思，恩格斯. 马克思恩格斯选集：第3卷[M]. 北京：人民出版社，1995：97.

③ 马克思，恩格斯. 马克思恩格斯选集：第3卷[M]. 北京：人民出版社，1995：324.

④ 马克思，恩格斯. 马克思恩格斯选集：第4卷[M]. 北京：人民出版社，1995：656.

的同时，乡村关系呈现为一种被动性依附关系。进入新世纪后，随着国家资源下乡日益频繁，尤其是农业税取消以后，农民与国家间的义务关系几乎被完全消解，且随着村民自治制度逐渐步入正轨，乡村社会的自主性大大增强。但是，随着市场化进程不断加速，乡村社会呈现出一定程度的开放性和进取性，农民由过去的生存型思维逐渐转变为发展型思维。而另一方面，农村市场化进程中地方性“权力的文化网络”和国家主导的权力网络所发挥的稳定器作用日渐式微，乡村社会陷入了发展与稳定的博弈阶段。近年来，华南地区某些村庄掀起了重建宗祠文化的热潮，建祠堂、修族谱，这为理解乡村社会重建自主性稳定空间提供了现实注脚。但是，这与农民利益空间扩张趋势有着内在秩序冲突。随着经济社会快速发展，农村利益关系变得更为复杂，乡村社会的开放性和进取性有增无减，在乡村社会重建“权力的文化网络”的可能性值得商榷。

从本书案例来看，资本下乡中企业主导的农民再组织化将闲散的农民推向了“生产联合体”，企业的主要目的在于降低自身的生产成本，而组织起来的农民有效拓展了自身的利益发展空间，建构了组织化的利益表达秩序则是企业主导农民再组织化的“意外结果”。但是，与掌握了资本、技术、信息、管理等先进生产要素的企业相比较而言，市场化进程中的农民实则处于劣势地位。如何防范在资本下乡中企业异化为与民争利者，规避“内部矛盾”引发的秩序冲突和对立，是组织起来的农民仍要考虑和面对的问题。在这一过程中，政府作为执行国家意志的行政机关，成为农民理性依附的对象。“社会由所有者之间的交换关系所组成。政治社会成了保护这种财产与维护有序的交换关系的适当装置……用以保护个人包括在其人身与产品中的财产，并维护被视为所有者的个人之间的有序的交换关系”①。从具体实践来看，企业主导的农民再组织化超越了传统的基于血缘和习俗惯例等地方性知识而形成的“权力的文化网络”，这一行动是农民基于拓展自身利

---

① BLACK A. Guild and state：European political thought from the twelfth century to the present[M]. New Brunswick，New Jersey：Transaction Publishers，2003：154.

益空间而进行的自由联合。企业主导的农民再组织化过程一方面体现了乡村社会的开放性和进取性，另一方面折射出地方性“权力的文化网络”影响力日渐式微。而反观资本下乡中的政府，其不再是传统意义上的农村资源的汲取者，而是国家资源下乡的主导者，特别是伴随着精准扶贫战略和乡村振兴战略的实施，其手中更是掌握着大量的国家资源，这些国家资源正是乡村社会谋求拓展利益空间的便利工具。与此同时，伴随着政府职能转型，政府对乡村社会的强制性输入越来越少。而农民为了强化对政府资源的获取能力和满足自身稳定性需求，转而谋求对政府的主动依附。农民再组织化的结果又进一步强化了这种依附性。

通过农民再组织化，个体农民被组织起来，以“集体”的姿态搭建了与政府对话的新平台，进一步强化了对政府资源的获取能力和实现自身利益稳定的能力。政府参与的过程必然伴随着国家权力渗透，政府权力渗透的动力来源于政绩需求和刚性稳定需求。而政府的政绩需求和刚性稳定需求并不必然与乡村社会的利益发展诉求和自主性稳定需求相冲突。问题的关键是如何把握政府权力渗透的程度，而这也是“有为政府”的核心意蕴。从本书案例来看，与过去农民对政府的被动性依附有所不同，农民组织起来的目的不是摆脱政府的权力控制，其在一定程度上是寻求对政府的依赖。由此，农民由过去的被动性依附逐步转变为对政府的自主性依附。在这一过程中，需求方由政府变成了农民，农民再组织化则是表征需求程度和合理性的具体策略。在传统的乡村关系框内，政府既是需求方也是供给方，政府权力下沉往往以强制性为注脚。在本研究案例中，如果将乡村关系置于“有为政府”框架内来理解，政府权力渗透的过程实则是政府和农民双向需求相均衡的过程，也是农民利益保护与利益发展相均衡的过程。在这一过程中，政府权力的强制性色彩被淡化，而利益主体间需求关系的强度主导了政府权力的强制性程度。正是基于这个意义，农民再组织化在一定程度上对农村“集体”进行了再造。

（二）政经分离：农村政治经济格局重塑

1983 年 10 月，中共中央、国务院发出《关于实行政社分开、建立乡政府的通知》,通知明确提出当前的首要任务是把政社分开,建立乡政府,同时按乡建立乡党委,并根据生产的需要和群众的意愿逐步建立经济组织。但是,在具体实践过程中一些地方认为在村庄内同时设立村民委员会和村集体经济组织不仅多余,而且会增加农民负担,所以大多数村庄采取了集体经济组织与村民委员会合二为一、交叉任职的办法。由此,也造成村民自治组织与村集体经济组织两者关系长期混乱。① 在调查中发现,当前大部分农村集体经济组织与村民委员会处于“两块牌子、一套人马”的状态,甚至部分村庄集体经济组织缺失。这一格局的形成有其法律依据,按照《中华人民共和国村民委员会组织法》规定,村民委员会应当支持和组织村民依法发展各种形式的合作经济和其他经济,承担本村生产的服务和协调工作,促进农村生产建设和经济发展,管理本村属于集体所有的土地和其他财产;按照《中华人民共和国民法总则》规定,未设立村集体经济组织的,村民委员会可以依法代行村集体经济组织的职能。这在一定程度上压缩了农村集体经济组织的生存空间。从育村实际情况来看,育村行政村一级成立了经济合作联合社,行政村内的自然村一级普遍成立了经济合作社,但这些经济合作社长期处于“空转”状态,作为集体经济组织其没有法定代表人、公章、账户和相关的规章制度,集体经济组织所具有的职能未能有效发挥。而育村集体经济组织的职能长期由村民委员会代为行使。对于偏远落后的农村而言,一般集体经济较为薄弱,农村推行“政经合一”,有其合理性,能够减轻村庄负担,提升工作。但是,随着经济社会发展,部分城中村、城郊村、资源村、特色村等典型村庄依靠村庄的集体资源资产壮大了集体经济,如果仍然推行“政经合一”,则势必会阻碍集体经济发展,且“政经合一”格局下,村庄权力高度集中,容易滋生村级腐败。由此,在部分发达地区,诸如广东佛山、浙江温州等地,近年来逐渐探索推行农村“政经分离”,厘清农村集体经济组织功能,激发村民自治活力。在本书案例中,育村的黑木耳产业项目被纳入了扶持村

① 项继权,李增元.经社分开、城乡一体与社区融合——温州的社区重建与社会管理创新[J].华中师范大学学报(人文社会科学版),2012(06):6.

级集体经济发展试点项目，按照省级扶持村级集体经济发展试点实施方案要求，试点村庄集体经济组织必须要实现“八有”（即有集体经济组织证明书、有印章、有组织机构代码证、有集体银行账户、有章程、有“三会”、有成员资格界定、有效运作），且集体经济组织作为项目实施的主体。但是，J县村级集体经济组织长期以来处于“空转”状态，短时间内根本难以重建。

> 现在，有很多地区在搞农村“政经分离”改革，比如佛山的南海区就搞得像模像样，我们也去考察过。但是，他们的经验我们没办法复制。我们J县跟南海区的情况不同，南海区属于相对发达地区，大部分村庄都城镇化了，农村集体经济很发达，搞“政经分离”厘清职能很有必要。但是，J县农村集体经济普遍很弱，很多村根本就没有集体经济组织，村内的集体经济工作一般是由村民委员会完成的。在这种情况下搞农村“政经分离”改革，意味着要先把集体经济组织建起来，这是个大工程，阻力也不小。这样做不仅会增加财政负担，也会加重农村的负担。但是，扶持村级集体经济发展的项目要以农村集体经济组织为主体，而且这是考核评估的重要内容。因此，我们先尝试在项目所在村进行试点，探索符合J县实际情况的路子。

最终，面临上级政府的考核评估压力，J县政府决定在育村扶持村级集体经济发展试点项目实施过程中，结合自身实际情况探索建立党领导村级集体经济发展机制，实行村党组织书记兼任村集体经济组织法定代表人的方案，推行村党组织书记通过经济组织章程规定或法定程序担任村集体经济组织负责人的政策。为此，育村成立了股份合作经济联合社，并由村党支部书记黄某铎担任联合社法定代表人。随后，在政府的引导下，企业主导建立的育村劳务合作社、产业合作社、资金合作社和土地合作社被纳入了育村股份合作经济联合社内，且四个合作社的法定代表人相继变更为育村党支部书记黄某铎，由此，育村形成了“五社协同”的集体经济组织格局。而这与中共中央印发的《中国共产党农村基层组织工作条例》中提出的村党组织书记应当通过法定程序担任村民委员会主任和村级集体经济组织、合作经济组织负责人的要求相契合。在此基础上,育村召开了村民会议,会议决定育村集体经济发展工作由新成立的村级集体经济组织具体负责,并选举产生了股份合作经济联合社以及劳务、产业、资金和土地四个合作社的具体负责人。而村民委员会主要向村民提供公共服务,负责乡村治理工作。由此,育村"政经分离"格局基本建立起来。在这一过程中,企业主导的农民再组织化为育村集体经济组织的重建创造了条件。劳务合作社、产业合作社、资金合作社和土地合作社未被纳入育村股份合作经济联合社之前,严格意义上讲并不属于集体经济组织的范畴,因为其不对村庄内的生产资料行使所有权,且合作社坚持自愿入社原则,这意味着有相当数量的集体经济组织成员游离在合作社之外。而育村股份合作经济联合社的社员涵盖了所有村民,在股份合作经济联合社内村民的身份归属为集体经济组织成员,而劳务合作社、产业合作社、资金合作社和土地合作社被纳入股份合作经济联合社后,成为集体经济组织的具体执行机构和业务部门,面向所有的集体经济组织成员开展工作。

可以看出,企业主导的农民再组织化对重建育村集体经济组织发挥了重要作用,而随着育村集体经济组织的重建,"集体"的内涵也随之得以丰富。农民不再纯粹归属于以村民委员会为象征符号的"政治共同体",其也被纳入以股份合作经济联合社为载体和平台的"经济共同体"中。而链接"政治共同体"与"经济共同体"的纽带是村级党组织。由此,在"集体"内部,由过去的"线状权力结构"转变为"束状权力结构",而"权力束"集合点便是村党支部。此时,政党发挥的作用是独立的,构成了一个重要的外部环节。① 所以,确切地说,育村"政经分离"改革是党建引领下自治组织与集体经济组织的分离,或者政治事务与经济事务的分离。对育村"政经分离"改革进一步分析可以发现,"集体"的权力结构在横向上和纵向上发生了变化。从横向上来看,乡村权力结构呈现出一定的离散性特征,权力结构的改变伴

---

① 景跃进. 将政党带进来——国家与社会关系范畴的反思与重构[J]. 探索与争鸣,2019(08):95.

随着组织功能的变化，乡村社会的政治性事务和经济性事务分别由村民委员会和集体经济组织具体承担，这在一定程度上释放了乡村社会的活力，拓展了农民的发展空间；从纵向上来看，由于政党的参与使得乡村社会的权力结构有了“聚合点”，规避了乡村权力结构过度离散而导致的秩序冲突。此外，在基层社会，政府与政党在某种程度上具有高度同质性，政党与政府具有共同指向，这意味着基层政府可以借助政党体制继续对乡村社会的政治组织和经济组织施加影响。在具体实践中，育村“政经分离”改革不仅没有弱化基层政府对乡村社会的控制力，而且借助政党体制强化了对乡村社会的影响，这也是基层政府强调党建引领的关键所在。

（三）精英塑造：农民的“新代理人”

精英治村是中国乡村治理的传统。在传统社会时期，乡村社会“主要依靠国家自上而下延伸的保甲制和乡村内生权势人物的影响共同治理乡村”①。伴随着改革开放，“越来越多的农村经济能人被吸纳到村级领导班子，成为乡村治理运作的主导者，由此形成了具有时代特色的能人治村现象”②。在中国，精英治村现象有其合理性，乡村社会的精英群体相较于普通民众而言，“能调动更多社会资源，获得更多权威性价值分配”③。但是，精英治村也有其局限性，精英群体如果依靠自身拥有的社会资源、调动能力和影响力谋取私利，则会形成更大破坏力。现实生活中有些乡村精英在乡村社会内部构筑了密切的利益团体，精英异化为“村霸”，与民争利，进而加剧了村庄内部矛盾，甚至引发激烈的社会冲突。④ 如何真正发挥乡村精英在推动乡村发展中的积极作用，规避乡村精英异化，是新时代精英治村过程中必须要关注的问题。在本书案例中，农民通过再组织化提高了对现代规则的理

① 张厚安，徐勇，项继权. 中国农村村级治理[M]. 武汉：华中师范大学出版社，2000：24.

② 卢福营. 乡村精英治理的传承与创新[J]. 浙江社会科学，2009(02)：35.

③ 仝志辉. 农民选举参与中的精英动员[J]. 社会学研究，2002(01)：2.

④ 沈费伟，刘祖云. 精英培育、秩序重构与乡村复兴[J]. 人文杂志，2017(03)：123.

解和应用能力，拓展了自身利益发展空间，建构了新的行动秩序，客观上对乡村精英进行了重塑；同时，农民再组织化也拓展了乡村精英培育空间，搭建了乡村精英的成长平台，建构了乡村精英良性发展机制。

从具体实践来看，农民再组织化从重塑和培育两个维度对乡村精英进行了塑造。从对乡村精英的重塑维度而言，改革开放以后成长起来的乡村精英带有特殊的时代烙印。这些乡村精英往往伴随着农村转型发展而出现，其对过去的成长经历有着深刻记忆，对未来发展又充满憧憬，因而呈现出两面性：一方面，他们对传统的乡土规则有着深刻的认知，其行动深受地方性知识的影响；另一方面，相较于普通村民而言，他们掌握了更多的现代规则和技巧，具备普通村民所不具备的发展能力和意识。在农村市场化进程中，“乡村精英根据地方的需要选择适用不同层面的规则，并在这一过程中不断对多元规则进行整合”①，他们游走在传统与现代之间，在谋求自身利益最大化的同时参与到乡村建设中来。在这一过程中，乡村精英获得了相较于普通村民更为广阔的利益发展空间。在现代性成长不足的乡村社会，乡村精英与普通村民之间不受约束的错位发展，往往伴随着巨大的风险和代价。在农民利益表达能力、监督能力、合作能力等不足的情况下，乡村精英实则处在相对较为“宽松”的社会环境中，由此加剧了乡村精英角色和职能异化的可能。而农民再组织化为普通村民提供了学习和运用现代规则的契机，在企业主导的现代化组织管理体系中，农民间的合作能力不断增强，与此同时，农民的利益表达能力和监督能力也得以有效提升。对普通村民而言，一方面，其通过再组织化强化了借助乡村精英拓展自身利益发展空间的能力；另一方面，其也强调对乡村精英的监督与制衡，由此大大降低了乡村精英的角色和职能异化的可能。从对乡村精英的培育维度而言，农民再组织化为普通村民向乡村精英的转变提供了新空间。依托农民再组织化提供的平台，普通村民不断接受现代性的洗礼，乡村社会中有见识、有谋略、有能力的普通村民在农民再组织化的过程中脱颖而出，成长为新的乡村精英。

---

① 孙晔.乡村精英与规则变迁[J].甘肃政法学院学报.2007(01):39.

与传统乡村精英的成长路径不同,新乡村精英的成长是在农村市场化进程中进行的,其逐渐摆脱了地方性知识的禁锢。新乡村精英的威望更多地来源于其对农民利益诉求的有效回应,而非局限于传统社会时期的“权力的文化网络”。一方面,新乡村精英要接受某些具有现代性价值的乡土规则的“软约束”;另一方面,现代规则凭借自身的公共性、普遍性以及强制性,约束和规范着乡村精英的行为。①

在农村市场化进程中成长起来的新乡村精英往往具有双重身份属性。以本书案例中的黄某诚为例,一方面,在农民再组织化过程中,黄某诚得益于企业的支持和帮助,其以中间人的角色身份在农民再组织化过程中获得了个体发展空间,逐渐成长为乡村社会的经济能人;另一方面,在农民组织化利益表达过程中,黄某诚的角色身份由中间人逐渐过渡为代理人,其成为农民与企业进行利益谈判的中坚力量。美国历史学家杜赞奇在论述传统社会时期乡村干部身份角色时将其分类为营利型经纪人和保护型经纪人。②对于黄某诚而言,其在企业面前表现为营利型经纪人,在农民面前则表现为保护型经纪人。新乡村精英的双重身份属性使其成为肩负双重功能的农民的“新代理人”,其既具有外在的开放性和进取性,也具有内在的内敛性和稳定性。而且,正是基于“新代理人”的存在,搭建了乡村社会内部政治与经济的互动格局,避免了乡村社会中以村民委员会为代表的“政治集体”与以集体经济组织为代表的“经济集体”之间的撕裂和内耗,维系着乡村社会共同体的秩序稳定。当然,无论是对村民委员还是集体经济组织而言,在此过程中村级党组织始终发挥核心领导作用,这也在一定程度上规避了农村“政经分离”改革引致的村庄分裂。此外,村级党组织领导核心作用的发挥在一定程度上影响农民“新代理人”的成长路线,增强了村级党组织的战斗力和凝聚力,有效规避了农民“新代理人”的异化风险。

---

① 孙晔. 乡村精英与规则变迁[J]. 甘肃政法学院学报. 2007(01):39.

② 杜赞奇. 文化、权力与国家:1900—1942 年的华北农村[M]. 王福明,译. 南京:江苏人民出版社,2010:24-25.

五、小结

农民再组织化是资本下乡中企业为降低生产成本而采取的理性策略，内含企业的治理逻辑。在农民再组织化过程中，企业通过“向政府说好话”重新完成了对中间人的俘获，通过“为政府造亮点”获得了政府的支持。在企业、中间人、政府和农民的相互协同下，通过建构“四社协同”机制，既解决了企业的生产经营难题，也有效拓宽了农民的利益发展空间。组织起来的农民在拓展自身利益发展空间的同时，也建构了组织化利益表达新秩序，有效维护了切身利益。同时，农民再组织化搭建了农村经济发展过程中“政治表达”的新通道，在这一过程中，政府权力渗透处在适度状态，在农村市场化进程中发挥了“有为政府”的积极作用。随着政府权力渗透，农民通过有效的利益联结，实现了自主性的“集体”建构，进而强化了对政府资源的获取能力和实现自身利益稳定的能力。依托农民再组织化体系，乡村社会重建了集体经济组织，为农村“政经分离”改革提供了契机。随着农民再组织化成长起来的新乡村精英成为农民的“新代理人”，“新代理人”的双重身份属性适应了农村市场化进程中农民利益发展与利益保护的内在要求，推动建立了乡村社会内部政治与经济之间的良性互动机制，有效规避了农村“政经分离”改革可能产生的负外部效应。纵览农民再组织化过程，村级党组织发挥了关键性作用。农民再组织化激发了乡村社会的横向竞争活力，而基层党建引领则强化了对乡村社会的纵向整合能力。

第五章　秩序再造的逻辑进路、治理效应及其限度

资本下乡对乡村社会利益主体关系进行了重塑，建构了乡村制度建设、组织建设和农民能力建设新路径，推动了农民认知转型。资本下乡对村庄秩序的再造有其内在逻辑进路。资本下乡从多重维度对村庄秩序进行再造，由此也彰显出村庄秩序再造的逻辑进路呈现出显著的多重性特征。资本下乡对村庄秩序再造的多重逻辑进路呈现出高度的同质性，内含农村现代化的历史方位，这一多重性逻辑进路具有内在的协同性和契合性。资本下乡对村庄秩序的再造具有积极治理效应，通过秩序再造丰富了乡村治理体系，提升了乡村治理能力，对实现乡村治理现代化具有积极意义。资本下乡对村庄秩序的再造也有其限度。乡村社会存留的地方性知识有着较强的历史惯性，且这一惯性影响短时间内难以消弭，增加了现代性与地方性知识碰撞冲突的潜在可能；企业作为现代市场经济的主体，其具备较强的市场能力，政府通过调节国家资源分配强化了自身的行政能力，在微妙的官商关系背景下，一旦政企关系诱变必然会破坏既有的平衡局面，资本下乡就会异化为"与民争利"的剥夺行动；同时，受制于乡村社会地方性知识的影响，企业与村庄间的信任建构困难重重，信任缺失背景下村企间的利益联结长效机制难以建构，资本下乡中松散型的村企关系降低了市场化进程中的风险控制能力。

一、村庄秩序再造的逻辑进路

从本书案例来看,利益主体关系、乡村制度、乡村组织、农民能力和农民认知是资本下乡再造村庄秩序的具体体现。从利益主体关系来看,资本下乡中随着企业的参与,建构了政府、企业与村庄的三角关系,资本下乡中政府、企业与村庄三者既相互促进又相互制衡,利益主体关系的均衡程度不断增加;从乡村制度建设来看,随着农村市场化进程不断加速,新时代对乡村制度建设的要求越来越高,乡村社会制度供给机制失调下的制度碎片化问题某种程度上给农村市场化发展带来严峻挑战。伴随着资本下乡,乡村社会的权威碎片化、政府碎片化、政策碎片化和农民"原子化"等问题在一定程度上得以解决,有效推动了乡村社会制度建设路径转型;从乡村组织建设来看,借助于资本下乡中企业的外部赋能,农民实现了再组织化,乡村组织空转的局面得以扭转。同时,在政府引导下,案例村重建了农村集体经济组织,厘清和界定了组织功能,重塑了农村政治经济格局;从农民能力建设来看,在资本下乡过程中,农民潜移默化中接受了现代性的洗礼,农民利益发展能力和利益保护能力得到增强,农民逐步摆脱了传统社会时期"向内用力"的束缚,更强调通过市场的手段"向外用力",农民的能力建设体系不断丰富,以此拓展自身的利益空间;从农民认知来看,资本下乡提升了乡村社会结构的开放程度,农民认知也随之呈现出一定程度的开放性,封闭、保守的小农思维不断弱化。资本下乡加速了农民认知的外向扩张进程,推动了农民认知转型。

(一)利益主体关系:从失衡到均衡

美国经济学家弗里曼称"利益相关者就是能够影响一个组织目标的实

现,或者受到一个组织实现其目标过程影响的人”。① 资本下乡中的利益相关者主要有企业、政府和村庄(包括个体的农民),并形成了资本下乡中的利益主体关系。在资本下乡中的利益主体关系主要表现为乡村关系、政企关系和村企关系。在资本下乡中政府、企业与村庄都深度参与,两个主体之间的利益关系往往受到第三者的影响,由此使得传统利益主体关系因新的影响变量的加入而呈现出新特征。在乡村关系、政企关系和村企关系建构过程中,第三者的存在和参与往往对前两者的利益关系产生积极或消极的影响。利益主体关系均衡与否直接影响组织目标的实现程度,建构均衡的利益主体关系是利益相关者实现利益最大化的关键。如果将资本下乡看作一个生态系统,乡村关系、政企关系和村企关系则构成了资本下乡生态系统的结构要件,结构要件的失衡必然引致整体生态系统的非稳定性。对资本下乡持怀疑甚至否定态度的学者认为,资本下乡中政府、企业与村庄之间难以建构良性均衡的利益主体关系。而相较于政府和企业而言,资本下乡中村庄必然处于弱势地位,由此资本下乡是“与民争利”的论断便不难理解。但是,资本下乡中利益主体关系能否实现良性建构在很大程度上取决于是否建立了有效的制衡机制。利益主体合作过程中一旦缺乏有效的制衡机制,便容易导致利益主体关系失衡,最终影响第三者利益的实现。可以看到,制衡机制发挥作用的动力主要来源于利益相关的第三者。在本书案例中,从政府引资入村、村庄争资入村到企业选村投资,再到后来村企契约建构、农民再组织化等环节,都存在利益相关的第三者的制衡力量,以规避利益主体关系失衡带来的消极影响,最终建构了资本下乡中均衡的利益主体关系。

从乡村关系来看,伴随着国家主导的资源下乡,基层政府在一定程度上强化了对乡村社会的渗透能力。与传统社会时期有所不同,“以资引资”的国家资源下乡策略改变了政府权力下沉的程度和方式。在传统社会时期,政府权力下沉的目的是强化对乡村社会的控制能力,以此完成国家对农村

① FREEMAN R E. Strategic management: astakholder approach [J]. management studies,1987,29(2):131-154.

资源的汲取,是一种“汲取型”政权。农村税费改革后,国家政权对乡村社会的控制力逐渐弱化,由传统的“汲取型”政权逐步演变为一种“悬浮型”政权。① 随着经济社会发展,尤其是伴随着一系列惠农强农战略的实施,国家越来越多地向乡村社会进行资源输入,旨在为农村发展赋能,推动乡村振兴。在农村市场化发展不充分的情况下,乡村社会对国家资源的需求日益强烈,往往通过强化对政府资源的获取能力来满足自身利益发展需求,形塑了新时期乡村社会对国家的主动性依附关系。从政府角度而言,国家资源下乡策略仅仅是为乡村社会发展赋能,而单纯依靠国家资源输入来推动农村发展不具有可持续性,农村发展终归要依靠市场。通过国家资源下乡推动乡村社会由“输血式”发展向“造血式”发展转变,是国家资源下乡的最终目标,也是衡量政府政绩的重要依据。所以,以国家资源下乡吸引企业资本下乡成为政府的理性策略。由此,资本下乡中企业作为新的影响变量被引入乡村关系场域。企业“从其角色上看,是一个社会基本的生产组织,它的组织方式、规模的选择力图降低交易费用,并追求最大化的利润”②。企业的参与使得政府与村庄之间强烈的双向需求关系得以弱化,政府与村庄之间的双向互动不得不考虑对企业生产经营所造成的影响,企业的生产经营状况最终将直接影响政府和村庄在资本下乡中的目标实现程度。在资本下乡中,企业的参与在一定程度上规避了乡村关系的失衡发展,促进了乡村关系的均衡。

从政企关系来看,在市场经济发育不充分的情况下,政府往往掌握了经济发展的主导权,权力主导资源分配促使企业对政府过度依赖,企业通过影响政府决策获取经营利润,政府官员通过权力寻租获取经济利益,因此催生了不健康的政企关系。“政府的扶持、保护、介入,形成了中国市场经济发展的政府主导色彩,政府、企业过度渗透,虽然有助于企业在政府权威的庇护

① 周飞舟.从汲取型政权到“悬浮型”政权——税费改革对国家与农民关系之影响[J].社会学研究,2006(03):36.

② 孙关宏,胡雨春,陈周旺.政府与企业:政治学视野中的中国政企关系改革[M].南昌:江西人民出版社,2002:25.

下短时间内取得‘超市场’效应，但也带来了诸如官商勾结等弊端”[①]。在资本下乡中，企业对政府也存在依赖冲动，其希望借助政府的扶持、介入和保护，冲抵乡村社会对自身生产经营所带来的负面影响。在本书案例中，企业通过政府资源的隐性配置获得了与乡村社会对话的“资本”，有效降低了企业与村庄间的交易成本。而对于资本下乡中的政府而言，推动资本下乡的最终目的是完成产业项目建设，带动农民增收致富。在这一过程中，如果政府与企业“官商勾结”，与民争利，则势必会影响政府目标的实现，甚至会面临上级政府的考核问责。政府政绩需求、科层体制压力等因素在某种程度上促使政府在与企业互动的过程中保持内敛。由此，在政企关系建构过程中，政府具有一定的内控能力。其次，本书案例的独特之处在于，村庄深度参与了资本下乡的全过程，且是资本下乡中必不可少的利益主体，这为资本下乡中的政企关系建构提供了外部制衡机制。对政府而言，政府政绩、项目评估考核等目标的实现需要村庄的密切配合；对企业而言，企业的生产经营活动需要村庄全程参与，以降低企业生产经营成本；而对村庄而言，其虽然不具有政府的强制性控制能力和企业的市场能力，但资本下乡的实践场域毕竟是在村庄范围内，由此村庄具有政府和企业所不具有的“在地优势”。村庄的“在地优势”直接影响政府和企业的目标实现程度，政府和企业在资本下乡中不得不将村庄作为重要的影响变量考量在内。也正是基于此，政府和企业在互动过程中保持了克制，推动了资本下乡中政企关系的均衡发展。

从村企关系来看，资本下乡中的企业掌握了资本、技术、管理、信息等先进生产要素，居于强势地位，村庄受制于市场能力薄弱，处于弱势地位。在乡村治理能力弱化的情况下，“拥有深厚社会基础的资本容易嵌入乡村治理结构内部，形成资本对乡村社会的控制，使农民面临多重风险，不利于资本下乡和村庄发展的可持续性”[②]。由此，部分学者就判定，资本下乡中的村企

---

① 杨凤春. 重塑企业家[J]. 廉政瞭望，2006(11)：10.

② 陈晓燕，董江爱. 资本下乡中农民权益保障机制研究——基于一个典型案例的调查与思考[J]. 农业经济问题，2019(05)：65.

关系必然处于失衡状态。首先,资本下乡的过程也是企业利益嵌入乡村社会的过程,由于村庄具有“在地优势”,这一优势能对企业的利益产生或多或少的影响。其次,资本下乡中的农民并不一定是被动的接受者和被剥削者,其所掌握的地方性知识和所依靠的“权力的文化网络”在某种程度也能够制衡企业的越轨行为,只是这种制衡机制发挥作用的同时往往伴随着冲突和对抗。除此之外,在本书案例中,政府在村企关系建构过程中发挥了积极作用,促进了村企关系均衡发展。政府的“新中间人”角色,对村企关系建构起到了润滑和保护作用。政府通过权力工具获得了对企业和村庄的影响力,一定程度上有助于规避村企关系的异化。当然,政府作为村企关系良性建构的外部制衡力量,有其内在动力。政府作为村企关系之外的第三者,其对村庄和企业施加影响的直接目的是推动村企关系均衡发展,但根本目的是实现其自身的利益诉求。不可否认,资本下乡中政府在企业与村庄之间充当“新中间人”角色,本质上也展现出了“有为政府”的姿态。

(二)制度建设:从碎片化到体系化

制度建设是乡村治理的重要内容,“制度是一系列被制定出来的规则、守法程序和行为的道德伦理规范,它旨在约束追求主体福利或效用最大化的个人利益行为”①。在传统社会时期,国家政权对乡村社会的干预有其限度,乡村社会秩序具有内生性,乡村社会的制度形态主要表现为族规祖训、村规民约等非正式制度。按照美国经济学家诺斯的界定,非正式制度是指在人们长期的社会交往中自发形成、并被人们无意识接受的行为规范,主要包括意识形态、价值观念、道德观念及风俗习惯等。② 而乡村社会非正式制度的权威主要来源于乡村“熟人社会”所孕育的独特的“权力的文化网络”。由此,乡村社会的制度建设具有内生性、地域性特征。除此之外,乡村社会

---

① 道格拉斯·C.诺斯.经济史中的结构与变迁[M].陈郁,罗华平,译.上海:三联书店,1994:225-226.

② 道格拉斯·C.诺斯.制度、制度变迁与经济绩效[M].刘守英,译.上海:三联书店,1994:64.

制度建设缺乏内在的强制性约束力，制度建设的主要目的是教化民众。新中国成立以后，乡村社会制度建设由国家政权主导，国家成为乡村社会的制度供给者，乡村社会秩序运行被严格控制在国家主导的制度框架内。因此，乡村社会制度建设具有了显著的国家化、强制性特征，而乡村制度建设的地域性特征被集中化的国家政权逐步消解。在这一时期，乡村社会制度建设主要承担了国家的意识形态功能，目的在于巩固国家政权，强化国家政权的汲取能力。而制度权威主要来源于政权合法性。随着国家政权下沉，乡村社会的制度建设触及乡村社会的方方面面。国家政权主导乡村社会制度建设有其利，也有其弊。借助于国家政权的强制性力量，乡村社会被纳入国家控制之下，强化了国家政权的资源整合能力，形塑了"集中力量办大事"的体制优势；但是，国家政权主导下的乡村社会制度建设在一定程度上扼杀了乡村社会的内在动力，阻碍乡村社会的自主性。改革开放后，伴随着农村经济体制改革，农村开始实行村民自治制度，国家政权对乡村社会的影响趋于弱化，国家主要负责宏观顶层设计，乡村社会的具体事务则通过村民自治制度由农民自己解决。由此，乡村社会制度建设形成了国家供给和自我供给的双重局面。随着经济社会发展，乡村社会利益关系日益复杂，秩序维度更加多元，而国家政权主导的制度供给难以有效完成对乡村社会的全面有效覆盖。进入 21 世纪以来，由于以村委会为自治机构的村民自治在实践中遇到诸多困难和问题，处于发展的瓶颈期，农村治理更多的是依靠外力推动，有人因此宣告"自治已死"。① 而村民自治遭遇现实困境的重要原因之一便是乡村社会制度自我供给能力不足。在现实生活中，乡村社会制度建设遭遇传统与现代的双重夹击，制度权威弱化引致的制度空转现象较为普遍，根本上难以有效适应和对接农村市场化环境。长期以来，乡村社会面临着制度供给机制失调的难题，并催生了乡村社会制度建设的碎片化问题。而乡村社会制度碎片化问题产生的根源则是权威碎片化、政府碎片化、政策碎片化

---

① 徐勇. 找回自治：探索村民自治的 3.0 版[N]. 社会科学报，2014-06-05.

和农民"原子化"。①

本书案例展现了乡村社会制度建设从碎片化到体系化的过程。首先，资本下乡中基层政府通过实施党建引领工程，强化了村级党组织的领导核心地位，重塑了乡村社会的权威体系。政府推行党建引领的目的是规避国家资源的低效配置问题，强化政策执行力，提升村庄与企业进行谈判合作的能力。随着党建引领工程深入实施，村级党组织成为政府与村庄、企业与农民之间的纽带，大大增强了乡村社会的凝聚力和向心力。在村级党组织的引领下，资本下乡中的农民真正得到了实惠，利益发展诉求得到有效回应，反过来进一步形塑了村级党组织的影响力。在这一过程中，村级党组织的权威来源由政府授权逐步转换为自我建构。通过发挥党建引领作用，村级党组织成为资本下乡中乡村社会的主要权威代表，解决了乡村社会权威碎片化问题。其次，在资本下乡中基层政府依托扶持村级集体经济发展试点项目，成立了试点工作领导小组，领导小组作为项目实施领导机构，打破了政府部门间的壁垒和界限，相关政策的制定、出台、执行、监督、评估等工作由领导小组具体负责，同时借助政党体制，强化了对乡村社会的影响力，解决了政府碎片化问题和政策碎片化问题。最后，资本下乡中农民通过再组织化，重建了"集体"空间，在拓展自身利益发展空间的同时，强化了制度执行能力，解决了农民"原子化"问题。权威碎片化、政府碎片化、政策碎片化和农民"原子化"问题的解决在一定程度上解决了乡村社会制度供给机制失调问题，为乡村社会体系化的制度建设铺设了道路。在这一过程中，政府、企业、农民合作社和集体经济组织等都成为乡村社会的制度供给者，但制度供给的渠道则依赖于村级党组织。随着乡村社会制度供给主体多元化发展，制度建设的广度和深度得以拓展，制度建设逐步呈现出体系化特征。得益于村级党组织权威重塑，农民的制度合法性认同危机在一定程度上得以解决，制度权威与乡村治理之间的内在紧张、制度规则的时空分割、制度形

① 王清.制度变迁过程中的碎片化：以户籍制度改革为例[J].学术研究，2015(04)：55-56.

式之间缺乏兼容性、治理主体的趋利行为以及制度环境约束等现实张力得到有效控制①,体系化的制度供给得以顺利进行,农民的制度认知能力、履行能力和自我供给能力不断提高。

(三)组织建设:从失序到有序

农村基层组织是农民组织化的主要载体,是农民进行自我管理、自我教育、自我服务、自我监督的主要平台。乡村建设最根本的应当是基层组织建设,国家可以为农民提供基础设施和公共服务,但国家难以解决从国家投入到农民需求的“最后一公里”问题,这必须要通过有效的农民组织化来解决。② 农村基层组织一般可以划分为政治组织、经济组织和社会组织三大类。政治组织主要指村级党组织、村民委员会、村务监督委员会等;经济组织主要指农村集体经济组织、农民专业合作社等;社会组织主要指宗族性组织、村民理事会、红白理事会、老年人协会、妇女协会等。从农村组织的产生方式来看,可以将农村组织划分为正式组织和非正式组织。农村正式组织主要是指依据国家相关法律和法规而设立的组织,诸如党支部、村民委员会、村务监督委员会等;农村非正式组织主要指由群众自发组建的组织,诸如红白理事会、老年人协会等。进入21世纪以来,育村村级组织建设的速度增长和规模增长异常迅猛,据不完全统计,在育村村级组织发展的鼎盛时期,村内有大大小小各类组织不少于二十个,除村党支部、村民委员会、村务监督委员会等村庄正式组织外,村内还成立了村民理事会、协商议事会、宗亲理事会、老年人协会、退役军人协会、妇女协会以及各类农民专业合作社等等。而事实上,名目繁多的村级组织大多角色定位混乱,职能交叉重叠,农村组织建设程序化、标准化、规范化严重滞后,不仅没有将农民有效组织起来,而且加剧了乡村社会内部的分化与分裂。例如,有些村级组织以从事村庄公益事业建设、服务群众为幌子,背后套取财政补贴,截留扶持村庄发

① 李松玉. 乡村治理中的制度权威建设[J]. 中国行政管理,2015(03):80.

② 贺雪峰. 乡村建设最根本的当是基层组织建设[J]. 农村工作通讯,2015(08):38.

展的各类资金,引起了民众的反感和不满。由此,农民对村级组织产生了不信任感,往往选择不加入、不参与。原本承担组织农民、发动农民、带动农民、引领农民功能的村级组织,反过来加剧了农民的“原子化”。究其原因,主要是村级组织发展失序。然而,“许多集体行为的问题只通过个人行为无法解决,但是由遥远的国家调解或间接的政治民主程序也不容易解决。相反,社群的自我调节,结合民主国家及其权威,倒可以使问题得到解决,自组织治理网络作为一种合作性的共同体能够使得理性的个人超越集体行动的悖论”①。如何解决村级组织发展失序问题成为育村必须要直面的问题。育村曾尝试进行村级组织整合,例如将原本分布在各片区的宗亲组织、协商议事会整合转型为自然村村民理事会,并制定了村民理事会章程,对村民理事会参与村庄公共事务的渠道和程序进行了规范。虽然整合行动在一定程度上规范了村级组织发展,但村级组织失序发展造成的负效应却一直影响着育村的组织建设,村级组织建设遭遇了失序发展带来的活力不足、动力缺失困境。

资本下乡为育村重建组织发展秩序提供了契机,为育村组织有序发展提供了外部动能。资本下乡中企业主导的农民再组织化将农民重新组织起来,这一过程得以实现的重要原因在于企业的利益驱动,农民虽然被组织起来,但是未被直接纳入企业的组织管理体系之中,而是在企业的引导下,借助企业的组织管理体系,通过重建农民专业合作社实现了再组织化。以农民专业合作社为载体的农民再组织化实质上承接了企业的“制度转移”,属于一种诱致型组织建设路径。后来,农民专业合作社被纳入育村集体经济组织,企业的赋能使得集体经济组织获得了运转动力,组织管理的现代化水平得到提升。与此同时,随着企业项目在育村落地实施,村级党组织、村民委员会、村务监督委员会等农村正式组织承担了资本下乡中村庄与企业间的具体对接工作,政府和各类农村社会组织的参与也在一定程度上规范了

① VAN DETH J W. Social capital and European democracy[M]. London:Routledge, 1999:322.

农村正式组织的运转程序,村级各类组织协同有效运转,确保了产业项目快速、安全、精准落地,这在产业项目选址、契约签订、厂房施工等环节都得到了印证。此外,长期以来育村一些农村社会组织,诸如老年人协会、红白理事会等,囿于运转资金短缺,无法有效承担起村庄的公益事业建设任务。在资本下乡中,农村集体经济获得了发展,村集体用一部分集体经济收益设置了专项资金,支持农村公益性社会组织开展公益活动。农村公益性社会组织可以向村集体申请资金支持,申请获得批准后,村集体视公益活动的规模和意义划拨一定的资金支持农村社会组织开展公益活动。由此,农村正式组织不但强化了对农村非正式组织的吸纳能力,而且有效弥合了农村组织失序发展造成的裂痕,也在一定程度上规范了农村非正式组织的发展秩序,为农村非正式组织的发展注入了活力。组织有效运转是农民组织化的前提,没有有效的组织载体,农民组织化将难以实现。资本下乡为农村组织有效运转提供了外部动能,依托有效的组织载体农民实现了再组织化,组织起来的农民有效提升了自身的利益表达能力、合作能力和监督能力,而后反过来又进一步推动农村组织规范有序发展。在此过程中,农村组织运转的动能供给主体逐步由企业让渡为农民自身,农村组织建设逐步实现了内外部动能的有序转换,为农村组织的健康持续运转提供了根本保障。由此,资本下乡中得益于企业的赋能,村级组织建设发展实现了从失序到有序的渐变。

(四)农民能力建设:从单一到全面

按照能力支配资源理论的观点,经济主体之间的交往表现为彼此能力的相互作用。经济交换力、政治协商力和文化感召力共同构成经济主体的能力空间,能力空间的大小意味着综合实力的强弱。① 在传统社会时期,农民能力建设呈现出单一化特征。从经济交换力来看,农民长期被束缚在土地上,土地是农民的“命根子”,农民从事农业生产主要是为了满足生存需

---

① 赵忠升.“三农”问题的核心:农民的权益与能力[J].农业经济问题,2012(11):62.

求,从而形成了自给自足的小农经济模式。小农经济的最大特点是生产单位的分散性,生产工具的落后性和对自然环境的依赖性。从政治协商力来看,在“皇权止于县”的行政体制下,农民除了承担赋税徭役义务,很难直接与政治集团产生实质性的关联。在封建社会,农民几乎不可能取得与掌权者平等对话的机会,农民与国家之间仅仅是简单的依附关系,封建统治者为维护国家机器正常运转,需要从农民那里征收赋税和徭役,农民需要从国家那里获得基本的安全保障,除此之外农民与国家少有交集。从文化感召力来看,受自给自足的小农经济影响,加之国家政权安排止于县一级,乡村社会呈现出相对的独立性、自主性和封闭性。在这一社会空间内,农民地缘相近、血缘相亲、业缘相关的特殊关系,造就了乡村社会独特的文化网络。基于乡村社会特殊的文化网络,内生了乡村社会的权威秩序,并由此主导了乡村社会的生产生活秩序。在乡村社会“权力的文化网络”中,农民的经济交换力和政治协商力在一定程度上必须服从内生性的乡村社会权威秩序的文化感召力。所以,在传统社会时期,农民的文化感召力是农民能力体系中最为重要的组成部分,农民具有浓重的文化依赖性。

人的能力体系建设是不断发展和丰富的,不可能停滞不前,也不可能一蹴而就,人的能力体系建设既与周遭的环境有关,也与社会发展阶段密切相关。马克思就指出:“人的依赖关系(起初完全是自然发生的),是最初的社会形式,在这种形式下,人的生产能力只是在狭小的范围内和孤立的地点上发展着。以物的依赖性为基础的人的独立性,是第二大形式,在这种形式下,才形成普遍的社会物质变换、全面的关系、多方面的需要以及全面的能力的体系。建立在个人全面发展和他们共同的、社会的生产能力成为从属于他们的社会财富这一基础上的自由个性,是第三个阶段。”①

新中国成立后,国家通过农业合作化运动把农民组织起来,以此来提高农民的农业生产能力。但是,伴随着国家基层政权建设,农民被纳入了国家

① 马克思,恩格斯.马克思恩格斯全集:第46卷·上[M].北京:人民出版社,1979:104.

政权的强制性支配体系中，且随着乡村社会文化网络的重构，乡村社会的文化感召力也呈现出式微状态，农民的经济交换能力、政治协商能力和文化感召能力被国家能力建设挤压，国家能力建设与农民能力建设存在着潜在的秩序冲突。由此，农民的能力建设陷入了失衡局面。随着农村经济体制改革，农村实行家庭联产承包责任制，农民的经济交换能力被重新激活，村民自治制度的实施也在一定程度上强化了农民的政治协商能力。国家主导的“文化下乡”在一定程度上也推动了农民文化能力的重建。但是，总体来看，改革开放以后，农民的民主能力建设是农民能力体系建设的核心内容。而农民的经济能力和文化能力建设则处于相对滞后的状态，最终导致乡村治理高度“政治化”。农村全面发展首先要求农民能力全面发展，农民能力建设是实现农民现代化的基础，而农民现代化的核心是农民多方面能力的培养和提升。培育和发挥农民全面的能力是推动农村全面发展，实现农业农村现代化的关键所在。新时期的农民能力体系包括了农民与自然发生关系的能力、农民与社会发生关系的能力、农民与自身发生关系的能力。① 但是，随着市场化进程加速，农民能力体系建设的外部影响因素越来越多，单一化的农民能力建设难以适应农村全面发展的客观要求，更难以有效应对农村市场化进程中的现实挑战。市场导向下的农民能力建设更加强调整体性、系统性，更加注重农民对外部环境的适应性，而这意味着农民能力建设必须要从单一走向全面。

农民能力建设从单一走向全面，既是农民实现全面发展的内在要求，也是农村市场化发展趋势下的适应性反应。对于资本下乡而言，全面的农民能力建设是建构资本下乡良性机制的重要环节，是实现农村发展内外部动能有序转换的关键，也是维系资本下乡中利益主体关系均衡的基础和前提。而资本下乡不仅为理解全面的农民能力建设提供了实践场域，而且提供了新时期农民能力建设的可能性路径。受制于薄弱的政治能力、经济能力、文

---

① 江永红. 马克思主义能力思想视野中的新农村建设[J]. 经济问题探索，2008(05)：49.

化能力和社会能力,市场化进程中的农民展现出一幅“弱者”的姿态,加剧了人们对资本下乡的疑虑。在资本下乡中,如果弱势的农民选择“讳疾忌医”,农民的全面发展就会成为一句空话,反过来也会加剧资本对农民利益的侵蚀。全面的农民能力建设是破解资本下乡难题,消除资本下乡疑虑的现实途径,也是激活农村内生发展动能,推动农业农村现代化的关键。在本书案例中,企业主导的资本下乡过程呈现出了市场化进程中的农民能力建设样态。资本下乡是一个系统性过程,农民要想深度参与其中,并持续性拓展自身利益空间,就必须要具备更加全面的能力。在利益驱动下,农民能力建设具有了内在动力,以回应内外部客观环境的要求。在资本下乡中,企业和政府的帮助训练了农民的生产能力、表达能力、合作能力、监督能力,强化了农民与自然、社会和自身发生关系的能力,改变了农民能力建设的单一样态。农民能力建设具有内在扩散效应,但在传统社会时期,单一化的农民能力建设受乡村社会封闭性的影响,农民能力建设的扩散效应往往不明显。时至今日,在农村市场化发展的大背景下,乡村社会的开放性日益增长,农民利益发展空间不断向外拓展。农民经济能力的提升可以向政治领域扩散,推动农民政治能力的提升;农民政治能力的提升也可以向经济领域扩散,推动农民经济能力的提升;等等。

(五)农民认知转型:从封闭走向开放

美国经济学家诺斯在阐述经济变迁过程时指出,大多数经济学家都忽视了思想观念在决策中的作用,他转而强调主体认知的重要作用,并建构了信念体系与制度变迁之间的内在联系。“正是人类使自身环境易于理解的努力导致了环境的持续变化,并因而给理解环境带来了新的挑战”。① 按照制度认知主义理论的观点,个体的认知决定其行为,进而直接影响到协调个

① 道格拉斯·诺斯.理解经济变迁过程[M].钟正生,刑华,译.北京:中国人民大学出版社,2007:5.

体之间相互关系的制度。① 从长时段历史分析看,中国农民的认知随着时代变迁不断演进,而农民认知的演进也推动着乡村社会不断向前发展。农民认知既受主体能力影响,也与其所处的环境有着内在关联。在传统社会时期,农民的认知受生存逻辑支配,农民从事农业生产的主要目的是解决自身的温饱问题。在农村生产力水平低下的情况下,自给自足的小农经济模式在一定程度上便是农民认知的制度产物。小农经济的分散性、风险性催生了农民对稳定性的需求,于是乡村社会内生性建构了"权力的文化网络",并由此维系了乡村社会生产生活秩序的稳定。受生存逻辑支配的农民认知使得乡村社会呈现出一定的封闭性,封闭性衍生稳定性,反过来也禁锢了农民认知的转型升级,使得传统社会时期的农民认知具有某种程度的封闭性。农民认知的封闭性直接导致了乡村社会制度变迁缺乏内在动力。在新中国成立以前的历史长河中,小农经济和"权力的文化网络"近乎主导了乡村社会生产生活秩序的全部。

新中国成立后,在国家力量的主导下,乡村社会实现了强制性制度变迁。乡村社会强制性制度变迁过程也潜移默化地影响着农民的认知。强制性制度变迁的逻辑是"跑步进入共产主义",新生政权通过"革命"取得农民的信任和支持,由此使得农民对国家主导的强制性制度变迁具有了情感上的适应性。为了确保强制性制度变迁过程的稳定性,国家将农民的认知裹挟进了意识形态化的动员中,农民认知被意识形态化的信念体系束缚。在人民公社体制下,受平均主义思想侵蚀,农民往往认为"干多干少一个样、干好干坏一个样",滋生了生产惰性,引致了严重的"搭便车"现象。在这一制度安排下,农民的温饱问题都难以得到有效解决,在生存逻辑支配下,农民认知与意识形态化的信念体系之间产生了内在张力,并试图以农民自身的认知推动制度变迁。1978 年,为了解决温饱问题,安徽小岗村的 18 户村民以"托孤"的方式,顶着巨大的政治风险,在土地承包责任书上按下了红手

① 徐美银,钱忠好. 农民认知与我国农地制度变迁研究[J]. 社会科学,2009(05):62.

印,主张实行包产到户,由此拉开了中国农村经济体制改革的大幕。1982年,中共中央批转的《全国农村工作会议纪要》中明确指出,包产到户、到组,包干到户、到组,等等,都是社会主义集体经济的生产责任制。不论采取什么形式,只要群众不要求改变,就不要变动。基于此,家庭联产承包责任制成为中国农民的伟大创造。此外,随着农村经济体制改革,村民自治制度得以实施。可以看出,制度安排在一定程度上影响着农民的认知取向。农民认知的改变往往会直接映射到实践领域,从而为制度变迁提供内在动力。总体来看,改革开放以来,无论是家庭联产承包责任制还是村民自治制度,都与农民的认知演进有着显著的关联性,正是在农民认知演进的驱动下,乡村社会制度变迁进程加速。随着经济社会发展,农村市场化进程加速,农民所处的内外部环境发生了翻天覆地的变化,农民认知逐步摆脱了生存逻辑的支配,转由发展逻辑支配。受发展逻辑支配,农民认知由封闭日渐走向开放,推动着农民认知转型。而农民认知转型在一定程度上加速了乡村社会制度变迁的进程,这一过程符合农村市场化的趋势,契合乡村振兴的时代要求。

资本下乡是农村城镇化、市场化背景下城乡要素流动的具体体现,是推动城乡融合发展的重要力量。农民对资本下乡的适应性回应是发展逻辑支配下的农民认知实践。随着经济社会发展,农民认知从封闭到开放的转型环境为资本下乡提供了基础和前提,而资本下乡在一定程度上也深化了农民认知转型,从而加速了市场化进程中乡村社会的制度变迁进程。在本书案例中,农民为拓展自身利益发展空间,深度参与到企业主导的资本下乡过程中,农民的行为选择实质是农民对自身利益发展认知的实践。在资本下乡中,农民接受了新知识、新技术、新理念等,提高了主体能力,拓展了自身利益发展空间,其认知能力和认知水平也不断提升。农民认知的演进直接提升了农民与利益主体谈判合作的实践能力,间接促进了资本下乡良性机制的建构和乡村治理体系、治理能力的改善。得益于农民认知的演进,农村发展的内生动力被有效激活,且不断强化。新时代尊重和改善农民认知状况是推动乡村振兴的重要秩序维度,乡村振兴本身便是乡村社会制度变迁的过程，乡村能否振兴本质上取决于制度变迁过程中的制度绩效。而制度变迁过程是“主体认知与外部环境互动调整的过程以及不同主体认知互动调整的过程，内隐的认知调整和外显的制度变迁在一定程度上具有同构性”①。可以说，农民认知是乡村社会制度变迁的直接推动力。农民认知从封闭走向开放，既是多元利益主体认知互动的结果，也推动了利益主体认知互动的深入，从而推动乡村社会产生了持续性的制度变迁。在资本下乡中，政府、企业与农民的认知互动是一个适应性过程，政府与企业既要尊重农民的意愿，也要提高农民的认知，以此推动建构更为合理的资本下乡机制，提升乡村社会制度变迁绩效。

二、村庄秩序再造下的乡村治理

党的十八届三中全会指出，全面深化改革的总目标是推进国家治理体系和治理能力现代化。乡村治理体系和治理能力现代化是国家治理体系和治理能力现代化的基石，没有有效的乡村治理就难以实现有效的国家治理。如前文所述，资本下乡对村庄的主体秩序、组织秩序、制度秩序等进行了再造。资本下乡对村庄秩序的再造直接或间接地对乡村治理产生了影响，村庄秩序再造的效应往往是通过乡村治理体现出来的。村庄秩序再造对乡村治理的积极影响主要体现在两个方面，一是丰富和完善了乡村治理体系，二是有效提升了乡村治理能力。而乡村治理体系现代化和乡村治理能力现代化共同指向乡村治理现代化，从这个意义而言，资本下乡对推动乡村治理现代化具有积极意义。当然，这并不意味着资本下乡对乡村治理的影响完全是正面的，“外来的城市资本以赚钱为目的，不会过多地考虑农民的利益和感受，也不会按照农民的逻辑行事，在法治化尚未完成的时代，城市资本显然会依照自身的逻辑进入农村，并且对乡村治理带来一些冲击和影响。这

① 徐美银. 基于农民认知视角的中国农地制度变迁研究[D]. 南京：南京农业大学，2012(5)：197.

些冲击或许是正面的,或许是负面的"①,而这根本上取决于是否建立了良性的资本下乡机制。

(一)秩序再造下的乡村治理体系

健全和完善乡村治理体系是新时代实现乡村有效治理的根本,是提升乡村治理能力的基础和前提。"现代社会治理体系由组织体系、制度体系、运行体系、评价体系和保障体系构成。其中,组织体系是主体,制度体系是依据,运行体系是路径,评价体系是标准,保障体系是支撑。它们既相对独立,又互为一体,从而架构起治理社会的互为前提、互相制约与互相推动的社会网络"。② 在本书案例中,资本下乡对村庄秩序的再造对健全和完善乡村治理体系起到了推动作用,丰富了乡村治理体系的内容,促进了乡村治理体系内部结构的优化。按照结构功能主义理论的观点,结构决定功能,乡村治理体系内部结构的优化,改善了乡村治理功能,提升了乡村治理能力。

从乡村治理组织体系来看,首先,资本下乡中在企业的主导下农民依托专业合作社实现了再组织化,在政府引导下村庄健全了村集体经济组织,丰富和拓展了乡村治理组织体系;其次,资本下乡为村级组织发展提供了外部动能,村级组织发展的有序性得到增强;最后,资本下乡中村级组织在村庄公共事务治理过程中的协同性得到增强,搭建了角色清晰、职能明确、多元协同、相互促进的乡村治理组织体系。从乡村治理制度体系来看,资本下乡强化了城乡要素之间的互动,加速了现代性向乡村社会的渗透进程,在利益驱动下,政府、企业和村庄强化了对乡村社会的制度供给,以此规避资本下乡中的潜在风险。资本下乡中乡村社会制度供给的主体更加多元,制度供给的科学性、规范性得到提升,制度的环境适应性不断增强,制度的覆盖领域更为宽广。从乡村治理的运行体系来看,资本下乡中逐步搭建了"党建引领、政府有为、企业协同、农民参与"的乡村治理运行体系。通过党建引领,

---

① 马华,王松磊. 我国城乡一体化背景下的公司下乡与乡村治理[J]. 农业经济问题,2016(04):17.

② 杨述明. 现代社会治理体系的五种基本构成[J]. 江汉论坛,2015(02):57.

规范了村级组织发展秩序，强化了乡村社会制度权威，为乡村治理运行体系提供了有效的秩序规范；通过积极发挥政府的支持和引导作用，重塑了乡村关系和政企关系，政府的指导和协调作用落到了实处，为乡村治理运行体系提供了有效的秩序支撑；通过企业协同，提高了农民的认知水平和市场能力，为乡村治理运行体系提供了外部动能；通过农民群众参与，激活了村庄发展内生动力，拓展了农民利益发展空间，民主选举、民主决策、民主管理、民主监督、民主协商机制更加有效，充分展现了农民主体性和创造性，为乡村治理运行体系提供了内生支撑。从乡村治理评价体系来看，更加强调乡村治理的有效性，突出乡村治理服务乡村振兴中心工作和农村改革发展大局的能力，不再简单强调乡村治理技术手段问题，而忽视对治理绩效的追求。① 从乡村治理的保障体系来看，通过建立“党建引领”机制，强化村级党组织在乡村治理中的领导核心地位，注重发挥政党体制优势，为乡村治理提供坚强的政治支持和政治保障。可以看到，资本下乡对村庄秩序的再造具有积极的治理效应，对健全和完善市场环境下的乡村治理组织体系、制度体系、运行体系、评价体系和保障体系具有明显的推动作用。

党的十九大报告提出，通过建立健全党委领导、政府负责、社会协同、公众参与、法治保障体制机制，打造共建共治共享的社会治理格局。打造共建共治共享的乡村社会治理格局是应有之义。打造共建共治共享的乡村社会治理格局的关键是要明确谁来共建、如何共治、由谁共享。解决这一问题必须要有与之相匹配的乡村治理体系。本书案例展现了打造共建共治共享乡村社会治理格局的可能性路径。资本下乡对村庄秩序的再造进一步健全和完善了乡村治理体系，依托乡村产业项目，政府、企业与村庄共同参与建设，有效盘活了国家资源、农村资源和市场资源；围绕资本下乡中的利益关切，政府、企业与村庄共同参与治理，稳定了资本下乡中的乡村社会秩序；通过多元主体共建共治，最终实现了政府有政绩、企业有回报、农民得实惠，搭建

① 马华，马池春. 乡村振兴战略的逻辑体系及其时代意义[J]. 国家治理，2018(03)：10.

了共建共治共享的乡村社会治理格局。随着经济社会发展，乡村社会的开放程度越来越高，乡村发展越来越不可能孤立于整体的社会环境之外，其必须要建立与外部环境的良性互动机制，摆脱乡村社会的封闭性束缚。这既是社会主义市场经济环境的客观要求，也是新时代实现农民利益发展的内在要求。但是，外部环境往往具有复杂性，处于弱势地位的农民在短时间内难以冲破传统束缚，获得驾驭市场的能力。从这个意义上讲，打造共建共治共享的乡村治理格局与现阶段乡村社会发展要求具有高度匹配性，乡村社会通过借助政府、企业等主体的力量，既能够取得新发展，又能够有效控制风险，逐步构筑起农民利益发展与利益保护的均衡格局。而本书案例呈现的秩序再造下的乡村治理体系便回应了这一要求，推动了共建共治共享乡村社会治理格局的建构。

（二）秩序再造下的乡村治理能力

乡村治理能力是乡村治理主体运用制度性规定管理乡村公共事务的能力，是国家制度执行力的有力表达。① 乡村治理体系是乡村治理能力的基础，乡村治理体系的变化最终要通过乡村治理能力体现出来。在本书案例中，资本下乡重塑了乡村治理体系，乡村治理体系的内在结构变化引致了外在功能变化，秩序再造下的乡村治理能力得到显著提升，主要体现在以下几个方面：

一是基层政府对乡村社会的干预能力显著增强。自 20 世纪 80 年代村民自治制度实施以来，尤其是农村税费改革以后，基层政府对乡村社会的干预能力呈现弱化趋势，这虽然为乡村社会的自主性发展提供了空间，但也在一定程度上引起了诸多问题，比如宗族组织、地痞村霸等长期把持基层政权，非法掠夺和侵占集体资源资产，而农民往往敢怒不敢言，严重损害了农民的切身利益。所以，应该辩证和理性看待基层政府对乡村社会的干预行

---

① 薛明珠. 农民政治参与和乡村治理能力现代化[J]. 南都学坛(人文社会科学学报),2014,34(06):89.

为。当前背景下,坚持政府适度干预不仅能够为乡村社会提供有效的外部动能,而且在一定程度上能够有效提高乡村社会抵御和化解外部风险的能力。从本书案例来看,资本下乡为政府干预乡村社会公共事务提供了新的通道。从政府干预目的而言,资本下乡中政府干预的主要目的不是强化国家的资源汲取能力,而是追求国家资源下乡效益最大化,推动乡村经济社会发展,规避资本下乡中的潜在风险,维护乡村社会秩序稳定,进而实现政绩诉求。因此,资本下乡中的政府干预目的具有明显的利他性特征。从政府干预的方式来看,资本下乡中政府干预往往不是依赖强制性手段进行,而是通过有效的“需求—回应”机制进行。政府的干预过程就是回应农民利益诉求的过程,政府的干预行为较容易被农民接受,甚至是在农民的强烈要求下进行的。从干预途径来看,资本下乡中政府对乡村社会的干预途径更加多元化,政府既可以按照农民的利益诉求对乡村社会公共事务进行直接干预,也可以借助政党体制,通过发挥村级党组织领导核心作用进行干预,同时,政府还可以借助资本下乡中的企业对乡村社会进行干预。可以看出,政府干预目的的利他性、干预方式的非强制性和干预途径的多元化使得其对乡村社会的干预能力得到显著增强。

二是乡村社会制度能力显著增强。制度能力指在一个特定的场域中,培养一种特定的地方能力或者地方文化,使政府机构、商业部门和市民社会能够形成协调合作、资源整合的氛围,对于地方的治理和发展起到至关重要的作用。① 治理能力的核心是制度能力,制度能力体现在制度供给能力和制度执行能力。从制度供给能力来看,资本下乡中政府、企业和村庄都是制度供给者,制度供给的主要目的是强化资本下乡中利益主体的行动能力,以此实现利益主体的利益诉求。资本下乡中制度供给的过程实质上是不同利益主体协调合作、资源整合的过程,而不同利益主体制度供给的均衡过程就是资本下乡中利益主体追求利益最大化的过程。所以,资本下乡中的政府、企

① 孙小逸,黄荣贵. 制度能力与治理绩效——以上海社区为例[J]. 公共管理学报,2012(04):30.

业和村庄基于自身利益目标而强化了制度供给能力，以期通过制度供给维系利益空间的稳定性。从制度执行能力来看，制度的生命力在于执行。资本下乡中利益主体之间通过有效的利益联结，形成了共生关系，进而增强了制度执行能力。利益主体在共生关系网络中相互依存，任何制度破坏者都会对其他利益主体造成侵害，进而引致“集体行动的困境”。资本下乡中不同利益主体之间为了共同利益的实现而相互制衡，为制度执行提供了外部监督，强化了利益主体的制度执行能力。资本下乡中不同利益主体基于利益稳定需求强化了制度供给能力，基于利益发展需求而强化了制度执行能力，两者共同推动了乡村社会制度能力的提升。此外，资本下乡中的制度供给更加注重和强调对市场环境的适应性，符合农村市场化趋势，推动了制度能力现代化。

三是农民政治参与能力显著增强。在传统社会时期，农民往往被排除在国家政治活动场域之外，农民难以直接参与国家的政治运作进程。新中国成立后，伴随着国家政权建设，农民被卷入国家的政治运动中，农民真正意义上有了政治参与，有学者将这一时期的农民政治参与称之为“政治卷入”。农民的“政治卷入”使得农民的政治参与呈现出典型的被动性、强制性特征。而伴随着村民自治制度实施，农民政治参与从过去的“政治卷入”转变为具有权利主张的政治参与形态。① 但是，长期以来农民的政治参与渠道和途径呈现出有限状态，农民政治参与主要依托村民自治所规定的“民主选举”而进行，村民自治体系内的农民政治参与呈现出明显的阶段性、有限性和渐进性特征。在本书案例中，资本下乡为农民政治参与提供了新舞台，有效拓宽了农民政治参与的渠道和途径。正是农民有效的政治参与，在一定程度上对资本下乡中政府、企业和村集体的行为构成了约束，推动了资本下乡良性机制的建构。农民政治参与的过程便是农民利益表达的过程。资本下乡中的利益主体更加多元，利益关系更为复杂，对农民的政治参与也提出

---

① 郭正林.当代中国农民政治参与的程度、动机及社会效应[J].社会学研究，2003(03)：78.

了更高要求。在资本下乡中,农民的政治参与方式、政治参与程度和政治参与范围在一定程度上都得到了拓展,有效提升了农民的政治参与能力。例如,资本下乡中农民通过再组织化重塑了自身利益表达秩序,强化了利益表达能力;在村企合作中农民强化了协商议事能力、监督能力等。同时,伴随农民政治参与能力的提升,并依托乡村的制度建设、组织建设等,农民政治参与的制度化水平也不断提高。

四是社会协同能力显著增强。自古以来,受制于乡村社会的封闭性,乡村治理在某种程度上呈现出排他性,乡村治理的社会参与机制难以建立起来,影响和限制了乡村治理绩效的提升。从本书案例来看,资本下乡中企业的深度参与为乡村治理提供了主体补充和外部动能。此外,资本下乡也带动了其他社会力量对村庄的关注,比如,资本下乡中诸多社会媒体对村庄的产业项目进行了大量的新闻报道,无形之中增强了对政府、企业和村庄的社会监督力量;在农民资金合作过程中,得到了新乡贤等社会群体的捐助,资金的使用要接受社会的监督;国家主导的资源下乡要向社会公开,于是引入了社会力量对产业项目的关注和监督。社会力量的参与最终都以压力传输的方式传导到乡村治理系统中来,进而对乡村治理的规范化运转起到了积极作用。资本下乡拓宽了社会力量参与乡村治理的渠道和途径,增强了乡村治理的社会协同能力,对构建更为开放的乡村治理体系具有促进作用,推动了乡村治理能力的提升。

(三)资本下乡与乡村治理现代化

随着城乡融合发展进程的加快,以资本下乡为代表的城乡要素互动格局正在加速形成。资本下乡虽然是一个经济过程,但其产生的作用是多方面的,对乡村社会的影响是全方位的。政治是经济的集中表现,经济基础决定上层建筑。① 资本下乡在推动乡村社会原有生产方式转型升级的同时,也必然对乡村社会原有的权力运作方式带来积极或消极的影响。问题的关键

① 马克思,恩格斯. 马克思恩格斯选集:第 2 卷[M]. 北京:人民出版社,1995:32.

是如何建构资本下乡的良性机制,以规避资本下乡对乡村社会的冲击和破坏。不可否认的是,资本下乡的确为乡村社会带来了资金、技术、管理等现代性的要素,而这些现代性要素正是农村市场化进程中所不可或缺的。新时代乡村振兴意味着乡村发展的外向程度不断提高,并最终融入整个国家的市场化进程之中。若违背社会发展的客观规律,固守乡村社会的封闭和保守,则乡村振兴从根本上难以实现。从这个角度而言,乡村社会无法将资本下乡拒之门外。伴随资本下乡而涌入乡村社会的现代性要素最终是通过更为先进的生产管理方式来发生作用并展现出来,这一过程同时伴随着乡村社会制度体系、组织体系的变革,进而对乡村治理结构产生影响。资本下乡对乡村治理结构的影响不具有被动性,乡村社会依靠自身所拥有的自主性(包括自主性的依附)在一定程度上可以矫正制度变迁中的路径异化问题。资本下乡中乡村治理结构的适应性变革是乡村治理系统与外部环境相互作用的过程,这一过程最终指向乡村治理现代化。当然,这并不意味着资本下乡必然推动乡村治理现代化,相反,如果资本下乡良性机制没有建立起来,不仅不能对乡村治理现代化起到促进作用,而且会破坏乡村治理结构,影响乡村社会秩序的稳定。所以,资本下乡推动乡村治理现代化的前提和基础是资本下乡良性机制的建立。

从本书案例来看,资本下乡促进了利益主体关系的均衡,推动了乡村社会体系化的制度建设和有序化的组织建设,锻造了更加全面的农民能力,提升了农民的认知水平,对村庄秩序进行了一定程度的再造。资本下乡对村庄秩序的再造具有积极的治理效应,并通过乡村治理体系和治理能力的提升表现出来,有效提升了乡村治理的现代化水平。事实上,乡村治理水平的提升反过来有助于推动建立资本下乡良性机制。乡村治理水平的提升意味着乡村社会的制度和组织体系更加健全和完善,乡村社会更有能力搭建均衡的利益主体关系,更有能力适应农村市场化趋势,提高村庄对外部环境的适应性,进而为资本下乡提供更为广阔的空间,由此形成资本下乡与乡村治理的良性互动格局,即形成“资本下乡推动治理有效,有效治理促进资本下乡”的良性循环。搭建资本下乡与乡村治理良性互动格局的关键和难点在于资本下乡的“起点”。资本下乡的“起点”往往处在极度复杂的内外部环境之中，利益主体间的信任建构漫长而又复杂，利益主体间的利益联结囿于信任缺失而难以实现，从而加剧了资本下乡的不稳定性。在本书案例中，这一难题的解决有赖于乡村社会的村治精英和县乡政府。依靠村治精英的权威和政府的公信力搭建了企业与农民之间的信任通道，形成了间接的信任机制。在这一过程中，村治精英和县乡政府在企业与农民之间充当了担保人角色，发挥了中介作用。而村治精英的“政治化”和县乡政府正确的政绩观促使村治精英和县乡政府具备了一定的内控能力，推动形成了均衡的利益主体关系，从而使二者在企业与农民之间保持客观公正的立场。村治精英“政治化”在一定程度上强化了政府对村治精英的控制能力，使村治精英与政府在角色上具有了同质性，村治精英的行动往往要受到政府的影响和控制。从育村的实践来看，解决资本下乡中的“起点”难题关键在于政府职能的有效发挥。但是，政府的参与又使我们无法回避自古以来乡村治理的核心议题——乡村关系。而笔者认为，新时代推进乡村治理体系和治理能力现代化与政府适度干预并不存在必然冲突，乡村治理体系和治理能力现代化是国家治理体系和治理能力现代化的重要体现，乡村治理本身便内含有效发挥政府职能的现实需求。政府作为公共机构，其职能在于维护公共利益，增进公众福祉。政府适度干预资本下乡是政府责任的具体体现，对建构资本下乡良性机制至关重要，对推动乡村治理现代化具有积极意义，也是推动政府职能转型的内在要求。何况，资本下乡中政府对乡村社会的适度干预并不是直接的强制性控制，而是政府补位“市场失灵”的现实需要。

三、资本下乡中村庄秩序再造的限度

资本下乡对村庄秩序在一定程度上进行了再造，产生了积极的治理效应。但是，资本下乡对村庄秩序的再造有其限度，这一限度主要体现在以下三个方面：一是现代性与地方性知识的碰撞冲突。资本下乡伴随着现代性的渗透，资本下乡中现代规则主导的秩序建构与地方性知识体系主导的秩序建构在路径上存在显著差异，受乡村社会内外部环境要素流变影响，两种秩序的均衡过程具有明显的不确定性，往往伴随着碰撞和冲突。二是政企关系诱变及其风险。资本下乡中不同的利益主体有着不同的利益诉求，利益驱动下利益主体关系存在诱变的可能，尤其是在利益驱动和科层体制压力双重塑造下形成的政企关系，具有更大的内在紧张性。三是间接信任背景下松散型的村企关系。资本下乡中企业与村庄基于间接信任机制而建立起来的村企关系具有脆弱性，村企利益联结的长效机制难以建构。这些不确定性因素直接影响着资本下乡对村庄秩序再造过程的可控性和再造结果的稳定性。降低资本下乡中不确定性因素的影响，对建构良性资本下乡机制，推动资本下乡可持续发展尤为重要。

（一）现代性与地方性知识的碰撞冲突

中国历史的延续性使得整个社会包含极为丰富的地方性知识，特别是对农村地区而言，地方性知识与农民的生产生活、生态环境息息相关、相辅相成。[①] 乡村社会地方性知识植根于农民的生产生活中，塑造着乡村社会的规则体系，规范着农民的日常行为。脱胎于地方性知识的乡村社会规则体系具有显著的封闭性、内敛性和稳固性。长期以来，地方性知识体系在维系乡村社会秩序运转方面发挥了至关重要的作用。地方性知识与小农经济模式相互依存、共荣共生，长期以来近乎主导了农民生产生活秩序的全部。小农经济催生地方性知识，地方性知识强化小农经济，乡村社会长期处于循环往复、稳而不进的状态。新中国成立后，强大的国家力量试图摧毁乡村社会封闭、保守、僵化的地方性知识体系，以便重新建构乡村社会新的规则体系。事实上，国家主导的强制性制度变迁取得了一定成效，普通农民在国家主导的规则体系下获得了土地等生产资料，推动了农村生产力的发展。但是，接踵而来的农业集体化运动则将乡村社会一步步推向了国家政权主导的意识

① 邱建生，汪明杰，张树威，等. 乡村振兴战略视角下的地方性知识与乡村治理——以培田客家古村落为例[J]. 福建农林大学学报（哲学社会科学版），2018，21(02)：8.

形态化的规则体系之中。受意识形态化的规则体系支配,农村生产效率直线下降,最终直接影响了亿万农民的生计。基于理性选择,农民转而谋求地方性知识体系的庇护,乡村社会出现了地方性知识回潮现象,从而推动了家庭联产承包责任制的实施和人民公社的解体。不可否认的是,家庭联产承包责任制仍然内含传统小农经济模式的特质。这一过程中,国家政权与乡村社会开始了调适性的互动均衡,家庭联产承包责任制的实施本质上是国家主导的规则建构与乡村社会地方性知识体系相互调适的结果,是乡村社会稳定与发展秩序均衡的结果。村民自治制度的实施则是上层建筑对经济基础的适应性反应。改革开放以来,乡村社会实际上长期处在国家建构与自我建构的双重规则体系之中。地方性知识体系的惯性作用深刻影响和塑造着乡村社会的发展走向,乡村社会在发展与稳定的均衡中不断演进,而地方性知识体系则为乡村社会的秩序稳定提供了直接的、原始的动力来源。

随着经济社会发展,乡村社会面临的外部环境发生了翻天覆地的变化,农民利益空间不断向外拓展,并希望借助市场的力量实现自身利益发展。而资本下乡便是实现农民利益发展市场化的具体体现。这也意味着乡村社会逐步由国家建构与自我建构的双重规则体系转入了国家建构、市场建构与自我建构的多重规则体系中来。资本下乡将乡村社会引入了更为复杂的市场环境中,农民利益发展与利益稳定之间的张力更为突出。从现实来看,对资本下乡中的农民而言,受制于市场能力薄弱,其稳定性的诉求不可能依赖于市场规则而实现,其必然将稳定诉求诉诸地方性知识体系。相较于政府所具有的公共性而言,资本是有原罪的,资本的代表者——企业存在的目的就是为了追求利润最大化。所以,资本下乡中农民的稳定诉求更为强烈,对地方性知识体系的依赖程度更高。资本下乡中的企业与农民不同,企业在追求利润最大化的过程中也有稳定诉求,但其稳定诉求诉诸现代化的市场规则体系。在资本下乡中的企业看来,乡村社会的地方性知识体系是现代市场规则体系的最大挑战者,若要规避资本下乡中的企业风险,必须要对乡村社会的地方性知识体系加以改造,而这也是资本下乡中企业主导现代规则下乡、再造乡土规则的主要目的。可以看到,资本下乡中企业与农民都有利益稳定的现实诉求，但是，两者利益稳定诉求却指向了截然相反的方向。由此，资本下乡中企业主导的现代规则与地方性知识体系塑造的乡土规则具有内在张力，当这一张力到达极限状态时，秩序冲突也就在所难免。

从本书案例来看，政府作用的发挥有效弥合了企业诉求与农民诉求之间的张力，将企业主导的现代性知识与乡村社会地方性知识的碰撞控制在了合理范围之内，从而降低了秩序冲突的可能性。但是，政府干预所产生的弥合效应呈现出有限性。资本下乡中政府的“新中间人”角色只能在特定阶段和节点发挥作用，而不可能全程参与，否则资本下乡这一市场建构过程就会异化为国家建构过程，进而削弱了市场机制的作用，这与资本下乡的初衷背道而驰。政府适度干预的过程本质上是利益主体利益发展诉求与利益稳定诉求互动调适的过程。政府作为一种外在力量，其以“新中间人”角色介入并发挥积极作用的可能性取决于利益主体发展诉求与稳定诉求的空间差。以资本下乡中的农民为例，在农民利益发展诉求占据主导地位时，农民利益稳定诉求会暂时让位于利益发展诉求，由此，农民利益发展诉求与稳定诉求的空间差得以扩大，利益发展与利益稳定的非均衡性程度增大，这也为政府介入提供了空间支持。政府的介入则在一定程度上填补了农民利益发展与利益稳定诉求之间的空间，进而通过外力作用推动了农民利益发展与利益稳定的均衡。利益发展诉求与利益稳定诉求均衡过程中伴随着农民利益的实现这一空间差会不断缩小，政府的外力作用就会被逐渐挤压出去。虽然，政府权力带有强制性色彩，但这一过程中政府作用发挥并不是依靠其强制性来实现，政府的强制性在这一过程中不具有外显作用，而是政府公信力所产生的间接信任效应。如果政府违背农民利益诉求并依靠权力的强制性强行介入这一均衡过程，则无形之中扩张了农民利益发展与利益稳定之间的空间差。此种情况下，农民为取得利益发展与利益稳定的均衡，不得不转向地方性知识体系的庇护，政府的过度干预反而可能会加速现代性与地方性知识的碰撞和冲突。资本下乡中政府的适度干预则有助于规避现代性与地方性知识的碰撞冲突，也符合“有为政府”的内在要求。而政府的过度干预则会适得其反。资本下乡中政府的干预动机受多方面因素影响，其中，新型政企关系建构是防范和规避政府过度干预的关键。

(二)政企关系的诱变及其风险

政企关系关涉到一个国家的历史、文化、社会传统和现实的体制,由此决定了政企关系是一个复杂的动态的系统,难以完全把握。① 一般情况下,对政企关系的具象化表述是政企分开或者是政企不分。市场经济环境下,政府与企业之间必然存在着某种联系,企业的健康发展离不开政府的有效监管与帮助,政府的运转也离不开企业税收,政企关系客观存在于经济社会发展环境之中。将政企关系简单理解为政企分开或者政企不分,只是从形式上界定了政府与企业之间的关系,却不能把握政企关系的本质。政企关系有分有合,“真实世界”的经济学认为,市场经济中的政企关系是相对的、多维度的、动态演化的。② 因此,并不能说政企分开就一定是健康的政企关系,政企不分就一定不是健康的政企关系。既然政企关系是客观存在的,问题的关键应该是如何形成更为健康和优质的政企关系。人们之所以对政企关系如此关注,原因在于政府与企业之间存在相互寻租的可能,若政府与企业在经济过程中基于私利相互寻租,则会严重破坏经济、政治和社会生态。也有学者指出政府与企业间的“双向寻租”并非只有消极影响,经济过程中既有传统寻租的企业逢迎政府,也有政府逢迎企业的“反向寻租”活动。正是这样的反向寻租,一方面遏制了寻租活动的过分猖獗,另一方面诱使地方政府提供了大量优惠,推动了企业发展。③ 但是,这种互动模式一旦形成,有着不断自我强化的内在倾向,政府、企业往往越来越卷入其中,越来越深陷

① 梅伟霞.我国转型期政企关系研究——基于企业政治行为视角[D].武汉:武汉大学,2013(01):11.

② 夏小林.政企关系:有分有合——从国际视角评切割政企关系的“改革”陷阱[J].管理学刊,2015(03):1.

③ 耿曙,陈玮.政企关系、双向寻租与中国的外资奇迹[J].社会学研究,2015(05):141.

其中,双方都难以自拔。① 最终的可能结果是政府与企业之间相互捆绑,潜在引致政企关系诱变。从本书案例来看,资本下乡中政府与企业之间便存在上述这种"双向寻租",并有效推动了资本下乡的进程。但是,这一"双向寻租"过程有着极其复杂的动因。

从企业角度来看,资本下乡中企业面临着更为复杂的外部环境,一方面,企业随时可能遭遇乡村社会地方性知识困境,其为了突破地方性知识体系束缚,必然寻求地方政府的干预,借助政府的强制性力量,消除资本下乡面临的阻力;另一方面,资本下乡发展乡村产业面临投资周期长、投资收益低的困扰,其也需要地方政府的大力扶持和优惠政策,以此稳定企业的投资回报。由此,资本下乡中企业有着向地方政府寻租的内在动力。从具体实践来看,本书案例中企业获得了政府的财政支持,政府通过入股企业的方式完成了政府资源的隐性配置,企业也因此获得了隐性的政治支持,进而通过"权力驱动"加速了企业主导的资本下乡进程;此外,企业还获得了政府扶持村级集体经济发展试点项目支持,这在一定程度上缓解了企业的投资压力。当然,企业寻求地方政府帮助和支持的行动并未就此终止,而是贯穿于整个产业项目的实施过程。随着产业项目推进,资本下乡面临的问题越来越多,越来越复杂,企业向政府寻租的诉求更为强烈。资本下乡中企业与村庄的契约建构、企业主导的农民再组织化等都离不开政府的引导与支持。而政府的干预也的确在一定程度上化解了企业面临的现实困境。

从政府角度来看,地方政府引导资本下乡目的是发展乡村产业,推动农民增收,同时也为完成上级的考核评估任务。这一过程中政府也有向企业"反向寻租"的冲动。市场经济环境下,借助市场力量推动乡村发展是政府的实践认知,而借助市场的力量主要就是要借助企业的力量。所以,市场经济环境反而为政府向企业"反向寻租"提供了客观支持。政府"反向寻租"的动机主要体现以下两个方面:一是政绩需求。实施乡村振兴战略是党和国

① PIERSON P. Increasing Returns, Path-dependence, and the Study of Politics[J]. American Political Science Review,2000,94(2).

家的重大决策部署,乡村发展的好与坏于政府而言其负有主体责任,而乡村振兴的核心的是产业兴旺,地方政府在实施乡村振兴战略过程中往往对产业兴旺给予更高的关注度。但是,首先政府不可能作为主体对乡村产业发展大包大揽,其次,在农民市场能力不足的窘境下,单纯依靠村庄自身的力量推动产业振兴也不具有内在可能性。由此,地方政府将关注点转移到企业身上,旨在通过引导资本下乡推动乡村产业发展,进而满足自身政绩需求;二是科层体制压力。乡村振兴战略背景下,地方政府面临着更为严格的考核评估。近年来,上级政府为了优化科层体制下的压力传输机制,畅通压力传输通道,往往通过体制内项目发包的形式推动地方发展实践。项目制一方面完成了国家资源下乡的任务,另一方面也伴随着体制压力的有效传输。可以说,项目制通过资源输入既保证了地方政府的积极性和主动性,也给地方政府施加了压力。本书案例中,地方政府获批了扶持村级集体经济发展试点项目,为了完成项目考核评估,其选择将项目实施融入资本下乡进程中。这一过程中政府对企业的寻租行动进行了有效反馈,同时,政府也面向企业进行“反向寻租”,以借助企业的力量完成项目实施,应对上级政府的考核评估。由此,资本下乡中政府与企业的双向寻租得以进行,并对资本下乡产生了积极作用。

资本下乡中政府与企业双向寻租过程具有不确定性。从企业角度而言,企业的寻租行为之所以处在可控范围内,主要原因在于政府的政绩需求和科层体制压力塑造了政府的内敛性。但是,随着企业寻租行为加剧,地方政府一旦被企业绑定,就意味着地方政府自主性降低,在科层体制压力下,为了维系政绩的可持续性,政府不得不对企业的寻租行为作出进一步回应。企业是逐利的,利益最大化是企业的根本目标,这一过程中企业的逐利行为只会不断强化。企业逐利行为的强化与地方政府自主性的降低会破坏资本下乡中双向寻租过程的均衡。一旦这种均衡局面被打破,政企关系就会发生诱变,资本下乡在一定程度上便会侵蚀国家目标。从政府角度而言,首先,科层体制压力在不同环境、不同阶段往往呈现出不同强度。首先,随着项目考核评估工作完成,地方政府面临的科层体制压力就会衰退,进而使得地方政府的公共性“反向寻租”滑向私利性“反向寻租”的可能性增加；其次，政府的政绩诉求也会随着外部环境的变化而改变，一旦政府政绩目标发生转移，则意味着政府施政重点发生转移，在既有政企关系框架内，政府的内敛性便会弱化，因此可能会加剧私利性寻租空间的形成。作为利益相关者的村庄虽然对政企关系具有有一定的制约能力，但是这种制约能力往往难以抗衡来自政府和企业的双向冲击。此种情况下，政企关系诱变的结果便是政企共谋。一旦形成政企共谋的局面，资本下乡就会异化为“与民争利”，甚至是“剥削农民”。

（三）间接信任背景下的松散型村企关系

信任关系构成了社会关系的基石，理想的社会关系以普遍信任关系作为前提条件。“所谓信任，是在一个社团之中，成员对彼此常态、诚实、合作行为的期待，基础是社团成员共同拥有的规范，以及对个体隶属于那个社团的角色”①。信任是合作的前提，有信任才会有合作，当合作型信任关系出现的时候，人们之间的合作不只是工具和手段，而是稳定的社会关系。② 资本下乡中企业与农民之间的信任建构至关重要，村企关系的核心问题是信任关系。企业与村庄之间利益联结策略必须要建立在主体相互信任的基础之上。企业与村庄之间的信任程度直接影响着村企利益联结的紧密程度。本书案例中，资本下乡伊始便面临着村企之间信任建构的难题。

对于企业而言，其在市场发育不充分的乡村社会进行投资必然要面临更多的不确定性，况且乡村熟人社会还充斥着大量的地方性知识，这意味着资本下乡中的企业很难触及乡村社会的核心圈层，与农民建立直接的联络渠道和机制，更遑论与农民建立直接的信任关系。对于农民而言，传统小农思维根深蒂固，接受新事物的能力相对薄弱，驾驭市场的能力严重不足，对资本下乡中的企业存在恐惧心理，在情感上很难将企业认定为“自己人”，农

---

① 弗兰西斯·福山. 信任：社会道德与繁荣的创造[M]. 李宛蓉，译. 呼和浩特：远方出版社，1998：35.

② 张康之. 行政伦理的观念与视野[M]. 北京：中国人民大学出版社，2008：205-218.

民的恐惧心理往往催生情感排斥,增加了村企信任建构的难度。为解决这一问题,企业通过私人关系建立的沟通联络机制,在情感上完成了对农民的俘获,实现了私人关系的公共性拓展,但这只是解决了农民对企业的情感排斥问题,加速了企业与农民之间的对话,距离村企信任建构尚有较大距离。而企业通过政府资源的隐性配置获得了公共信任资本,最终通过借力政府权威和公信力建立了与农民的信任关系。但是,这一过程中村企信任关系的建构离不开政府媒介作用的发挥,且随着政府的后续参与,不断固化了村企之间这种间接的信任关系。间接信任关系背景下,村企之间的利益联结具有松散性和不稳定性,农民或者企业完全可以借助政府的力量试图改变既定的利益分配格局。此外,企业的利益最大化目标和农民"小富即安"的短视行为往往也会引致村企信任危机,加剧村企间接信任关系的破裂。本研究案例中,企业最终选择通过发挥中间人的作用来防范村企信任危机,规避村企间接信任关系的破裂。但是,企业选定的中间人也有着复杂的利益诉求,当企业不能满足中间人的利益诉求时,中间人充当的"安全阀"角色便会失效。所以,资本下乡中企业与村庄之间并未真正建立起直接的信任关系,而村企间接信任关系则面临着诸多挑战。

间接信任关系背景下村企间的利益联结呈现出一定程度的松散性,这种松散性主要体现在以下三个方面:

一是村企利益联结中的中间人机制。资本下乡中企业与农民之间的利益联结不是直接进行的,而是通过中间人机制间接进行的,这一过程中企业与中间人代表的专业合作社首先进行利益联结,然后再由专业合作社与农民进行二次利益联结,最终形成企业与农民之间间接的利益联结。这种间接的利益联结策略在资本下乡初始阶段能够有效降低信任缺失背景下企业进入乡村社会的难度,提升资本下乡效率。但是,企业选定的中间人往往被视为企业利益的代表者,农民对其的信任程度相对较低。此外,如上文所述,中间人在资本下乡中往往具有多重利益诉求,且经常在不同利益诉求之间摇摆,受制于中间人的不稳定性,也使得企业与农民的间接利益联结也具有了不稳定性。所以,资本下乡中的中间人机制潜在使得村企利益联结呈现出松散性特征。

二是村企利益联结中的风险防控机制。资本下乡发展乡村产业既要面临乡村社会地方性知识体系催生的社会风险，同时也面临不确定性的市场风险，还要面临诸如自然灾害等自然风险。资本下乡中如果缺乏有效的风险防控机制，一旦遭遇风险侵袭，势必会影响村企利益联结的稳定性。对于农民而言，风险承担能力薄弱，在资本下乡中往往将风险防控的主体责任推向企业，让农民稳赚不赔、旱涝保收是“政治正确”；对于企业而言，生产经营遭遇风险侵袭时，为最大限度维护自身利益，往往试图将风险损失转嫁给弱势的农民，以减轻自身生产经营压力。在本书案例中，企业虽然承诺通过兜底收益的方式解决农民的风险担忧，但从企业的实际情况来看，一旦发生重大风险，其根本无力承担风险损失，企业的兜底收益策略更多是一种谈判技巧，目的是给予农民信心，引导农民深度参与到企业的生产经营活动中来，以降低自身的生产交易成本。企业与专业合作社签订的种植合同中虽明确了保价收购，但对相关风险的界定则相当模糊，存在隐性的风险转移现象。而村企信任缺失必然会强化利益主体风险转移的冲动。

三是村企利益联结中的利益增长分享机制。合理的利益增长分享机制是维系利益主体合作关系长期稳定的关键，也是建构村企利益联结长效机制的重要内容。企业追求利益最大化的过程伴随着企业利润空间的扩张，村企之间缺乏有效的利益增长分享机制必然引致农民离心力的增强，进而降低村企信任关系的黏性，最终破坏村企利益联结的稳定性。

由此可见，间接信任关系背景下的村企利益联结呈现出松散性特征，利益联结的松散性催生了松散型的村企关系，而松散型的村企关系往往对建构资本下乡良性机制，促进资本下乡可持续发展造成难以估量的负面影响。

四、小结

资本下乡对村庄秩序进行了再造，村庄秩序的再造离不开政府、企业和农民的共同参与。从村庄秩序再造的过程来看，资本下乡再造村庄秩序遵循内在的逻辑进路,具体表现为:利益主体关系从失衡走向均衡,乡村社会制度建设从碎片化走向体系化,乡村社会组织建设从失序走向有序,农民能力建设从单一走向全面,农民认知从封闭走向开放。这一逻辑进路彰显了市场经济背景下乡村社会发展新趋向。资本下乡顺应了这一逻辑要求,与乡村社会发展具有同向性,为新时代乡村社会全面发展提供了试验场,推动了乡村社会秩序的演进。资本下乡对村庄秩序的再造具有积极的治理效应,推动了乡村治理体系的完善,提升了乡村治理能力,对乡村治理现代化具有助推作用。资本下乡对村庄秩序的再造也有其限度,在地方性知识浓厚的乡村社会,集现代性要素于一体的现代企业可能会遭遇乡村社会地方性知识的围剿,潜在引发现代性与地方性知识的碰撞冲突。此外,受多重不确定性因素影响,资本下乡中政企关系存在诱变可能,对良性资本下乡机制的建构带来挑战,增加了资本下乡侵蚀农民利益的风险性。同时,企业与农民间的信任建构是资本下乡中短时间内难以攻克的难题,间接信任关系背景下的村企关系具有松散性,不利于资本下乡的可持续发展。所以,推动利益主体间的间接信任关系走向直接信任关系是稳定村企关系的基础,也是推动资本下乡可持续发展的关键。

第六章　结论与讨论

本书从村庄秩序再造视角对资本下乡进行了研究，围绕资本下乡中的利益主体——政府、企业与村庄（农民），全景式呈现了资本下乡对村庄秩序再造的过程。资本下乡对村庄秩序的再造具有积极效应，也有其限度，问题的关键在于如何建构良性资本下乡机制，推动资本下乡可持续发展。从农村外部环境来看，市场经济环境下，农村不可能独善其身，孤立于市场体系之外，其必须要借助市场的力量实现更大发展。与此同时，随着乡村振兴战略的深入实施，城乡融合发展不断加速，城乡要素流动日益频繁，为资本下乡提供了广阔的实践舞台；从农村内部环境来看，农民的生存型思维已经逐步转变为发展型思维，农民的利益空间呈现出前所未有的扩张状态，资本下乡对盘活农民手中“沉睡”的资源资产，激活农村要素潜能，促进小农户与现代农业有机衔接具有积极作用，回应了新时代农民利益发展要求。同时，如何有效规范资本下乡中企业的逐利行为，建立更为合理的利益增长分享机制，实现乡村社会传统治理资源的现代性建构，仍值得深入探讨和挖掘。

一、基本结论

（一）资本下乡中利益主体间信任建构是基础

信任是合作的基础和前提，没有信任就没有稳定的合作。资本下乡中地方政府、企业和村庄有着各自的利益目标和诉求,其行动策略服务于利益目标和诉求的实现。但是,每个利益主体目标的实现都离不开其他利益主体的积极配合和有效参与,均衡的利益主体关系是建构良性资本下乡机制的关键。而利益主体关系的核心和基础则是利益主体间的信任关系。资本下乡中利益主体信任建构的过程实质上也是利益主体关系不断均衡的过程。利益主体信任建构是一个极其复杂和漫长的过程,乡村社会的特殊性则增加了信任建构的难度。从政府角度而言,地方政府引导资本下乡发展乡村产业的同时,也担心资本下乡仅仅是为了套取国家财政补贴,掠夺农村资源,但是,在政绩驱动和科层体制压力下地方政府又不得不寻求企业的参与,以此为乡村产业发展注入市场活力;此外,资本下乡中乡村社会要面对的是处于强势地位的企业,地方政府对农民与企业的合作能力也心存疑虑。由此,资本下乡中地方政府对企业和村庄都存在一定程度的不信任感。从企业角度而言,首先,资本下乡中企业往往无法回避地方政府的强制性干预,地方政府不合理的政绩诉求和不断强化的科层体制压力往往会阻碍资本下乡中企业利益目标的实现;其次,资本下乡中企业身处地方性知识浓厚的乡村社会,乡土规则主导的秩序与现代规则主导的秩序短时间内难以实现有效对接,无形中增加了企业的交易成本。由此,企业对政府和村庄也存在不信任感。从村庄角度而言,客观上其既需要政府的政策倾斜和扶持,也需要企业的推动和引领。但是,现实是农民对资本下乡中政企关系的制衡能力严重不足,一旦政企关系诱变则会加剧资本下乡对农民利益的侵蚀和剥夺,潜在引致农民的不信任感。此外,乡村社会“原子化”的农民越来越难以形成集体行动的共识,这进一步强化了农民对资本下乡中政府和企业的不信任感。可以看出,受内外部环境和利益主体异质性影响,资本下乡中利益主体间的信任建构异常艰难。

缺乏信任的合作是一种松散型合作,这种松散型合作无疑会加剧资本下乡的风险。松散型合作关系背后是主体利益联结的松散性,在逐利环境下,这种松散型合作关系会催生出严重的机会主义心态,进而会加剧利益联结的松散性,最终导致合作关系的崩塌。本书选取的案例为资本下乡中利益主体间的信任建构提供了一幅现实图景。政府资源在企业内部的隐性配置解决了企业对政府的不信任问题,而政府对乡村社会的适度干预则解决了企业对村庄的不信任问题;村治精英关键作用的发挥解决了农民对企业的不信任问题,而企业主导的农民再组织化则解决了农民对政府的不信任问题;党建引领作用的发挥解决了政府对村庄的不信任问题,而政府"新中间人"角色的塑造则解决了政府对企业的不信任问题。由此,初步搭建了资本下乡中利益主体间的间接信任关系。这一间接信任关系的搭建离不开利益相关的第三者的中介作用。资本下乡中利益主体间接信任关系的建构具有积极作用,虽然其在一定程度上仍然呈现出松散性特征,但却有效解决了资本下乡的"起点"难题。资本下乡中利益主体信任建构具有渐进性特征,不可能一蹴而就。随着资本下乡实践不断深化和主体利益目标不断调适均衡,利益主体间的间接信任关系会逐渐向直接的信任关系演进。伴随这一进程,利益主体合作的松散性程度会不断降低,趋向于紧密型合作关系的建构。总而言之,资本下乡中利益主体间的信任建构是基础,而信任建构的手段和方式因时因地而异,并影响着利益主体间的信任程度,最终通过资本下乡的实践效果展现出来。

(二)村治精英是资本下乡的主要桥梁和纽带

村治精英在村庄的发展中发挥着关键性作用。村治精英既是村民集体意志的强有力执行者,也反过来深刻塑造着村民的集体意志。相较于普通农民而言,乡村社会的村治精英往往具备了更为全面的能力,掌握了更为丰富的社会资源,拥有着更为广泛的影响力,对村庄发展具有更强的引领力和推动力。从本书案例来看,在争资入村背景下,村治精英主导下的乡村社会秩序相对来说更为稳定,为资本下乡营造了更为宽松和可控的实践环境。同时,正是得益于村治精英的全力争取,才使得村庄在竞争激烈的环境中脱颖而出。具体实践中,村治精英成为资本下乡中政府与企业同乡村社会深度互动的主要桥梁和纽带。从地方政府角度而言,资本下乡中政府要实现其利益目标,有效防范资本下乡带来的风险,就必须要对乡村社会保持适度的干预能力,而政府适度干预乡村社会的主要通道便是村治精英;从企业角度而言,其进入地方性知识浓厚的乡村社会,必然面临着诸多阻力,更无法面对“原子化”的农民,企业为了降低同村庄的交易成本,必须要借助村治精英的力量,进而将企业的实践意图输入乡村社会。对于村治精英而言,其在乡村社会的影响力和权威主要来源于对农民利益诉求的有效回应,而当前农民最大的利益诉求是实现自身利益发展。因此,通过发展乡村产业实现农民增收,进而激发村庄内生动力是其突破村庄发展困局的主要目标和手段,也是其有效治理村庄的逻辑起点。但是,在农村市场发育不充分的条件下发展乡村产业必须要借助外力推动,而这一外力的主要来源便是政府和企业。所以,资本下乡中村治精英桥梁和纽带作用的发挥有其动力来源。

具体来看,村治精英发挥桥梁和纽带作用的动力主要来源于其对政府适度干预和企业深度参与的内在需求。从村治精英对政府适度干预的需求来看,一方面,其可以在政府适度干预过程中强化对政府资源的获取能力,为村庄谋取更多的国家资源;另一方面,可以借助政府的力量,强化对企业的制衡能力。二是村治精英对企业的深度参与也有着强烈的内在需求。一方面,企业主导的资本下乡能够为村庄带来资本、技术、信息、管理等现代性要素,能够有效解决村庄产业发展过程中现代要素短缺问题,盘活农村既有要素活力。此外,推进乡村产业发展必须要依靠市场力量,而企业是现代市场经济的主体,企业深度参与乡村产业发展必然能够为村庄发展注入市场活力。由此,资本下乡中村治精英、政府和企业相互之间形成了双向需求关系,而在相互间的双向需求关系中村治精英充当了政府、企业与乡村社会发生关系的桥梁和纽带。实践中可以看到,在资本下乡的诸多环节,正是村治精英桥梁和纽带作用的发挥,加速了资本下乡的进程,有效规避了资本下乡路径的异化。

而如何加强对村治精英的有效约束,规避村治精英异化带来的风险,则是资本下乡中无法回避的关键问题。一旦村治精英异化为企业的谋利型经纪人,则必然会加剧资本下乡对农民利益和国家资源的侵蚀。从本书案例来看,资本下乡中村治精英的主要目标是回应农民利益诉求,通过发展乡村产业实现富民增收,进而获取社会资本和谋求个人政治目标的实现。这在一定程度上形塑了村治精英的内敛性。虽然,村治精英具有一定程度的内敛性,但是,将资本下乡中的风险控制寄托于村治精英的行动自觉则是不现实的。为了解决这一问题,地方政府通过强化基层党建引领作用,将村治精英纳入更为严格的政党监督体系内,通过发挥政党体制优势,地方政府实现了对村治精英的有效吸纳,同时也形塑了对村治精英的外在约束力,并有效防范了企业对村治精英的过度吸纳及村治精英的异化。由此,地方政府的适度干预一方面强化了村治精英的桥梁和纽带作用,另一方面也为村治精英作用发挥提供了稳定性支撑。但是,这一均衡局面的形成是以良性政企关系为前提。

(三)新型政企关系是资本下乡可持续性的保障

现代经济活动离不开有效市场,市场经济也离不开有为政府。发挥有效市场与有为政府作用的关键是构建新型政企关系。政企关系有优劣之分,对于政府而言,良性政企关系既是市场经济环境下政府实现公共目标的前提和基础,也有助于政府借助市场的力量实现公共利益最大化;对于企业而言,良性政企关系既是有效保障企业市场经济主体地位的关键,也是保持经济社会发展活力的根本。而恶性政企关系不仅会滋生权力寻租空间,也会扭曲经济结构,降低经济社会发展活力。所以,良性政企关系建构对经济社会发展尤为重要。市场经济环境下农村发展越来越离不开市场,只有通过有效的市场手段才能更好满足农民日益增长的利益诉求。随着城镇化和乡村振兴战略的实施,资本下乡是运用市场手段推动农村经济社会发展的有益尝试,符合新时代城乡融合发展和农村市场化趋势。但受制于乡村社会的特殊性,资本下乡面临着极其复杂的政治环境、经济环境、制度环境和文化环境等,这一定程度上加剧了资本下乡的风险。而政企关系在资本下乡所面临的复杂环境中占据了核心位置,往往会“牵一发而动全身”。资本下乡中政企关系的良性与否直接关系着资本下乡实践的成败。所以,资本下乡对良性政企关系的需求程度尤为强烈。

何为良性政企关系？习近平总书记指出，新型政商关系概括起来就是“亲”“清”两个字。“亲”就是政府要主动帮助企业解决实际困难，服务和引导企业健康发展，而企业要在自身发展的同时要主动承担社会责任，带动和支持地方经济社会发展；“清”就是政府不搞“权力寻租”，为企业发展营造宽松便利的发展环境，而企业也要合理合法从事生产经营活动。新型政商关系实则也是新型政企关系。资本下乡中地方政府与企业的互动更为频繁，交涉更为深入，如果两者不能做到“亲”与“清”，甚至形成政企合谋关系，不仅会侵蚀国家目标，更会侵蚀农民切身利益，也不利于企业自身的可持续发展。新型政企关系意味着既要发挥有效市场的作用，也要发挥有为政府的作用，进而形成政府与企业间的良性互动格局，最终达到政府与市场关系的最佳状态。资本下乡中地方政府与企业只有形成新型政企关系，才能真正实现政府的政绩诉求，才能真正实现企业的健康发展，才能真正实现富民增收的目标；只有形成新型政企关系，处于弱势地位的农民才能真正接纳资本下乡，才能真正为资本下乡提供更为广阔的实践舞台；只有形成新型政企关系，资本下乡再造村庄秩序的积极效应才能真正具有可持续性，才能真正为农村发展动能的有效转换创造良好条件。不可否认的是，当前有一些企业打着推动乡村发展，助力乡村振兴的幌子，在农村圈地捞钱，侵害了农民的利益。如果政府对此置若罔闻，农民对此软弱无力，企业对此麻木不仁，最终就会使资本下乡异化为对乡村社会的利益“围剿”，一旦出现这些问题必然与恶性的政企关系有着显著的内在关联。所以，建构新型政企关系是确保资本下乡可持续性的基本保障，没有良性的新型政企关系就没有可持续的资本下乡。

（四）有效的利益联结机制是稳定村企关系的关键

合作主体进行有效的利益联结是确保主体合作关系稳定的关键。资本下乡中村企间的利益联结越松散，村企关系的稳定性就越差，反过来村企利益联结越紧密，村企关系稳定性就越强。利益联结机制的抗压能力则直接影响着利益联结机制的有效性。利益联结机制抗压能力低则利益联结就越松散,利益联结机制抗压能力高则利益联结越紧密。利益联结机制的抗压能力受多重因素影响,诸如主体间信任程度、利益分配合理性、风险控制能力等。对于资本下乡而言,利益联结的主体主要是企业与村庄(农民),村企利益联结的紧密程度取决于村企利益联结机制的抗压能力,进而影响村企关系的稳定性。所以,资本下乡中建构有效的利益联结机制是稳定村企关系的关键。本书案例中,因企业生产经营活动具有特殊性,村企利益联结从村集体和农民两个维度展开。村企利益联结过程中,受制于村企间信任程度低、风险控制能力弱等因素,使这一过程较为漫长和复杂。

从企业与村集体的利益联结过程来看,股份合作是企业主导下的利益联结策略,而按价收租则是村庄主导下的利益联结策略。企业的股份合作策略相较于村集体的按价收租策略而言,具有显著的利益增长空间,但却无法解决风险控制问题。对于求稳心态浓厚的村集体而言,按价收租策略显然是最为稳妥的方案。最终,在政府的适度干预和引导下,企业与村集体之间通过按价收租策略进行了利益联结。这一利益联结机制有效解决了信任程度偏低状况下的风险控制问题,在一定程度上保证了村集体收益的稳定性。但是,在解决风险控制问题的同时,无形中压缩了村集体的利益增长空间;从企业与农民的利益联结过程来看,企业通过优先用工、技术培训和兜底收购等策略与农民进行利益联结,但这仍然无法解决农民对企业的信任问题,而政府和村集体的干预能力在此过程中呈现出有限状态。最终,企业为了降低交易成本,选择通过中间人主导的农民专业合作社与农民进行了间接的利益联结。企业与农民间的直接的利益联结以失败告终。企业与农民间的间接利益联结机制有其积极效应,一方面解决了企业的交易成本和生产成本控制问题,另一方面也推动了农民的再组织化过程。但是,这一间接利益联结机制也有其负面效应,企业可以通过间接的利益联结机制将本该企业承担的责任和风险向中间人主导的农民专业合作社进行转移。虽然,在政府引导下,最终中间人主导的农民专业合作社被纳入村集体经济组织框架内,在一定程度上为政府和村集体的干预提供了通道,但是,这一策略并未实质改变企业与农民间利益联结的松散性,由此,增加了村企关系的不确定性。而企业与农民间直接的利益联结只能随着资本下乡实践过程的不断深化才有可能得以实现。因为资本下乡中随着农民利益诉求不断实现,企业与农民间的信任程度会逐步增强。

基于本书案例的启示,资本下乡中村企利益联结机制的建构必须要着眼于以下三个方面:一是利益联结机制的建构要兼顾利益稳定与利益发展。对于村集体和农民而言,利益稳定是前提,利益发展是根本。资本下乡中村企利益联结机制必须要统筹考虑利益稳定和利益发展问题。通过强化风险控制机制建设,实现主体利益稳定,同时要不断调整和优化主体利益联结策略,为主体利益发展提供新空间;二是利益联结机制的建构要以强化要素聚合能力为导向。主体利益联结的过程本质上是主体之间取长补短、优势互补、相互促进的过程。资本下乡的目的是实现城乡要素互补,优化资源配置,进而实现合作共赢。资本下乡中主体利益联结机制建构过程中要以强化要素聚合能力为导向,不能单纯为了追求利益稳定,而过度强化利益联结机制的抗压能力,因为过度强化抗压能力势必会压制要素活力。本书案例中,企业与农民间的间接利益联结策略在一定程度是追求利益稳定与保持要素活力的均衡策略。但是,这一策略需要随着实践的不断深化进行优化和调整,否则就会影响既有的均衡格局。三是利益联结机制的建构要以增进主体信任为前提。主体间信任程度深刻影响着其利益联结的紧密程度,资本下乡中利益联结机制的建构要以增加彼此互信为前提和基础,如果主体间的利益联结策略反向吞噬主体间的信任关系,这不仅无法促进和提高主体间利益联结的紧密程度,反而会降低既有的利益联结机制的效用。

(五)资本下乡中多元主体共建共治共享是根本

如何更好地进行合作是人类社会发展的永恒主题。大到国家之间,小到人与人之间,不同个体、不同群体之间的合作关系是整个社会关系网络的重要组成部分。受社会环境、主体特质、利益关系等诸多因素影响,不同主体间的合作关系表现出不同的样态,也呈现出不同的合作效应。对于乡村社会而言,随着城镇化不断推进,特别是乡村振兴战略的实施,城乡融合发展进程不断加速，农村市场化趋势越来越明显。但是，受制于长期以来城乡之间的非均衡发展格局，乡村社会单纯依靠自身力量根本难以突破其发展滞后的窘境，必须要通过建构城乡融合发展路径，实现以城带乡、城乡互补，进而为乡村社会发展提供新动能。新时代乡村社会寻求与外部合作的需求越来越旺盛，而企业主导下的资本下乡顺应了这一趋势。资本下乡中通过搭建企业与村庄之间的合作关系，能够有效实现城乡要素互补，优化资源配置，进而为乡村社会注入发展活力，最终实现合作共赢。同时，村企合作关系建构过程也受利益相关的第三者的影响，诸如地方政府、其他社会力量等，而利益相关的第三者的有效参与往往对稳定村企关系具有积极效应。总而言之，资本下乡中推动利益主体稳定合作关系的形成至关重要，是衡量和评价资本下乡成效的重要尺度。而合作关系的建构具有多重路径，不同的建构路径往往直接决定了合作关系的样态，进而影响着利益主体间的合作成效。通过对资本下乡的个案研究，本研究的启示是：资本下乡中多元主体共建共治共享是建构利益主体合作关系的理想路径，这一路径有助于促进不同利益主体间优势互补、相互促进，有助于维系利益主体合作关系长期稳定，有助于实现多元利益主体合作共赢，有助于形成资本下乡中的紧密型利益共同体。

资本下乡中多元主体共建是基础，共治是保障，共享是根本。资本下乡中多元主体共建的过程实质是城乡要素流动互补的过程，是资源整合的过程，也是激活农村发展动能的过程。通过多元主体共建，充分发挥主体优势，激发要素潜能，形成发展合力；资本下乡中多元主体共治的过程实质是利益均衡的过程，是秩序建构的过程，也是风险控制的过程。通过多元主体共治，为多元主体共建提供秩序支撑和保障，规避资本下乡路径异化，增强发展的稳定性；资本下乡中多元主体共享的过程实质是利益均衡分配的过程，是激发内生动力的过程，也是可持续发展的过程。通过多元主体共享，切实增强主体获得感，有效提高共建共治的积极性和主动性。同时，资本下乡中多元主体共建共治共享的过程，也是利益主体信任建构的过程，这一过程中利益主体间的信任关系不断强化，为稳定利益主体合作关系提供了内在支撑。资本下乡中多元主体共建共治共享路径的建构有其内在要求，就是要毫不动摇地坚持党的领导，发挥党建引领作用，为资本下乡中的秩序均衡提供坚强有力的政治保障；坚持发挥有为政府的作用，为资本下乡提供基本的外部秩序支持；坚持社会协同和广泛参与，为资本下乡推动农业农村发展赋能；坚持农民群众主体地位，尊重农民群众意愿，激活农村发展内生动力；坚持法治保障，为资本下乡提供有效的底线约束。在此基础上，通过打造资本下乡中多元主体共建共治共享新格局，建构起新时代资本下乡的新秩序。

二、进一步讨论

（一）如何完善资本下乡中的企业治理？

企业具有追逐利润最大化的天性。资本下乡中企业不合理的逐利行为往往会破坏利益主体间的均衡关系，导致政企关系、村企关系恶化。加强和完善资本下乡中的企业治理是有效规避资本下乡风险的重要一环。一是要加强和完善企业的内部治理。资本下乡中的企业进入地方性知识浓厚的乡村社会，面临着乡土规则的制约。在利益目标驱动下，如果企业为了迎合乡村社会的非合理诉求，将乡土规则内化进企业的治理结构中，则可能使企业遭遇被乡村社会同化的风险，进而影响企业的生产经营活动。一旦资本下乡中的企业被乡村社会所同化，则意味着企业现代性的流失，将会阻碍城乡要素正常流动，抑制农村要素资源活力，造成企业的自我失灵，最终难以有效完成资本下乡的目标，甚至会引发乡村社会的利益冲突。所以，必须要加强和完善企业的内部治理，有效提高资本下乡中企业应对乡村社会不确定性的能力。而如何加强和完善资本下乡中企业的内部治理，需要企业自身不断去探索和实践；二是要加强和完善企业的外部治理。当前，虽然国家和地方对资本下乡持开放态度，并在一定程度上鼓励资本下乡参与乡村脱贫攻坚和产业振兴。但是，政府部门尚没有针对资本下乡制定相关规章制度，而涉及资本下乡的相关政策相对比较散乱，约束性和引导性不强。所以，国家应从顶层设计出发，针对资本下乡尽快出台相关规章制度，以此约束和引导资本下乡中企业行为。

（二）如何构筑更为合理的利益增长分享机制？

利益主体间合理的利益增长分享机制是建构紧密型利益联结机制的内在要求，是确保利益主体合作关系长期稳定的关键。当前，推行农村股份合作被视为建构合作主体间利益增长分享机制的有效举措。但是，股份合作往往无法有效解决农民短期利益诉求，且农民对股份合作的风险也心存疑虑。农民基于现实利益考虑，对股份合作尚不能完全适应并接受，这在一定程度上阻碍了农村股份合作的发展。这一情境下如何构筑更为合理的利益增长分享机制对稳定村企合作关系至关重要。很多情况下，利益主体间原本稳定的合作关系，在发展过程中却呈现出越来越不稳定的状态，根本原因就在于利益主体间没有建立起合理的利益增长分享机制。资本下乡中利益增长分享机制建构既要考虑农民现实利益诉求，又要着眼于经济社会发展，让农民群众充分享受改革发展的红利，而不能通过固化的利益分配格局剥夺农民的“剩余价值”，限制农民的发展。诸如，本书案例中企业对农产品实行兜底收购时，可以在约定收购价基础上设定价格浮动空间，企业可以根据市场行情对收购价进行合理调整。在市场行情较好时，可以适当提高收购价格，在市场行情低迷时，可以适当调低收购价格。企业通过设立合理的价格浮动空间，在保障农民利益稳定的同时，既可以让农民享受市场红利，也能够搭建起合作主体间的风险共担机制，有效增加合作主体间利益联结的紧密性，进而促进合作关系的稳定性。

（三）如何实现乡村传统治理资源的现代性转换？

乡村社会蕴含着丰富且独特的传统治理资源，比如村规民约、族规祖训、家风家训等。这些乡村传统治理资源随着历史变迁不仅没有消失，还不断积淀传承至今。乡村传统治理资源的延续在一定程度上维系着中华文明的历史传承,影响着乡村社会的治理演进和轨迹。乡村治理现代化并不意味着对乡村治理传统的彻底否定,而要从传统中汲取养分,对乡村传统治理资源这一乡村治理系统的关键变量加以现代性改造和建构,进而彰显乡村传统治理资源在新时代的鲜活生命力。党的十九大报告提出,要健全自治、法治、德治相结合的乡村治理体系。这一要求便内含对乡村传统治理资源的挖掘和运用。资本下乡中企业主导的现代规则与乡村社会的传统治理资源在一定程度上存在矛盾和冲突,但并不能因此而彻底否定乡村社会传统治理资源的价值,并主张消灭乡村社会的传统治理资源,这无疑会加剧资本下乡中秩序冲突的可能。问题的关键是如何对这些乡村传统治理资源进行有效改造,使其实现现代性转换,进而促进资本下乡中新秩序的建构。例如,本书案例中依托乡村社会原有的宗族组织转型而来的村民理事会,通过有效的组织载体搭建和制度供给,强化了其现代属性,某种程度上规避了宗族组织的消极影响,成功转变为参与村庄公共事务治理的重要力量,在其有效引导下农民的民主协商能力、议事能力和参与能力得到显著增强,促进了资本下乡中村企之间的合作,对资本下乡中的秩序建构发挥了积极作用。

主要参考文献

[1]马克思,恩格斯. 马克思恩格斯全集:第 1 卷[M]. 北京:人民出版社,1995.

[2]马克思,恩格斯. 马克思恩格斯全集:第 21 卷[M]. 北京:人民出版社,2003.

[3]马克思,恩格斯. 马克思恩格斯全集:第 23 卷[M]. 北京:人民出版社,1972.

[4]马克思,恩格斯. 马克思恩格斯全集:第 30 卷[M]. 北京:人民出版社,1995.

[5]马克思,恩格斯. 马克思恩格斯全集:第 30 卷[M]. 北京:人民出版社,1998.

[6]马克思,恩格斯. 马克思恩格斯全集:第 31 卷[M]. 北京:人民出版社,1998.

[7]马克思,恩格斯. 马克思恩格斯全集:第 33 卷[M]. 北京:人民出版社,1998.

[8]马克思,恩格斯. 马克思恩格斯全集:第 34 卷[M]. 北京:人民出版社,1998.

[9]马克思,恩格斯. 马克思恩格斯全集:第 3 卷[M]. 北京:人民出版社,1960.

[10]马克思,恩格斯.马克思恩格斯全集:第 45 卷[M].北京:人民出版社,1985.

[11]马克思,恩格斯.马克思恩格斯全集:第 46 卷　上[M].北京:人民出版社,1979.

[12]马克思,恩格斯.马克思恩格斯选集:第 1 卷[M].北京:人民出版社,1995.

[13]马克思,恩格斯.马克思恩格斯选集:第 22 卷[M].北京:人民出版社,1974.

[14]马克思,恩格斯.马克思恩格斯选集:第 2 卷[M].北京:人民出版社,1995.

[15]马克思,恩格斯.马克思恩格斯选集:第 4 卷[M].北京:人民出版社,1995.

[16]马克思.资本论:第 1 卷[M].北京:人民出版社,1975.

[17]马克思.资本论:第 1 卷[M].北京:人民出版社,2004.

[18]阿尔弗雷德·舒茨.社会世界的意义构成[M].游淙祺,译.北京:商务印书馆,2012.

[19]艾登姆,威奥第.经济体制:资源是怎样分配的[M].王逸舟,译.北京:三联书店,1987.

[20]艾尔东·莫里斯,卡洛尔·麦克拉吉·缪勒.社会运动理论的前沿领域[M].刘能,译.北京:北京大学出版社,2002.

[21]曹锦清.黄河边的中国[M].上海:上海文艺出版社,2000.

[22]查尔斯·蒂利,塔罗.抗争政治[M].李义中,译.南京:译林出版社,2010.

[23]查理德·雷恩.政府与企业[M].何俊志,译.上海:复旦大学出版社,2007.

[24]戴维·波普诺.社会学[M].李强,等译.北京:中国人民大学出版社,1999.

[25]邓正来.布莱克维尔政治学百科全书[M].北京:中国政法大学出

版社,1992.

[26]戴维·伊斯顿.政治生活的系统分析[M].王浦劬,译.北京:华夏出版社,1999.

[27]丹尼斯·C.缪勒.公共选择理论[M].杨春学,等译.北京:中国社会科学出版社,1999.

[28]道格拉斯·C.诺斯.经济史中的结构与变迁[M].陈郁,等译.上海:三联书店,1994.

[29]道格拉斯·C.诺斯.制度、制度变迁与经济绩效[M].刘守英,译.上海:三联书店,1994.

[30]道格拉斯·诺斯.理解经济变迁过程[M].钟正生,邢华,译.北京:中国人民大学出版社,2007.

[31]邓小平.邓小平文选:第3卷[M].北京:人民出版社,1993.

[32]杜赞奇.文化、权力与国家:1900—1942年的华北农村[M].王福明,译.南京:江苏人民出版社,2010.

[33]费孝通.江村经济[M].呼和浩特:内蒙古人民出版社,2010.

[34]费孝通.乡土中国[M].北京:北京大学出版社,2012.

[35]费正清.美国与中国[M].张理京,译.北京:世界知识出版社,1999.

[36]风笑天.社会研究方法[M].北京:中国人民大学出版社,2013.

[37]弗兰西斯·福山.信任:社会道德与繁荣的创造[M].李宛蓉,译.呼和浩特:远方出版社,1998.

[38]高鸿业.西方经济学:微观部分[M].北京:中国人民大学出版社,2014.

[39]古斯塔夫·勒庞.乌合之众:大众心理研究[M].冯克利,译.北京:中央编译出版社,2019.

[40]霍布斯.利维坦[M].黎思复,译.北京:商务印书馆,1985.

[41]金耀基.从传统到现代[M].北京:中国人民大学出版社,1999.

[42]卡尔松,兰法尔.天涯成比邻:全球治理委员会的报告[M].赵仲

强,李正凌,译. 北京:中国对外翻译出版公司,1995.

[43]梁启超. 新民说[M]. 沈阳:辽宁人民出版社,1994.

[44]梁漱溟. 中国文化要义[M]. 上海:上海人民出版社,2005.

[45]梁漱溟. 中国文化要义[M]. 上海:上海世纪出版集团,2005.

[46]列宁选集:第 4 卷[M]. 北京:人民出版社,1972.

[47]卢福营. 能人政治:私营企业主治村现象研究——以浙江省永康市为例[M]. 北京:中国社会科学出版社,2010.

[48]卢梭. 社会契约论[M]. 何兆武,译. 北京:商务印书馆,2005.

[49]罗伯特 D · 帕特南. 使民主运转起来[M]. 王列,赖海榕,译. 南昌:江西人民出版社,2001.

[50]洛克. 政府论:下篇[M]. 叶启芳,瞿菊农,译. 北京:商务印书馆,1996.

[51]马尔科姆 · 沃斯特. 现代社会学理论[M]. 杨善华,等译. 北京:华夏出版社,2000

[52]马克斯 · 韦伯. 经济与社会:下卷[M]. 北京:商务印书馆,1997.

[53]曼瑟尔 · 奥尔森. 集体行动的逻辑[M]. 陈郁,等译. 上海:上海人民出版社,1995.

[54]米尔顿 · 弗里德曼. 资本主义与自由[M]. 张瑞玉,译. 北京:商务印书馆,2011.

[55]萨伊. 政治经济学概论:财富的生产、分配和消费[M]. 陈福生,陈振骅,译. 北京:商务印书馆,1997.

[56]史蒂芬 · 哈伯,阿曼多 · 拉佐,诺埃尔 · 毛雷尔. 产权的政治学:墨西哥的制度转型[M]. 何永江,余江,译. 北京:中信出版社,2019.

[57]孙关宏,胡雨春,陈周旺. 政府与企业:政治学视野中的中国政企关系改革[M]. 南昌:江西人民出版社,2002.

[58]孙中山. 孙中山全集:第 6 卷[M]. 上海:中华书局,1985.

[59]托马斯 · 皮凯蒂. 21 世纪资本论[M]. 巴曙松,等译. 北京:中信出版社,2014.

[60]威廉·冯·洪堡. 论国家的作用[M]. 林荣远,冯兴元,译. 北京:中国社会科学出版社,1998.

[61]徐永祥. 社区发展论[M]. 上海:华东理工大学出版社,2000.

[62]徐勇,马华. 南农实验:农民的民主能力建设[M]. 北京:中国社会科学出版社,2011.

[63]徐勇. 现代国家乡土社会与制度建构[M]. 北京:中国物资出版社,2009.

[64]亚里士多德. 政治学[M]. 吴寿彭,译. 北京:商务印书馆,1965.

[65]亚当·斯密. 国富论[M]. 谢宗林,李华夏,译. 北京:中央编译出版社,2011.

[66]晏阳初. 晏阳初文集[M]. 成都:四川教育出版社,1991.

[67]俞可平. 治理与善治[M]. 北京,社会科学文献出版社,2000.

[68]约翰·罗尔斯. 正义论[M]. 何怀宏,等译. 北京:中国社会科学出版社,1988.

[69]张厚安,徐勇,项继权. 中国农村村级治理[M]. 武汉:华中师范大学出版社,2000.

[70]张康之. 行政伦理的观念与视野[M]. 北京:中国人民大学出版社,2008.

[71]中共中央文献研究室. 邓小平思想年编[M]. 北京:中央文献出版社,2011.

[72]蔡恩泽. 工商资本下乡:"活水"莫变"浑水"[J]. 农村工作通讯,2019(08).

[73]曹晓飞,戎生灵. 政治利益研究引论[J]. 复旦学报(社会科学版),2009(02).

[74]陈靖. 村社理性:资本下乡与村庄发展——基于皖北T镇两个村庄的对比[J]. 中国农业大学学报(社会科学版),2013(03).

[75]陈文琼. 行政驱动自治:政策执行压力下的农民反制——基于L镇调地实践的经验阐释[J]. 中共宁波市委党校学报,2016(06).

[76]陈晓燕,董江爱.资本下乡中农民权益保障机制研究——基于一个典型案例的调查与思考[J].农业经济问题,2019(05).

[77]陈云贤.中国特色社会主义市场经济:有为政府+有效市场[J].经济研究,2019(01).

[78]程倩.中国农业社会习俗型政府信任关系探微[J].南京理工大学学报(社会科学版),2009(01).

[79]仇叶.富人治村的类型与基层民主实践机制研究[J].中国农村观察,2017(01).

[80]邓大才,张利明.规则—程序型自治:农村集体资产股份权能改革的治理效应——以鄂皖赣改革试验区为对象[J].学习与探索,2018(08).

[81]邓大才.国家治理视角下的家户功能及中国经验——基于“深度中国调查”材料的认识[J].政治学研究,2018(04).

[82]邓大才.通向权利的阶梯:产权过程与国家治理——中西方比较视角下的中国经验[J].中国社会科学,2018(04).

[83]丁轶.反科层制治理:国家治理的中国经验[J].学术界,2016(11).

[84]董江爱.村委会选举与中国民主政治发展[J].中国行政管理,2005(02).

[85]董磊明.村庄公共空间的萎缩与拓展[J].江苏行政学院学报,2010(05).

[86]董晓林,徐虹,易俊.中国农村资金互助社的社员利益倾向:判断、影响与解释[J].中国农村经济,2012(10).

[87]付翠莲,张现洪.乡村振兴的底线秩序:农民“抗争”的发生、特征和治理[J].探索,2018(03).

[88]耿曙,陈玮.政企关系、双向寻租与中国的外资奇迹[J].社会学研究,2015(05).

[89]郭玮.论农村股份合作制[J].农业经济问题,1995(05).

[90]郭占锋,李琳,张坤.从“悬浮型”政权到“下沉型”政权——精准扶贫对基层治理的影响研究[J].中国农村研究,2018(01).

[91]郭正林. 当代中国农民政治参与的程度、动机及社会效应[J]. 社会学研究,2003(03).

[92]何颖. 论政治理性的特征及其功能[J]. 政治学研究,2006(04).

[93]贺东航. 困境与挑战:农村政治学的研究方法演化与范式转换[J]. 政治学研究,2019(04).

[94]贺雪峰. 当前"三农"问题中的几对辩证关系[J]. 农村工作通讯,2010(17).

[95]贺雪峰. 论富人治村——以浙江奉化调查为讨论基础[J]. 社会科学研究,2011(02).

[96]贺雪峰. 为什么要维持小农生产结构[J]. 贵州社会科学,2009(09).

[97]贺雪峰. 乡村建设最根本的当是基层组织建设[J]. 农村工作通讯,2015(08).

[98]侯江华. 资本下乡:农民的视角——基于全国 214 个村 3203 位农户的调查[J]. 华中农业大学学报(社会科学版),2015(01).

[99]胡浩志. 企业失灵:一个交易成本经济学的分析视角[J]. 财经科学,2008(12).

[100]胡振华,陈柳钦. 农村合作组织的社会学分析[J]. 东南学术,2010(03).

[101]季卫东. 法律程序的意义——对中国法制建设的另一种思考[J]. 中国社会科学,1993(01).

[102]江永红. 马克思主义能力思想视野中的新农村建设[J]. 经济问题探索,2008(05).

[103]姜庆志. 我国社会治理中的合作失灵及其矫正[J]. 福建行政学院学报,2015(05).

[104]焦长权,周飞舟. "资本下乡"与村庄的再造[J]. 中国社会科学,2016(01).

[105]焦长权,周飞舟. "资本下乡"与村庄的再造[J]. 中国社会科学,

2016(01).

[106]景跃进. 将政党带进来——国家与社会关系范畴的反思与重构[J]. 探索与争鸣,2019(08).

[107]李怀. 论权力资本. 经济体制比较[J],1995(04).

[108]李庆召,马华. 价值与限度:农民再组织化与村级治理组织体系再造——基于广东省梅州市 F 村基层治理改革的思考[J]. 社会主义研究,2017(02).

[109]李容芳,李雪萍. 乡土规则的生产:地方性知识的行动逻辑——基于丽江"斋女"现象的研究[J]. 云南社会科学,2017(06).

[110]李容芳. 规则与秩序:庭院空间生产的小农行动逻辑——以丽江金山白族 Y 社区为例[J]. 江汉学术,2017(02).

[111]李松玉. 乡村治理中的制度权威建设[J]. 中国行政管理,2015(03).

[112]李鑫诚. 乡村权力下沉治理模式的运行策略及其反思[J]. 湖北社会科学,2017(04).

[113]李祖佩."资源消解自治"——项目下乡背景下的村治困境及其逻辑[J]. 学习与实践,2012(11).

[114]林坚. 马克思主义关于国家与社会关系的理论及其启示[J]. 马克思主义哲学研究,2009(01).

[115]刘凤委,李琳,薛云奎. 信任、交易成本与商业信用模式[J]. 经济研究,2009(08).

[116]卢福营. 乡村精英治理的传承与创新[J]. 浙江社会科学,2009(02).

[117]吕德文. 媒介动员、钉子户与抗争政治:宜黄事件再分析[J]. 社会,2012(03).

[118]马池春,马华. 农村集体产权制度改革的三重维度与秩序均衡——一个政治经济学的分析框架[J]. 农业经济问题,2018(02).

[119]马池春,马华. 农村集体产权制度改革的双重维度及其调适策略

[J]. 中国农村观察,2018(01).

[120]马华,马池春. 乡村振兴战略的逻辑体系及其时代意义[J]. 国家治理,2018(03).

[121]马华,王松磊. 我国城乡一体化背景下的公司下乡与乡村治理[J]. 农业经济问题,2016(04).

[122]马华. 村治实验:中国农村基层民主的发展样态及逻辑[J]. 中国社会科学,2018(05).

[123]马晓河,马建蕾. 中国农村劳动力到底剩余多少?[J]. 中国农村经济,2007(12).

[124]梅伟霞. 我国转型期政企关系研究——基于企业政治行为视角[D]. 武汉大学博士学位论文,2013.

[125]慕良泽. 民生政治:惠农政策的政治效应分析[J]. 马克思主义与现实,2018(01).

[126]欧阳静. 富人治村与乡镇的治理逻辑[J]. 北京行政学院学报,2011(03).

[127]裴志军. 村干部竞选者的竞选动机及特点——基于需求 ERG 理论的实证研究[J]. 公共管理学报,2012(04).

[128]邱建生,汪明杰,张树威,温铁军. 乡村振兴战略视角下的地方性知识与乡村治理——以培田客家古村落为例[J]. 福建农林大学学报(哲学社会科学版),2018(02).

[129]沈费伟,刘祖云. 精英培育、秩序重构与乡村复兴[J]. 人文杂志,2017(03).

[130]盛晓明. 地方性知识的构造[J]. 哲学研究,2000(12).

[131]孙晶. 政治关联、多元化战略与企业成长性[D]. 浙江大学博士学位论文,2012.

[132]孙小逸,黄荣贵. 制度能力与治理绩效——以上海社区为例[J]. 公共管理学报,2012(04).

[133]孙晔. 乡村精英与规则变迁[J]. 甘肃政法学院学报. 2007(01).

[134]仝志辉,贺雪峰.村庄权力结构的三层分析——兼论选举后村级权力的合法性[J].中国社会科学,2002(01).

[135]仝志辉,温铁军.资本和部门下乡与小农户经济的组织化道路——兼对专业合作社道路提出质疑[J].开放时代,2009(04).

[136]仝志辉.农民选举参与中的精英动员[J].社会学研究,2002(01).

[137]王海娟.资本下乡的政治逻辑与治理逻辑[J].西南大学学报(社会科学版),2015(04).

[138]王宁.代表性还是典型性?——个案的属性与个案研究方法的逻辑基础[J].社会学研究,2002(05).

[139]王清.制度变迁过程中的碎片化:以户籍制度改革为例[J].学术研究,2015(04).

[140]王韶兴.社会主义政党政治视阈下的政党能力论[J].学习与探索,2012(11).

[141]王玮,何广文.社区规范与农村资金互助社运行机制研究[J].农业经济问题,2008(09):23.

[142]王勇.提高农民组织化程度与转变政府职能[J].学习与探索,2007(02).

[143]王瑜,仝志辉.转型抗争:从社会转型的视角理解近阶段中国农民抗争.中国农业大学学报(社会科学版),2012(04).

[144]吴毅.村治变迁中的权威与秩序——20世纪川东双村的表达[D].华中师范大学博士学位论文,2002.

[145]吴毅.双重边缘化:村干部角色与行为的类型学分析[J].管理世界,2002(11).

[146]夏小林.政企关系:有分有合——从国际视角评切割政企关系的"改革"陷阱[J].管理学刊,2015(03).

[147]项继权,李增元.经社分开、城乡一体与社区融合——温州的社区重建与社会管理创新[J].华中师范大学学报(人文社会科学版),2012(06).

[148]肖云,陈涛,朱治菊.农民专业合作社成员"搭便车"现象探究——

基于公共治理的视角[J].中国农村观察,2012(05).

[149]谢岳.市场转型、精英政治化与地方政治秩序[J].天津社会科学,2005(01):59.

[150]徐国普.人民公社时期乡村权力结构的特征及其影响[J].江汉论坛,2004(07).

[151]徐美银,钱忠好.农民认知与我国农地制度变迁研究[J].社会科学,2009(05).

[152]徐美银.基于农民认知视角的中国农地制度变迁研究[D].南京农业大学博士学位论文,2010.

[153]马华,王松磊.我国城乡一体化背景下的公司下乡与乡村治理[J].农业经济问题,2016(04).

[154]徐鸣,张学艺.制约农民合作的传统文化因素分析[J].理论与改革,2014(06).

[155]徐勇,邓大才.社会化小农:解释当今农户的一种视角[J].学术月刊,2006(07).

[156]徐勇.Governance:治理的阐释[J].政治学研究,1997(01).

[157]徐勇.农民理性的扩张:“中国奇迹”的创造主体分析[J].中国社会科学,2010(01).

[158]徐勇.实证思维通道下对“祖赋人权”命题的扩展认识——基于方法论的探讨[J].探索与争鸣,2018(09).

[159]徐勇.县政、乡派、村治:乡村治理的结构性转换[J].江苏社会科学,2002(02).

[160]徐勇.用中国事实定义中国政治:基于“横向竞争与纵向整合”的分析框架[J].河南社会科学,2018(03).

[161]徐勇.找回自治:探索村民自治的3.0版[N].社会科学报,2014年6月5日第003版.

[162]徐勇.祖赋人权:源于血缘理性的本体建构原则[J].中国社会科学,2018(01).

[163]薛明珠. 农民政治参与和乡村治理能力现代化[J]. 南都学坛(人文社会科学学报),2014(06).

[164]阎占定,白照坤. 新型农民合作经济组织乡村政治参与状况分析[J]. 农业技术经济,2011(05).

[165]杨凤春. 重塑企业家[J]. 廉政瞭望,2006(11).

[166]杨述明. 现代社会治理体系的五种基本构成[J]. 江汉论坛,2015(02).

[167]杨宜音. “自己人”:信任建构过程的个案研究[J]. 社会学研究,1999(02).

[168]于建嵘,裴宜理,阎小骏. 中国的政治传统与发展[J]. 南风窗,2008(20).

[169]余湘. 当代中国基层政治信任建构的一种宏观分析[J]. 内蒙古社会科学,2015(05).

[170]俞可平. 善政:走向善治的关键[J]. 当代中国政治研究报告,2004(00).

[171]俞可平. 治理和善治:一种新的政治分析框架[J]. 南京社会科学,2001(09).

[172]俞可平. 治理和善治引论[J]. 马克思主义与现实,1999(05).

[173]袁方成,侯亚丽. 公共冲突治理的绩效差异——基于规则“生产-执行”框架的经验分析[J]. 上海行政学院学报,2019(03).

[174]袁祖社. 契约关系的基本原则与马克思主义的契约观及其现代意义[J]. 新疆社会科学,2003(02).

[175]詹世友. 公共领域·公共利益·公共性[J]. 社会科学,2005(07).

[176]詹小美,王仕民. 文化认同视域下的政治认同[J]. 中国社会科学,2013(09).

[177]张建君,张志学. 中国民营企业家的政治战略[J]. 管理世界,2005(07).

[178]张江河. 论利益与政治之基本关系[J]. 吉林大学社会科学学报,

1994(04).

[179]张静.私人与公共:两种关系的混合变形[J].华中师范大学学报(人文社会科学版),2005(03).

[180]张康之.确定性追求中的政策问题建构[J].浙江社会科学,2014(10).

[181]张良."资本下乡"背景下的乡村治理公共性建构[J].中国农村观察,2016(03).

[182]张良.乡村公共规则的解体与重建[J].浙江社会科学,2016(06).

[183]张晓忠,杨嵘均.农民组织化水平的提高和乡村治理结构的改革[J].当代世界与社会主义,2007(06).

[184]赵俊臣.土地流转:工商资本下乡需规范[J].红旗文稿,2011(04).

[185]赵泉民,李怡.关系网络与中国乡村社会的合作经济——基于社会资本视角[J].农业经济问题,2007(08).

[186]赵忠升."三农"问题的核心:农民的权益与能力[J].农业经济问题,2012(11).

[187]郑鹏,李婵娟,左停.发展与发展干预过程中的乡村代理人——基于宁夏回族社区设施农业发展项目的个案研究[J].华中农业大学学报(社会科学版),2013(05).

[188]周飞舟,王绍琛.农民上楼与资本下乡:城镇化的社会学研究[J].中国社会科学,2015(01).

[189]周飞舟.从汲取型政权到"悬浮型"政权——税费改革对国家与农民关系之影响[J].社会学研究,2006(03).

[190]周建国.权力渗透抑或共同体精神培育——新农村社会建设基本问题探讨[J].上海交通大学学报(哲学社会科学版),2007(06).

[191] BLACK A. Guilds and state: European political thought from the twelfth century to the present [M], New Brunswick, New Jersey: Transaction Publishers, 2003: 154.

[192]GEERTZ C. The integrative revolution:primordial sentiment and civil politics in the new states, In C. Geertz(Ed.), Old societies and new states:The Quest for Modernity in Asia and Africa[M]. New York:Free Press,1963: 105-157.

[193] McClelland D. C. The Achieving Society [M]. New York: Van Nostrand Reinhold company,1961.

[194]FREEMAN R E. strategic management: a stakholder approach[J]. management studies,1987,29(2):131-154.

[195] GARFINKEL H., Studies in ethnomethodology [M]. Englewood Cliffs,NJ:Prentice-Hall,Inc,1967,5.

[196]VAN DETH J W. Social Capital and European Democracy[M]. Routledge,1999:322.

[197]OLSON M. The Logic of Collective Action[M]. Cambridge:Harvard University Press,1971:2.

[198]WILLIAMSON O E. The new institutional economics:Taking stock, looking ahead[J]. Economic Literature, 2000,38(3): 595-613.

[199]PIERSON P. Increasing Returns,Path-dependence,and the Study of Politics[J]. American Political Science Review,2000, 94(2).

[200]SEIDMANS S. Contested Knowledge:Social Theory Today[M] 3rd ed. Hoboken,New Jersey:Lackwell Publishing,2011.

[201]WEBER M. Economy and society:An outline of interpretive sociology [M]. Berkeley,CA:University of California press,1978:31-32.

后　记

光阴荏苒,弹指一挥间。2010 年 9 月,我从老家沂蒙山区一个破败的小村庄考入母校山西大学,立志要与农村“划清界限”,做知识改变命运的读书人。从田野走进大学殿堂,我对知识充满了渴望,逃离农村成为我获取知识的最大动力。那段时光里,为了学习更多知识我成为课堂上最活跃的人。我所在的院系有着农村问题研究的传统,课堂上老师们对农村问题解惑答疑,总能在不经意间触动我心底最敏感的神经。对老家的朴素情感与对知识的理性思考总是在不经意间相互交织缠绕,一度让我对农村既熟悉又陌生。随着知识面的不断拓展,我原本以为自己对农村了如指掌,实则却发现自己并不了解农村。我从农村走来,为什么对农村如此陌生?带着这一问题,我真正踏上了农村问题研究之路。原因很简单,就是为了重新认识和理解农村,亦或者说是重新认识和理解自己。

2014 年本科毕业,我以推荐免试方式继续攻读硕士学位。从本科到硕士,学习变成了学术,由此真正开启了自己的学术研究之路。做任何学问,都讲究方法。攻读硕士学位期间,我师从马华教授,其长期从事农村问题研究,擅长实证研究方法,在其影响下我开始尝试运用实证方法研究农村问题。为此,我重新踏上了田野之路。攻读硕士学位期间，我亲自参与调研的村庄多达100余个，足迹遍布山西、陕西、甘肃、山东、江苏、广东等省份，驻村时间累计超过两年之久，其间收集和整理的材料逾百万字。这些丰富鲜活的素材，为学术研究和创新提供了有力支撑。

2017年硕士毕业之际，在马华教授的鼓励下，我选择以硕博连读方式继续攻读博士学位，深耕农村问题研究。正如马华教授时常教导，做农村问题研究首先要拜农民为师。长期的田野调查带给了我不一样的灵感，拓展了自己的思维通道。通过田野调查，我获得了检识学术研究的工具，为自己的研究注入了源源不断的活力。

本书内容是攻读博士学位期间在广东进行田野调查的收获，是基于博士学位论文修改而来，凝结着师长和同窗的心血和智慧。我的导师马华教授在研究选题、写作过程中给予了我耐心指导，提出了许多建设性的意见和建议。同时，也要感谢对本研究给予指导和帮助的山西大学慕良泽教授、张守夫教授、王臻荣教授、李蓉蓉教授、乔陆印副教授、原超副教授、罗国亮副教授和华中师范大学刘义强教授、复旦大学贺东航教授、北京大学徐湘林教授。在此，也要感谢我的师兄安徽大学王松磊副教授，他喜欢思考和写作，在相互交流探讨中总能启发我的思想，带给我学术研究的灵感。

之所以能够顺利完成研究任务离不开调研地干部群众的支持和帮助。特别感谢调研所在县人大主任卢尧生、农业农村局党组书记涂政平、扶贫开发局局长徐育良以及县委农办罗艳红、张鹏锋、王江、林文宇、张伟淞、罗凯斌等人；特别感谢调研所在镇党委书记陈国政、人大主席黄锦坤等人的帮助和支持；特别感谢所调研企业毛志勇博士及企业管理层、员工的支持与帮助；也要特别感谢调研村庄黄忠铎、黄福城、黄新民、黄关生等干部群众的鼎力帮助和支持。在此，对他们表达最诚挚的敬意。

感谢我的爱人任雪娇博士在我写作过程中给予的关心和支持!

回顾二十余年的求学之路,我的父母省吃俭用、倾尽全力、毫无怨言,是我安心求学的坚强后盾,感恩父母为我所做的一切!

马池春

2022 年 9 月